円の実力

為替変動と日本企業の通貨戦略

Sato Kiyotaka
佐藤清隆［著］

慶應義塾大学出版会

円の実力・目次

ブックデザイン・坂田　政則
カバーイラスト・岩橋　香月
（デザインフォリオ）

序章　日本国通貨「円」と向き合う

２０２２年3月以降、急激な円安進行が新聞等を賑わせている。かつての日本は長期にわたって円高の進行に苦しんできた。その当時は「円高恐怖症」という言葉もメディアに頻繁に登場していた。そのような時期を経験した人たちにとっては、日本が円安に苦しむことになるとは予想もしなかったかもしれない。

しかし、日本が急速な円安を経験したのはこれが初めてではない。直近では２０１２年12月末に第二次安倍内閣が発足し、安倍首相による積極的な金融緩和政策によって、翌年1月から急激な円安が進んだ。この円安は日本経済の景気回復期待を持って歓迎された。その直前まで、歴史的ともいえる円高進行に日本経済は苦しんでいたからである。また、１９９７年から98年にも急激な円安を経験した。この時期は国内の金融機関の破綻が相次ぎ、外国為替市場で円売りが加速した。政府は円安を阻止するために、外貨売り・円買いの為替介入に踏み切らざるを得なくなった。

このように大幅な円安は今に始まったことではない。いやむしろ、日本経済は大幅かつ急速な為替レートの変動に常に直面し、それを乗り越える努力をしてきた。日本経済、そして日本の輸出入の主体である日本企業が大幅な円高・円安にどのように対処してきたのか。この点を明らかにすることが本書の主要な課題の一つである。

もう一つ指摘しておきたいのは、新聞等で最近頻繁に取り上げられる「円の実力が低下した」という議論である。円の実質実効為替レートが1970年代初頭の水準まで低下（減価）していることを根拠として、円の実力低下が叫ばれている。たしかに実質実効為替レートが大幅に減価したことは事実であるが、この主張には違和感を禁じ得ない。そもそも円の実力をどのように測るべきか、という問題がある。また、実質実効為替レートがこれほど大幅に減価した理由は、通貨としての円の機能とは別のところにある。そこに目を向けずに、円の実力が低下したと論じることは、問題の本質を見失うことになる。実質実効為替レートの大幅な減価を理由に、円の実力が低下したと主張するのは差し控えたほうがよい。

2022年10月をピークに、為替レートは円高へと向かい、大幅な円安が修正され始めたかに見えた。しかし、その後再び円安が進行し、2023年9月時点でも1ドル＝150円に迫る水準まで円安が進んでいる。再び円安進行への懸念や注目が集まっているこのタイミングに、円に関わる諸問題、とりわけ円の実力について本書で詳細に検討したい。

本書の出発点

本書の執筆のきっかけになったのは、独立行政法人経済産業研究所（ＲＩＥＴＩ）の研究プロジェクトへの参画である。伊藤隆敏教授（コロンビア大学）と小川英治教授（東京経済大学）の主導の下で、ＲＩＥＴＩの研究プロジェクトの一環として、日本企業の貿易建値通貨選択と為替リスク管理に関するインタビュー調査とアンケート調査を実施する機会を得た。２００７年にこの調査をスタートしてから16年が経過したが、プロジェクトのメンバーとの共著として、多数の論文を執筆した。また英文と和文で二度の共著書を出版した。この経験を通じて、これまで執筆してきた著作とはやや異なる視点から、円の実力に関わる諸問題を解明する本を自分自身で執筆したいと考えるようになった。

本書の内容の大半は、ＲＩＥＴＩの研究プロジェクトを通じて得た知見や情報に基づいている。特に日本企業へのインタビュー調査とアンケート調査を実施する機会とご支援を頂いたＲＩＥＴＩに記して謝意を表したい。企業インタビュー調査を実施する上では経済産業省のご支援を頂いた。また、同プロジェクトメンバーとの議論や共同研究を通じて多くのことを学んだ。

大学の研究室で研究する学者に日本企業の実態がわかるのか、というご批判もあるかもしれない。筆者は、２００７年から日本の本社企業へのインタビュー調査を続けており、日本企業が実際にどのような課題に直面しているのか、大幅な為替レートの変動に対してどのように戦略的に対処しているかについて、詳細な聞き取りを続けてきた。調査にご協力くださった企業の方々から、大学の研究室にいては知ることのできない多くのことを学んだ。この知見や情報がなければ、本書が完成することはなかった。

本書は、為替リスク管理の実務に携わる企業の方々にとっての指南書ではない。為替リスク管理を担当する企業の方から得た情報に基づいて、円の実力に関わる諸課題を検討したものである。国際金融や為替レートの分析を行う研究者にとっては、あまり目にしたことがない事実や分析を、本書を通じて知ることができるだろう。企業の方々にとっては、自社あるいはその業種を越えて、日本企業が抱える課題等を知ることができるだろう。

以下では、本書全体の見取り図を提示する。

急速な円安進行の背景

本書は2022年から執筆を開始したが、この年は新型コロナウィルス感染拡大の影響が続くなか、日本経済が急激かつ大幅な円安と資源エネルギー価格の高騰に翻弄された年であった。世界的な感染拡大による工場の操業停止や物流網の混乱・停滞に加えて、2022年2月にロシアがウクライナに侵攻したことにより、世界各国で国内物価の上昇が顕著になった。先進国は、これまでの非伝統的な金融緩和政策の転換（テーパリング）、そして金利引上げへと舵を切り始めた。2022年3月に米国が利上げを開始し、その後は欧州中央銀行やスイス中央銀行も利上げに踏み切った。これら欧米諸国と比較すると、日本の国内物価上昇率は低水準にとどまったため、日本銀行はイールドカーブコントロールなどの強力な金融緩和政策を堅持した。2022年3月から急速に円安が進行したのは、こうした日本と欧米諸国の間の金融政策スタンスに明確なちがいが生じたことが原因である。

円安ははじめてではない

今回の円安は「悪い円安」と呼ばれている。日本でこれほど円安の進行が問題視されたのは、1997年〜98年の円安局面以来だろう。むしろ日本経済は長年にわたって円高に苦しんできた。円は1971年に、それまでの1ドル＝360円の固定相場制から変動相場制に移行し、その後は短期的な上下変動を繰り返しながらも、一貫して円高が進行した。たとえば1985年初めの円相場は1ドル＝250円前後であったが、85年9月のプラザ合意、さらに87年2月のルーブル合意を経て、88年12月には1ドル＝123円台まで円高が進んだ。85年から88年までの4年間で円は約50％切り上がった（円高が進んだ）ことになる。85年初めの時点で1万ドルの輸出契約を実行した場合、円換算で約250万円を受け取ることができたが、4年後の88年末には円換算の受取額がわずか123万円ほどに減少したことを意味する。日本の輸出企業が円高によってどれほど大きな影響を受けたかがよくわかるであろう。

1990年以降、円相場の動きは大きな変化を見せる。これまでの一貫した円高トレンドから、大幅な円高と円安を繰り返すようになった。第1章で詳しく述べるように、1990年から現在まで、日本は二度の著しい円高局面と三度の円安局面を経験する。2021年から22年にかけて私たちが経験した円安は、円が急速かつ大幅に減価したことから「歴史的円安」と呼ばれる。しかし、90年以降に限っても、日本が急激な円安を経験したのは、これが三度目である。また、２０２２年には日本の貿易収支赤字が巨額になり、経常収支も赤字に転じる可能性が懸念されたが、経常収支赤字への転落を懸念するのも今回が初めてではない。２０１４年にも日本の経常収支赤字国への転落が懸念された。２０２２年から私たちが目にしている円安と貿易収支赤字の拡大にいかに対処すべきか。それは歴史から学ぶことができる。２０２２年10月から11月にかけて実施された政府の円買い介入も、今回が初めてではない。１９９７年から98年の円安局面ですでに経験したことである。

しかし、２０２２年から、過去の二度の円安局面では経験しなかった事態が進行している。日本の輸入物価の著しい上昇と、それを受けての国内物価（企業物価指数と消費者物価指数）の緩やかな上昇である。今回の円安は過去とどう異なるのか。そしてそのちがいはどのような理由から生じているのか。本書では、円安から輸入物価へ、そして国内企業物価への波及に焦点を当てて論じることにしたい[1]。

円の実力は低下したのか

もう一つ注目すべきは、２０２１年以降、「円の実力」が低下したと指摘されるようになったことである。円の実力が低下したことの根拠とされるのが、実質実効為替レートで測った円の著しい減価（円安）である。国際決済銀行（Bank for International Settlements：ＢＩＳ）が公表する実質実効為替レートのデータに基づくと、２０２２年10月時点で、円は１９７０年代初めの水準とほぼ同程度にまで減価した（円安が進んだ）。このデータを根拠として、円の実力が低下したと頻繁に指摘されてきた。

しかし、実質実効ベースでの円安を、円の実力が低下したと解釈することは適切なのだろうか。そもそも円の実力とは何を指しているのかが明確でない。実質実効為替レートが減価したことが、なぜ円の実力の低下を意味するのかを説明した記事や論文はほとんど目にしたことがない。実質実効為替レートは、経済学でよく使用される重要な経済指標（経済変数）である。国際貿易の実証分析では、実質実効為替レートの減価を「輸出価格競争力の改善」と解釈するのが一般的である。そこでは実質実効為替レートの減価は輸出を促進する要因として、むしろポジティブに捉えられている。

為替レートとは、二つの通貨の交換比率を示す。この「通貨の交換比率」を考えるための指標として最もふさわしいのは実質（実効）為替レートではなく、名目（実効）為替レートである。第1章で詳しく説明するが、2022年中の名目実効為替レートは1970年代初めの水準を大幅に上回っている（大幅な円高水準にある）。よりわかりやすく、円の対ドル名目為替レート（月中平均値）で考えると、1970年7月まで1ドル＝360円であったのに対して、最も円安が進んだ2022年10月は1ドル＝147円であった。1970年初めに1ドルを手に入れるのに360円を支払う必要があったが、現在では150円弱を支払うことで1ドルを入手することができる。円の実力を通貨の交換比率の機能で測ると、その実力は1980年代後半から1990年にかけての水準まで低下しているが、1970年代初頭の水準まで低下していることは決してない。

実質実効為替レートは、名目実効為替レートと内外の物価水準の比に分解することができる。円の実質実効為替レートが1970年代初めの水準並みに減価したのは、日本の国内物価水準が海外諸国の物価水準と比べて格段に低いからである。内外の物価水準のちがいは、自国と海外諸国との間の経済成長率や生産性上昇率の差を反映していると解釈できるだろう。実質実効ベースでの円安は日本経済の実力の低下を示唆しているが、それを円の実力の低下と結びつけてしまうと、この円安の何が問題なのかを見誤ることになる。

本当の「円の実力」とは

円の実力を測る方法としてより適切なのは、「円が国際的な取引でどの程度使用されているか」を調べることである。一般に、当該通貨の国際的な通用性は「通貨の国際化」あるいは「国際通貨の機能」の文脈で議論される。1980年代から90年代にかけて、円の国際化が盛んに議論されたことはよく知られている。日本政府は円の国際化を促進するさまざまな政策を導入したが、結局、円の国際化は十分に進まなかった。その事例としてたびたび取り上げられるのが、貿易取引における円の国際化である。

日本政府は円の国際化（特に円建ての貿易取引）を促進するために、金融資本取引の自由化を進めた。1998年に外国為替及び外国貿易法（外為法）が改正された。対外的な外国為替取引が完全に自由化され、事前の許可・届出なしで自由に行えるようになった。

しかし、外国為替取引の自由化を受けて日本企業が選んだ通貨は、円ではなく外貨（特にドル）であり、日本の輸出入における外貨建て取引のシェアは円建て取引のシェアを大きく上回っている。一般に、日本の輸出企業は円建てで輸出することで為替リスクを回避できると考えられる。それにもかかわらず、なぜ日本企業は円建て輸出ではなく、外貨建て輸出を続けるのか。これが大きな「謎（puzzle）」であった。

外貨建てで輸出を行う以上、日本企業にとって為替リスクをいかに回避するかが重要な課題となる。日本企業はどのような戦略に基づいて貿易建値通貨の選択と価格設定行動、そして為替リスク管理を行っているのだろうか。本書のオリジナルな貢献は、変動相場制移行後に大幅な円高に直面し、90年代以降は大幅な円高と円安を繰り返し経験してきた日本企業が、いかにして為替変動に対処してきたのかを考察することにある。日本企業が戦略的に行う貿易建値通貨選択と為替リスク管理のことを合わせて「通貨戦略」と呼ぶとすれば、本書は日本企業の通貨戦略の実態とその変遷を、著者自身の独自の研究成果に基づいて明らかにする。

日本企業は為替の壁を乗り越えたのか

最近の新聞の特集記事等で、「日本企業が為替の壁を乗り越えた」という論調を目にすることがある。その見解を整理すると次のようになる。(2)

1. 日本国内で生産して輸出する財（たとえば高価格のSUV車など）が高付加価値化しており、為替変動に伴うリスクを輸入業者に押しつけることができるようになった。
2. 生産の現地化が進み、日本の輸出企業は為替リスクを回避できるようになった。
3. 日本企業は国際的な通貨管理を行えるようになっており、為替リスクを効率的に管理している。

本書が明らかにするように、企業内で国際的な通貨管理を行えるのはごく少数の企業にとどまっている。現実には、日本企業が容易に為替リスクを回避できているわけではない。高価格の車を輸出している自動車メーカーでさえ、為替変動リスクを輸入業者に押しつけるような行動はとれない。日本企業へのインタビュー調査やアンケート調査から得た情報と知見に基づき、日本企業がどのような手段で為替リスクの削減や回避に努めているかを、具体的な事例を用いて明らかにする。

本書の構成

本書の構成は次のとおりである。第1章では、２０２１年から進んだ急激な円安が日本企業の輸出入価格・数量や貿易収支に及ぼした影響を、特に交易条件の変化に着目しながら検討する。円の実力が低下したという指摘に対しても、実質実効為替レートのデータに基づいて批判的に検討する。

第２章では、日本の貿易収支赤字がなぜ拡大しているのかについて、日本の輸出企業の価格設定行動に基づいて検討する。特に2021年以降の大幅な円安によって、日本の輸入物価がどのような影響を受けたかについても考察を加える。

第3章では、日本の輸出企業の価格設定行動と深く関わる、貿易建値通貨選択について論じる。企業アンケート調査等から得られた個票データに基づき、日本企業の輸出入における建値通貨選択の実態を示し、なぜ日本企業が輸出入のすべてを円建てで行わないのかを明らかにする。

第4章では、日本企業の為替リスク管理について論じる。企業インタビュー調査から得られた情報と知見に基づいて、グローバルに生産販売拠点を展開する日本企業が為替リスクにいかに対処しているかを示すとともに、こうした企業の為替リスク管理において、日本本社企業だけでなく、海外で活動する日系現地法人はどの通貨で取引を行っているのか、円はどの程度使用されているのかを明らかにする。

第5章は、日本企業の海外現地法人に焦点を当て、日系現地法人の建値通貨選択と為替リスク管理について検討する。特に近年拡大しているアジアの現地通貨建て取引の実態を、アンケート調査の結果に基づいて明らかにする。

最後に終章では、これまでの考察を総括し、なぜ円建て取引が日本企業によっても選択されないのか、日本企業は今後どのように為替リスクに対処すべきかを提言する。(3)

【序章　注】

（1）消費者物価指数の上昇については、すでに優れた研究が数多く発表されている。本書が対象とするのは、円安など為替レートの変動に対する輸出企業と輸入企業の行動であり、消費者物価への影響（波及）については特に考察を行わない。

（2）たとえば『日本経済新聞』２０１８年６月28日〈朝刊〉「エコノフォーカス：日本の製造業 為替の壁を破る」を参照。

（3）本書は、独立行政法人経済産業研究所（ＲＩＥＴＩ）からの支援に加えて、日本学術振興会から科学研究費（ＪＳＰＳ科研費ＪＰ19Ｈ０１５０４、ＪＰ23Ｈ００８３６、ＪＰ23Ｋ１７５５０）の助成を受けている。記して謝意を表したい。

第1章　悪い円安と貿易赤字

年末になると、その1年を振り返る特集記事が新聞や経済誌などに掲載される。２０２２年から本書の執筆を始めたが、同年を代表する経済ニュースの一つは「歴史的な円安」だ。２０２２年の円相場を月中平均のデータでみると、1月の1ドル＝１１４・９円から10月には1ドル＝１４７円へと、わずか10カ月で32円ほど円安が進んだ。[1] より高頻度のデータでみると、10月21日に一時1ドル＝１５１円台まで円安が進んでおり、実際の円安の進行度はさらに大きかった。[2]

この歴史的な円安は、しばしば「悪い円安」ともいわれる。なぜ「悪い」と呼ばれるのだろうか。円安による輸入物価の上昇によって国内の食料品やガソリン、電力などエネルギー価格が上昇し、家計の負担が大きくなったことが理由の一つである。また、貿易収支が大幅な赤字を記録していることも、もう一つの大きな理由であろう。

一般に、円安は日本の輸出に有利に働き、貿易収支を改善する効果があると期待される。しかし、日本の貿易収支は２０２２年1月から一貫して赤字を続けており、その赤字額も同年5月から急激に増えてきた。巨額の貿易赤字の累積によって、経常収支も赤字に転落することが懸念されている。

私たちは、2022年に経験したような急激かつ大幅な円安を、過去にも2回経験している。直近では2013年初めから急速に進んだ円安である。その当時の円相場は、2011年7月中旬に1ドル＝70円台に突入してから翌2012年11月上旬まで、約1年4カ月間にわたって70円台の円高水準が継続するという異例の状況であった[(3)]。2012年12月末に発足した第二次安倍内閣は大胆な金融緩和政策（いわゆるアベノミクス：以下「安倍政策」と記述）を実施し、それまでの円高局面を一気に反転させた。急速な円安によって、多額の為替差益を享受した輸出企業の業績は著しく改善したが、貿易収支は容易に改善しないどころか、むしろ悪化した。2022年に私たちが直面した貿易収支赤字の拡大と経常収支の赤字転落への懸念は、安倍政策による2013年初めからの円安局面でも経験したのである。

円安の進行によっても貿易収支が改善しないことは、交易条件の悪化とも深く関係している。交易条件とは、輸出価格を輸入価格で除したものと定義される。輸出価格が輸入価格を上回ると、1単位の輸出によって1単位の輸入を十分に賄うことができる。これを交易条件の改善と呼ぶが、後述するように、日本の交易条件は2022年に入って著しく悪化した。これは輸出価格よりも輸入価格のほうが大きく上昇していることを意味しており、貿易収支の赤字が拡大しても不思議ではない。他方で、安倍政策期の円安局面では、交易条件はそれほど悪化しなかった。なぜ二つの円安局面で交易条件の変化に大きなちがいがみられるのか。この点も本章で詳しく考察する。

悪い円安といわれるもう一つの理由は、円の実質実効為替レートの大幅な低下（減価）である。国際決済銀行（Bank for International Settlements：ＢＩＳ）が公表するデータによると、円の実質実効為替レートは１９９０年代半ばから大幅な減価を続け、２０２２年時点で１９７０年代初めとほぼ同じ水準まで減価している。言い換えると、70年代初めと変わらない水準へと円安が進んだと解釈され、「円の実力」が低下したとたびたび指摘されるようになった。そもそも円の実力とは何を意味し、どのようにして実力を測るのか。本当に円の実力は70年の水準まで落ちてしまったのか。本章ではこの考え方を批判的に検討する。

１　円安局面の比較：貿易収支と輸出入行動

円相場のこれまでの動きを振り返ると、１９９０年代が大きな転換点であった。変動相場制移行後の71年から95年までの約25年間は急速に円高が進んだ期間であったが、95年以降は大幅かつ急速な円高局面と円安局面が繰り返し起きた期間だと整理できる。

⑴　名目為替レートの比較

図１－１をみてみよう。この図は１９９０年1月からの円の対ドル名目為替レートの変化を月次データ（月中平均値）に基づいて示している。この図の縦軸は１ドル＝70円から１６０円の範囲を示しているが、過去30年以上にわたって円相場はこの範囲内を大きく変動してきた。

図1－1　円の対ドル名目為替レート（1990年1月～2022年12月：月中平均値）

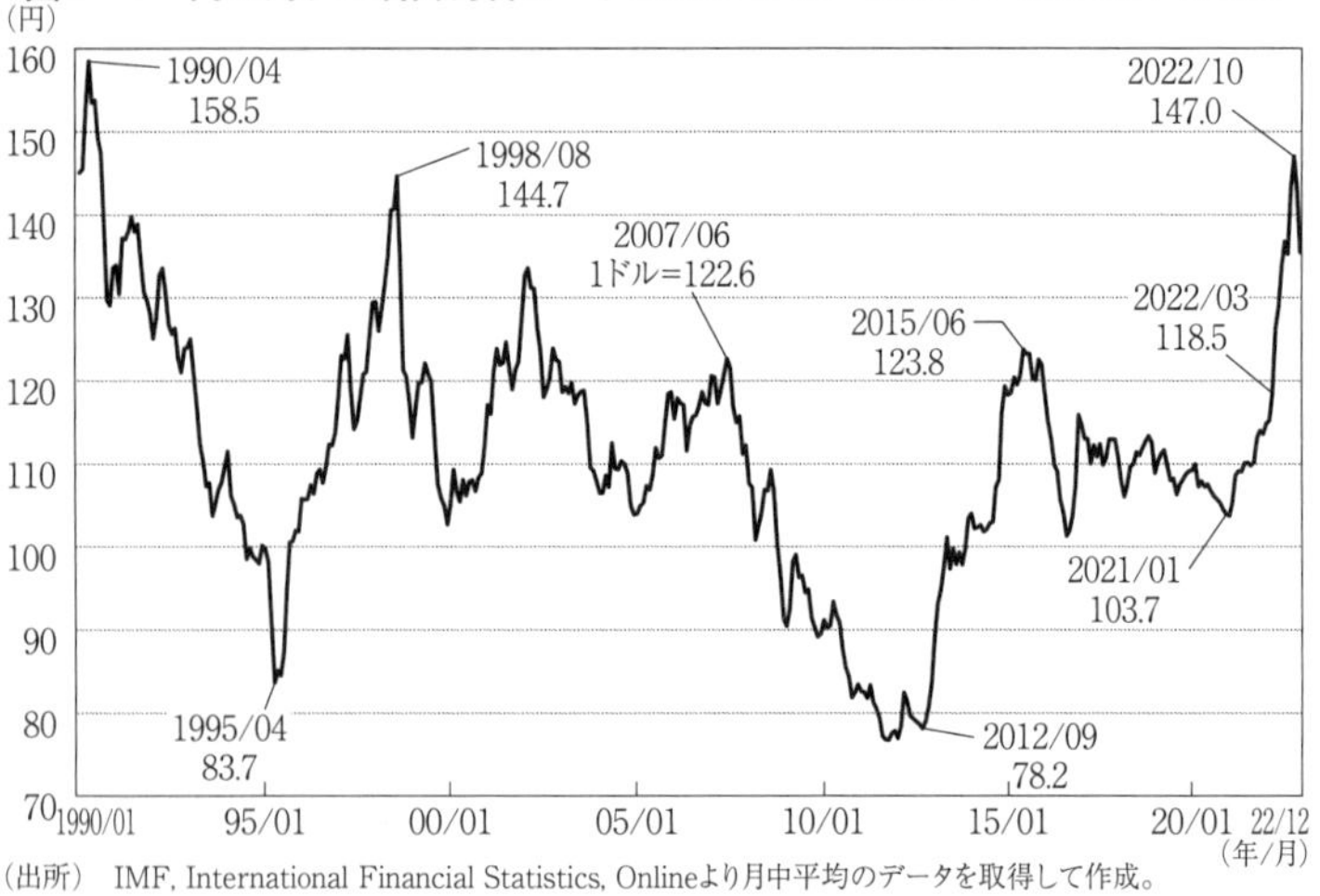

（出所）　IMF, International Financial Statistics, Onlineより月中平均のデータを取得して作成。

章頭でも触れたが、この期間に私たちは二度の大幅な円高を経験している。１９９０年４月から95年４月まで、そして２００７年６月から12年９月までの二回の円高局面である。円高が進行した期間はほかにもあるが、この二度の円高局面は日本経済に特に大きな影響を及ぼした。その影響については次章以降で詳しく取り上げる。本章で注目するのは、以下で述べる三回の円安局面である。

図１－１に基づいて円相場のボトムとピークに着目すると、三回の注目すべき円安局面がある。一つ目は「１９９５年４月～98年８月」の期間であり、97年から98年にかけて日本の金融機関の破綻が続いた時期を含んでいる。この金融危機時に外国為替市場で円売りドル買いの動きが強くなった。日本政府は円買い介入によって円安を阻止しようと試みたが効果は薄く、98

年8月には1ドル144円台まで円安が進んだ[4]。

二つ目は安倍政策期の円安局面である。図1－1に従うと、円相場のボトムからピークは「2012年9月～15年6月」の期間となるが、実際に円安が大きく進んだのは第二次安倍内閣発足後の2013年1月からである。

三つ目の円安局面は「2021年1月～22年10月」までである。他の二つの期間と比べると、この三つ目の円安局面は2年未満で（特に2022年3月から10月までの8カ月間で）急速かつ大幅に円安が進行したという特徴がある。

(2) 貿易収支の比較

この三つの円安局面を、輸出入物価・数量と貿易収支という指標とともにまとめたのが表1－1である[5]。それぞれの円安局面における円相場の動き（変化幅）とその変化率を計算すると、1990年代後半の円安局面が、円相場の変化幅と変化率の両方で最大であった。その次に変化幅と変化率が大きいのは安倍政策期の円安局面であり、2021年以降の円安局面は他の二つの時期と比較すると変化幅と変化率は最小である。しかし、それは2021年からの円安局面で日本経済が受けた影響が軽微であったことを意味するわけではない。

まず、三つの円安局面で貿易収支がどう変化したかをみてみよう。表1－1の貿易収支は、それぞれの円安局面における年次ベースの累計値を示している[6]。注目すべきは、1995～98年の貿易

表1－1　過去3回の円安局面の比較：為替レート、輸出入物価・数量、貿易収支

<1990年代後半の円安局面>	1995年4月～1998年8月		変化幅	（変化率）
1. 円の対ドル名目為替レート	83.7	144.7	61.0	（72.9%）
2. 貿易収支（1995～98年累計）	40兆6,932億円		-	-
3. 輸出数量（全産業：1995年～1998年）	77.0	86.0	9.0	（11.7%）
4. 輸出物価（全産業：契約通貨ベース）	136.4	118.6	-17.8	（-13.0%）
5. 輸出物価（全産業：円ベース）	117.5	144.2	26.7	（22.7%）
6. 輸入物価（全産業：円ベース）	73.7	91.4	17.7	（24.0%）
7. 輸入物価（石油･石炭･天然ガス：円ベース）	34.0	42.7	8.7	（25.6%）
<安倍政策期の円安局面>	2012年9月～2015年6月		変化幅	（変化率）
1. 円の対ドル名目為替レート	78.2	123.8	45.6	（58.3%）
2. 貿易収支（2012～15年累計）	-24兆3,967億円		-	-
3. 輸出数量（全産業：2012年～2015年）	102.0	100.0	-2.0	（-2.0%）
4. 輸出物価（全産業：契約通貨ベース）	112.1	104.0	-8.1	（-7.2%）
5. 輸出物価（全産業：円ベース）	97.3	114.1	16.8	（17.3%）
6. 輸入物価（全産業：円ベース）	109.5	123.2	13.7	（12.5%）
7. 輸入物価（石油･石炭･天然ガス：円ベース）	164.1	145.6	-18.5	（-11.3%）
<2021年からの歴史的円安局面>	2021年1月～2022年10月		変化幅	（変化率）
1. 円の対ドル名目為替レート	103.7	147.0	43.3	（41.8%）
2. 貿易収支（2021年～2022年10月累計）	-11兆3,473億円		-	-
3. 輸出数量（全産業：2021年～2022年10月）	102.1	99.9	-2.2	（-2.2%）
4. 輸出物価（全産業：契約通貨ベース）	102.0	109.9	7.9	（7.7%）
5. 輸出物価（全産業：円ベース）	101.0	133.6	32.6	（32.3%）
6. 輸入物価（全産業：円ベース）	102.7	189.0	86.3	（84.0%）
7. 輸入物価（石油･石炭･天然ガス：円ベース）	106.6	361.5	254.9	（239.1%）

（注）「変化幅」と「変化率」は円安局面の開始月と終了月の値に基づいて計算。ただし、輸出数量指数の場合は年次データに基づいて計算。

- 1. の「円の対ドル名目為替レート」は月中平均値。
- 2. の「貿易収支」は対象となる期間（年額）の累計値。ただし2022年は10月までの累計値。
- 3. の「輸出数量」は2015年=100の指数。月次データではなく、年平均値。具体的には1990年代後半の円安局面の場合、95年4月の輸出数量指数ではなく、95年の年平均の輸出数量指数に基づいて作成。
- 4. ～7. の「輸出物価」と「輸入物価」は2020年=100の指数。4. の「契約通貨ベース」の輸出物価指数は、輸出契約時の建値通貨に基づいて輸出価格の情報を収集し、それを指数化した値。5. ～7. の「円ベース」の輸出物価指数および輸入物価指数は、「契約通貨ベース」の輸出物価指数および輸入物価指数をそれぞれ円換算した値。7. は「石油･石炭･天然ガス」産業の輸入物価指数。日本銀行は輸入物価指数において「全産業」の値だけでなく、10産業の輸入物価指数を個別に公表している。その中の一つである石油･石炭･天然ガス産業の輸入物価指数。

（出所）為替レートはIMF, International Financial Statistics, Online。輸出物価指数と輸入物価指数は日本銀行。輸出数量指数と貿易収支は財務省の貿易統計と国際収支統計からそれぞれ計算。

収支の累計値が40兆円を超える黒字であったのに対して、2012年～15年の累計値（24兆3976億円の赤字）と2021年1月～22年10月の累計値（11兆3473億円の赤字）はいずれも多額の赤字であった。1990年代までは円安局面で貿易収支が大幅な黒字になったのに対して、2010年代以降は円安局面でも貿易収支が悪化し、多額の赤字を記録する傾向があることを示している。

(3)　輸出数量の比較

なぜ同じ円安局面であるにもかかわらず、2010年代以降は貿易収支が赤字に転じたのだろうか。その鍵の一つは輸出数量の動きにある。表1－1の輸出数量は2015年を基準年（＝100）とする指数である。1990年代後半の円安局面では、円安進行とともに輸出数量が77・0から86・0へと増加している(7)。一般に輸出数量（需要）は価格と所得の関数であると想定される。ここでは厳密に実証分析を行っているわけではないが、円安という価格要因が輸出数量増加に寄与していることが窺《うかが》われる。

一方、安倍政策期の円安局面と2021年からの円安局面では、輸出数量がむしろ低下している。大幅な円安の進行自体は、日本の輸出にマイナスの影響を及ぼすわけではない(8)。それにもかかわらず輸出数量がむしろ低下しているのはなぜか。これについては、次章で詳しく考察する。

(4) 輸出入物価の比較

次に、表1－1の円ベースの輸出物価と輸入物価の変化に着目して考察してみよう。1990年代後半の円安局面では輸出物価と輸入物価の両方とも増加しているが、輸出物価の上昇幅のほうが大きい。輸出数量も増加していることを考慮すると、この時期に円安による貿易収支の改善がみられたことは無理なく説明することができる。

安倍政策期の円安局面では多額の貿易赤字を記録しているが、表1－1によると、円ベースの輸出物価の上昇幅のほうが輸入物価のそれよりも大きい。輸出数量がわずかに減少しているとはいえ、輸出物価の上昇幅のほうが大きいのであれば、貿易収支が多額の赤字であることを理解するのはやや難しくなる。しかし、表1－1には示されていないが、この円安局面で実際には輸入物価の上昇幅のほうが大きく、円ベースの輸入物価は2014年を通じて130を上回る水準にあった。同年の平均値は133・1に達し、輸出物価の上昇幅を上回っていた。この輸入物価が2015年6月に123・2まで低下したのだが、その理由は石油・石炭・天然ガスなどの資源エネルギー価格の急落にあった。

原油価格（crude oil price）を例にあげると、2011年に入ってから1バレル＝100ドルを超える水準まで価格が高騰していた[9]。原油は基本的にドル建てで取引されるため、円安は円換算した輸入価格を引き上げる。原油価格の世界的な高騰と円安により、日本の円ベースの輸入価格は一段と上昇した。

２０１３年11月以降、石油・石炭・天然ガスの輸入物価指数（円ベース）は２００を超え、その水準が14年11月まで続いた。この時期に日本の貿易収支は過去に例がないほど巨額の赤字となり、経常収支も年ベースで赤字に転落するのではないかと懸念されるようになった。

ところが２０１５年になると、貿易収支が大きく改善する。その最大の理由は、14年10月以降の原油価格の急落である。15年末から16年前半にかけて１バレル＝30～40ドル台まで原油価格が下がった結果、幸運にも貿易収支が改善し、経常収支も同様に大幅な改善をみせた。表１－１には、この原油価格急落による円ベースの輸入物価の低下が示されていないが、日本の円ベースの輸入物価の動きと貿易収支赤字（累積値）の拡大は決して矛盾していない。

２０２１年からの円安局面でも貿易収支の累計値は多額の赤字であるが、その理由は明らかである。輸出数量が伸びないなか、円ベースの輸入物価（全産業）の上昇幅が輸出物価を大幅に上回っているからである。表１－１によると、その上昇幅だけみても、輸入物価のほうが輸出物価と比べて２・５倍近く上昇している。この輸入物価の上昇は、石油・石炭・天然ガスの輸入物価の上昇に牽引されているのは明らかであり、同輸入物価は21年１月から22年10月まで約３・４倍の上昇をみせている。

(5) 契約通貨ベースの輸出物価

最後に、表1－1の契約通貨ベースの輸出物価の変化をみてみよう。日本銀行は輸出物価指数と輸入物価指数の公表において、契約通貨ベースと円ベースの二種類のデータを公表している。契約通貨とは、輸出や輸入において建値を付けるときの通貨であり、「建値通貨」あるいは「インボイス(invoice)通貨」とも呼ばれる。[10] たとえば、日本の原油の輸入はほとんどドル建てで取引されている。つまり契約通貨はドルであり、日本銀行はこのドル建ての輸入価格を収集して「契約通貨ベース」の輸入物価指数を作成し、公表している。[11]「円ベース」の輸入物価は、この契約通貨ベースの輸入物価指数を為替レートによって円換算した物価指数である。

1990年代後半の円安局面と、安倍政策期の円安局面では、いずれも契約通貨ベースの輸出物価が低下している一方で、円ベースの輸出物価が上昇している。この相反する輸出物価の動きは何を意味するのだろうか。

わかりやすい例として、日本の輸出相手国が米国のみであり、すべての輸出がドル建てで契約されると仮定しよう。ドルで輸出契約が行われているため、米国の輸入業者にとって契約期間中のドルで測った輸入価格は変わらない。[12] 日本の輸出業者にとって円換算した輸出価格が上昇するか下落するかは、為替レートが円安に動くか、それとも円高に動くかによって決まる。円安局面では、日本の輸出業者にとって契約通貨ベースの輸出価格が一定であっても、円換算後の円ベースの輸出価格は上昇する。つまり、為替差益を得ることができる。

すでに確認した通り、１９９０年代後半の円安局面と、安倍政策期の円安局面では、いずれも契約通貨ベースの輸出物価が低下している。これは、日本の輸出企業が円安局面で（契約通貨で測った）輸出価格そのものを引き下げる行動をとったことを示唆している。円安が続く限り、外貨建て輸出は確実に為替差益が見込める。円安の継続が見込める状況下で、日本の輸出企業は敢えて価格を引き下げ、輸入国の市場での価格競争力を高める一方、価格引下げによる減収分は円安による為替差益で賄うという輸出価格設定行動を採用していたことが示唆される。

２０２１年からの円安局面では、輸出価格の動きがまったく異なる。契約通貨ベースの輸出物価は１０２から１０９・９へとむしろ上昇しているという顕著な特徴がみられる。なぜこの円安局面で輸出価格そのものが引き上げられているのか。この点については次節で考察する。

２　交易条件と輸出入価格

為替レートの変動が日本経済に及ぼす影響は、図１－２が示す日本の交易条件の変化とその要因分解によって検討することができる。[13] 図１－２の作成方法と注釈は図１－３に掲載している。図１－２の黒の実線は交易条件を示しており、輸出価格を輸入価格で除した値と定義され、１単位の輸出によって何単位の輸入が可能となるかを示す。輸出価格と輸入価格は、日本銀行が公表する輸出物

図1−2　日本の交易条件の変化と要因分解（2006年1月〜2022年12月）

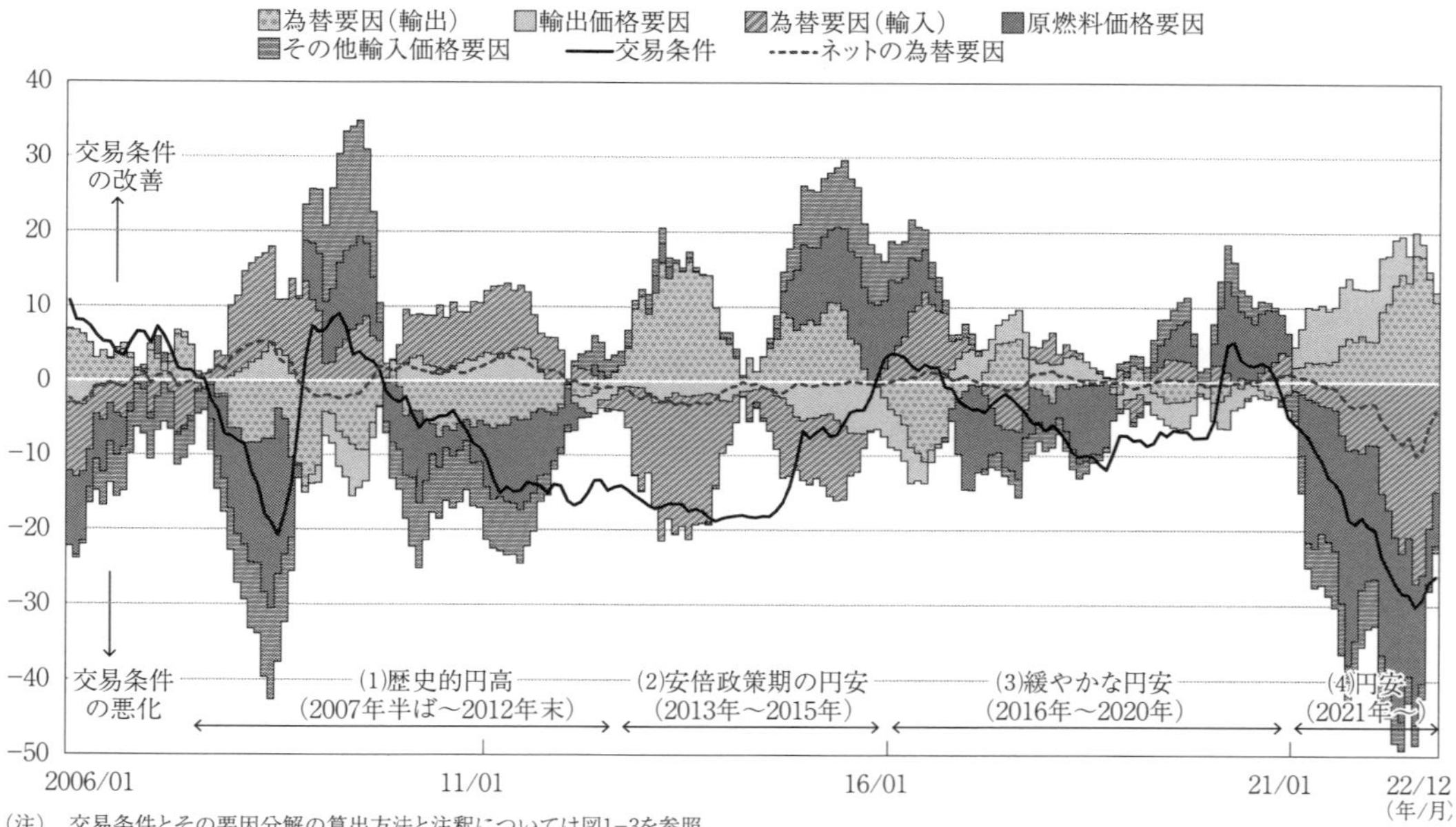

（注）　交易条件とその要因分解の算出方法と注釈については図1−3を参照。
（出所）　日本銀行企業物価統計（輸出物価統計・輸入物価統計）より作成。

図1−3　交易条件の要因分解

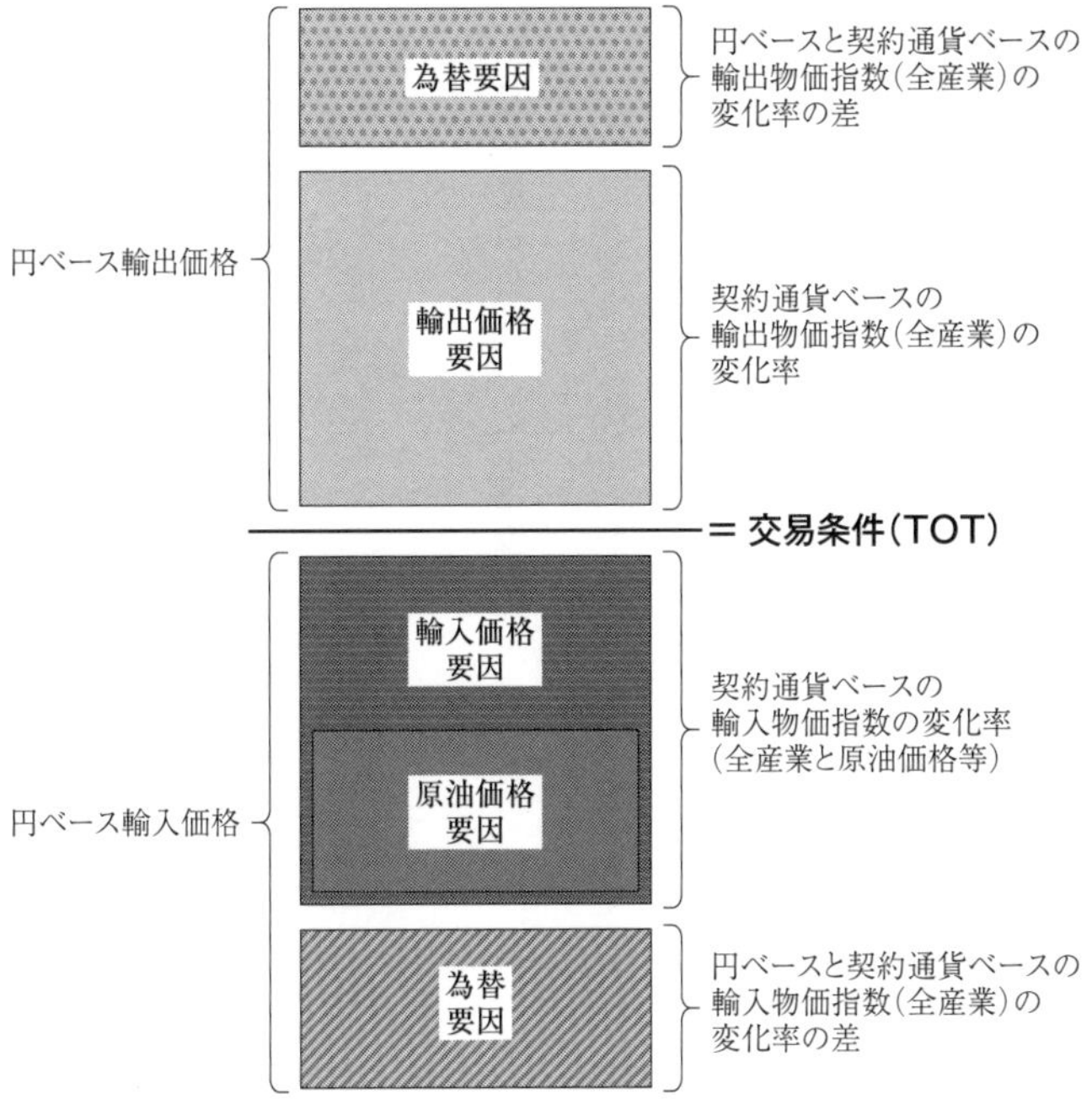

（注）「交易条件（Terms of Trade：TOT）」は、日本銀行が公表する「円ベースの輸出物価指数（全産業）」を「円ベースの輸入物価指数（全産業）」で除して求めている。

- 輸出物価指数と輸入物価指数はいずれも2020年を基準年（2020年=100）とする指数である。基準年では交易条件は1となるが、それを100倍し、その上で基準年の交易条件がゼロとなるように変換している。この変換によって、基準年をゼロとした場合に、交易条件がこの基準年からどの程度乖離しているかを示すよう作成している。
- 要因分解は、それぞれの要因を前年同月比の変化率として計算している。前年と比較して当該要因がどの程度変化したかを示すことで、交易条件の変化への影響を表している。
- 「輸出価格要因」は契約通貨ベースの輸出物価指数（全産業）の変化率で表される。「輸入価格要因」も同様に契約通貨ベースの輸入物価指数（全産業）の変化率で表される。日本銀行は輸入物価指数を全産業に加えて10産業のデータも公表している。そのうちの一つである「石油・石炭・天然ガス」産業を全産業から取り出して計算し、「原油価格要因」として示している。
- 「為替要因」は、輸出の場合、円ベースの輸出物価指数（全産業）と契約通貨ベースの輸出物価指数（全産業）の変化率の差で表される。輸入の場合も同様に計算している。図1−2の「ネットの為替要因」は、輸出の為替要因から輸入の為替要因を差し引いた値。

価指数と輸入物価指数のデータを用いている。これら物価指数は２０２０年を基準年としており、輸出価格と輸入価格が等しい場合に、交易条件がゼロとなるように基準値を調整して作成している。

図１－２の棒グラフは交易条件を変化させる要因の増減を対前年同月比変化率によって示している。[14] 点線のグラフは輸出価格を変化させる為替要因から輸入価格を変化させる為替要因を差し引いた値であり、「ネットの為替要因」という名称を用いている。この指標を用いることで、円高局面あるいは円安局面において、為替レートの変化が交易条件にどのような影響を及ぼしているかを確認することができる。

(1)　交易条件の推移と原油価格

図１－２によると、２００６年から２０２２年までの17年間で交易条件の低下（悪化）が最も大きかった時期は２０２１年からの円安局面である。21年１月から22年９月までの間に30ポイント弱の低下をみせている。これと同程度の交易条件の悪化は07年半ばから08年９月のリーマン・ショックまでの時期にも経験した。また、リーマン・ショック後に交易条件は急速に改善（上昇）した後、09年半ばから11年半ばまで再び大きな悪化（低下）をみせた。

これらの時期における交易条件の悪化の要因を図１－２に基づいて考えてみよう。まず、２００７年半ばから08年９月までの交易条件の悪化を牽引したのは原油価格要因の大幅マイナスである。06年時点で１バレル＝60～70ドル台を推移していた原油価格は、07年後半から急上昇し、一時は１バレル＝130ドル台に達した。[15]その後、2008年9月のリーマン・ショック以降、世界的な需要減少と景気悪化により原油価格は急落する。08年末から09年初めにかけて1バレル＝30ドル台まで価格下落が進み、それを反映して交易条件が一気に改善する。

いったん改善した交易条件は、2009年代半ばから再び悪化する。一度急落した原油価格が再びじわじわと上昇したことが、交易条件悪化の理由である。特に11年からは原油価格が再度1バレル＝100ドルを大きく上回る水準まで上昇し、交易条件の急速な悪化が進んだ。

図1－2から、安倍政策による円安局面で交易条件がどのように変化したかも知ることができる。2013年1月時点で交易条件はすでにマイナス15・4の水準まで悪化していたが、その後も交易条件はじわじわと悪化し、14年9月にはマイナス18・2の水準まで悪化が進んだ。

しかし、それ以降、交易条件は急速に上昇（改善）した。この動きを牽引したのは、原油価格の急落であった。2011年から14年半ばまで1バレル＝100ドル前後の水準で高止まりしていた原油価格が、14年終盤から16年初めにかけて大幅に下落した。この原油価格急落による日本の輸入価格全体の低下が、交易条件を大きく改善させた。

このように、円高局面であれ円安局面であれ、日本の交易条件を大きく左右してきたのは原油価格の動向であった。2021年からの交易条件悪化の局面でも、同様に原油価格の高騰が同時に起こっており、しかも原油価格要因のマイナス幅が他の時期よりも大きくなっていることが、図1－2から確認できる。

(2) 円安局面の交易条件と為替要因

次に、図1－2の点線のグラフで示されるネットの為替要因が交易条件に及ぼす影響について考察していこう。まず、輸出および輸入の為替要因とは、為替レートの変化が輸出価格と輸入価格に及ぼす影響のことを指している。ここで重要な役割を果たすのが貿易建値（契約）通貨である。日本の交易条件は「円ベース」の輸出価格（輸出物価指数）と輸入価格（輸入物価指数）の比率として計算されている。次章以降で詳しく論じるが、２０２２年上半期における日本の円建て貿易比率は輸出で36％、輸入で23％にすぎない[16]。つまり、外貨建て貿易比率は輸出で64％、輸入で77％となり、輸出よりも輸入の外貨建て比率のほうが高い。

ここで思考実験として外貨建て貿易がすべてドル建てであると仮定しよう。日本からの輸出を、輸入国（米国）側から見た場合、ドルで建値をつけている限り、為替レートが変動してもドルベースの輸入価格に変化はない。他方で、日本の輸出企業から見た場合、ドル建ての輸出価格を（あるいは輸出代金を）円換算する際に為替レートの影響を受ける。円安が進行すると円換算した輸出価格は上昇する。

次に日本の輸入について考えると、すべてドル建てで輸入している場合、為替レートの変動によって円換算した輸入価格が変化する。円ベースの輸出価格と輸入価格のどちらがより上昇するかは、どちらのドル建て比率が高いかによる。日本の場合は輸出よりも輸入の外貨建て比率のほうが高いため、他の条件が一定であれば、円安（円高）局面では円建て輸入価格のほうが円建て輸出価格よりも高く（低く）なる。つまり、為替要因である円安（円高）によって交易条件が悪化（改善）することになる。

図１－２でネットの為替要因（点線のグラフ）をもう一度見てみよう。２００７年半ばから12年末までの円高局面では、その大半の時期で点線のグラフがプラスの値をとっていることが確認できる。また、安倍政策期の円安局面では大半の時期で点線のグラフがマイナスの値をとっている。これは円高局面では為替要因がネットで交易条件にプラスに作用すること、円安局面では為替要因がネットでマイナスに作用することを示している。

そこで改めて図１－２で２０２１年からの円安局面をみてみよう。点線のグラフがマイナスの値をとっており、ゼロからの乖離幅（マイナスの大きさ）が他の時期よりもはるかに大きい。２０２２年９月時点で約10ポイントのマイナスに達している。これは、21年からの交易条件の悪化において円安の影響が非常に大きかったことを意味する。１ドル＝１５０円を上回るほど進んだ円安は、明らかに行き過ぎであったといえるだろう。

(3)　交易条件と輸出価格要因

２０２１年からの円安局面で注目すべきは、輸出価格要因（為替変動の影響を除いた、輸出価格自体の変化）が交易条件に対して大幅なプラスの影響を与えている点である。

輸出価格要因に着目して、改めて図1－2をみてみよう。輸出価格要因が交易条件に対してプラスの影響を与えているのは円高局面においてであり、安倍政策期の円安局面では輸出価格要因が交易条件に対してマイナスの影響を及ぼしていた。この円高局面と円安局面における影響のちがいは、次章以降で詳しく述べる輸出企業の価格設定行動と深く関わっている。

すでに指摘した通り、日本の輸出の64％は外貨建てで取引されている。ここでいう外貨建てが輸入国通貨での契約を意味する場合、為替レートが変動しようとも、日本の輸出価格は輸入国通貨ベースで一定である。つまり、日本企業は輸入国通貨ベースで輸出価格を安定させる「市場別価格設定（Pricing-to-Market：ＰＴＭ）行動」をとっている。[17] このＰＴＭ行動では、円安が進行すると円換算した輸出代金が増えるが、円高が進んだ場合には円換算した輸出代金が減少する。大幅に円高が進行する時期にＰＴＭ行動を続ける場合、輸出企業は輸出マージンの減少を受け入れるか、あるいは原価低減の努力による生産コスト低下によって乗り切るほかない。[18] もう一つの方法は、ＰＴＭ行動をとりやめて、輸入国通貨ベースの輸出価格自体を引き上げることである。これにより、円高による為替差損を回避する（少なくとも、ある程度損失を減らす）ことができる。

図1－2の円高局面で輸出価格要因が交易条件に対してプラスに働いているのは、上記のような輸出企業の価格設定行動、すなわち円高による為替差損回避を目的として、輸出企業が価格そのものを引き上げる行動をとったことと深く関わっていると考えられる。一方で、円安局面ではＰＴＭ行動を続けることによって円換算に伴う為替差益が期待できる。

また、大幅な円安が長く続くと予想される場合は、むしろ輸入国通貨建ての輸出価格そのものを引き下げるという選択もあり得る。価格自体の引下げによる減収は多額の為替差益によって賄うことができ、さらに価格引下げによる現地市場での価格競争力上昇にもつながる。実際に安倍政策期の円安局面で輸出価格要因は交易条件に対してマイナスに働いていた（図１－２）。これは輸出価格自体を引き下げたことによる、円換算後の輸出価格の上昇幅の縮小が影響していることを示唆している。

円高・円安局面と輸出企業の価格設定行動との関係について、やや詳しく考察してきたが、この説明と異なる動きが顕著にみられるのが２０２１年からの円安局面である。先に指摘した通り、この円安局面で輸出価格要因が交易条件に対して大きなプラスの影響を与えている。これは過去の円安局面ではみられない影響である。なぜ円安局面で日本企業は輸出価格を引上げているのだろうか。

輸出価格引上げの理由は、２０２１年からの円安局面で、過去に例のないほど輸入物価が上昇したことが関係している。表１－１で示したように、他の円安局面と比べて、２０２１年からの円安局面では輸入物価の上昇が格段に大きい。特に石油・石炭・天然ガス部門の輸入物価の上昇が著しい。この輸入物価の急増は、輸出企業の生産コストを大幅に上昇させた。この生産コスト上昇によって、輸出企業はやむを得ず輸出価格を引き上げた可能性がある。この円安が輸出価格設定行動に及ぼした影響については、次章で改めて詳しく検討する。

3　実質実効為替レートと円の実力

(1)　円の実質実効為替レートの変遷

２０２１年からの円安局面で最も注目を集めたのは、円の実質実効為替レートの大幅な低下（減価）といってもよいだろう。実質実効ベースで円が１９７０年代初めの水準まで減価したため、「円の実力は、今や１９７０年の水準まで低下した」と新聞やメディアなどでたびたび取り上げられた。実際に図１－４の実質実効為替レートのグラフをみてみよう。実線のグラフはＢＩＳが公表する円の実質実効為替レートである。この図では実質実効為替レートが２００５年＝１００となるように基準化してグラフを作成しており、上昇すると円高（円の増価）を、低下すると円安（円の減価）を表している。(19)

ＢＩＳの実質実効為替レートは非常に特徴的な動きをしている。１９７１年半ばまでは60を下回る水準にあったが、それ以降は95年４月まで、短期的な上下変動はあっても、ほぼ一貫して上昇（増価）傾向にあった。つまり、95年までの25年間に実質実効ベースで円高が著しく進行したことを示している。

その後は１９９５年４月をピークとして、ＢＩＳの実質実効為替レートは２０２２年まで大幅に低下（減価）した。ただし、２００７年夏から12年末までの円高局面では実質実効為替レートが上

図1−4　円の実質実効為替レート（1970年1月～2022年12月）

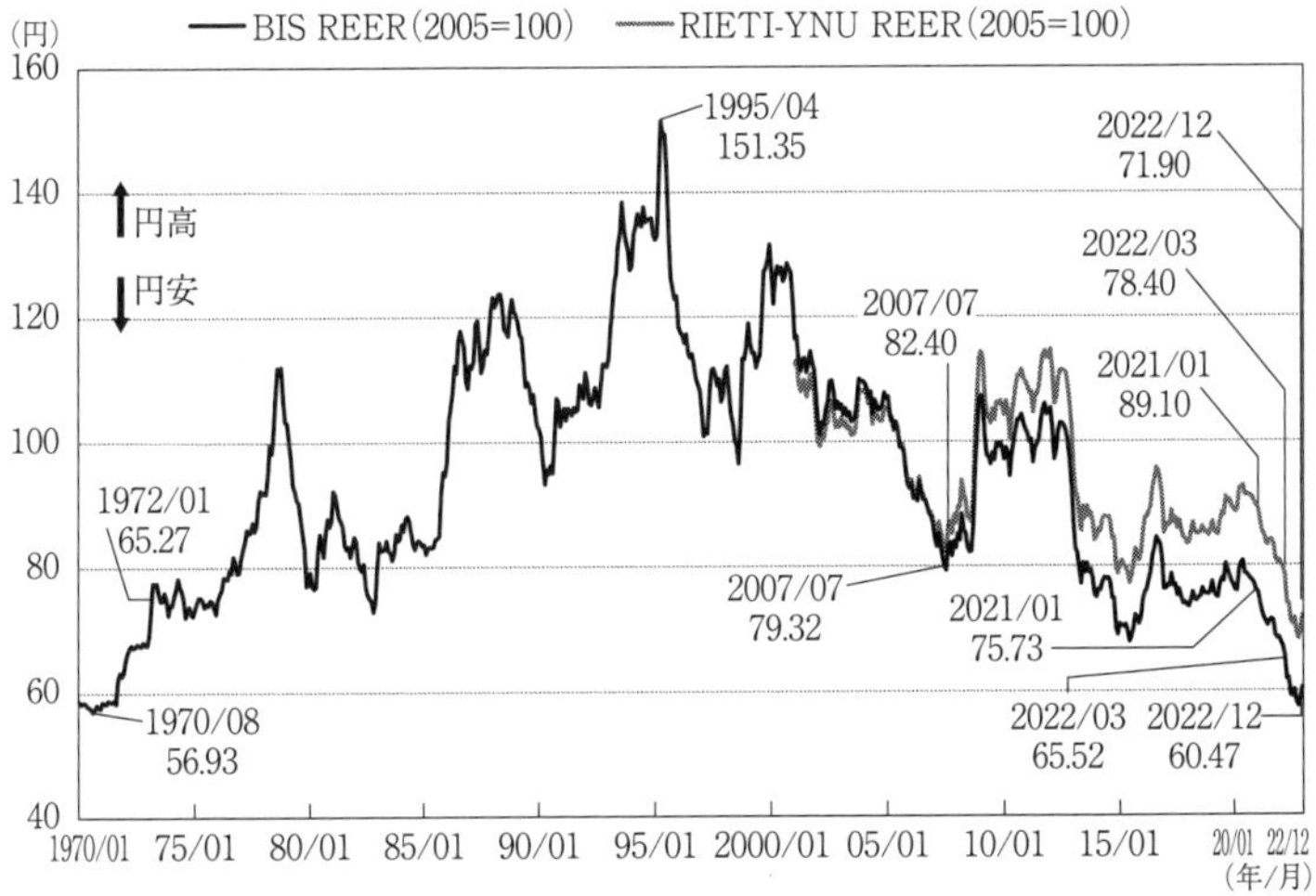

（注）　実質実効為替レート（2005年=100）は上昇（低下）すると円高（円安）を表す。BIS REERはBISが公表する実質実効為替レート。RIETI-YNU REERは経済産業研究所（RIETI）と横浜国立大学経済学部附属アジア経済社会研究センターが公表する産業別実質実効為替レートの全産業の平均値。BIS REERは1993年12月までNarrow Indexのデータを使用し、1994年1月からのBroad Indexのデータと接続。

（出所）　Bank for International Settlements (BIS) のウェブサイト、経済産業研究所（RIETI）のウェブサイトより実質実効為替レートのデータをダウンロードして作成。

昇（増価）し、その後の安倍政策期の円安局面では実質実効為替レートが低下（減価）するなど、やや大きな上下変動もあった。それでも、１９９５年４月以降、実質実効ベースで円は一貫して低下（減価）傾向であったと結論できるだろう。

この図１−４のＢＩＳの実質実効為替レートをもう少し丁寧に見てみよう。１９９５年４月の１５１・35をピークに実質実効為替レートは大幅に低下（減価）し始めた。たとえば２００７年７月に79・32の水準まで実質実効為替レートは低下しているが、これは１９８０年代前半の水準とほぼ同じである。その後、安倍政策期の円安局面に入って実質実効為替レートは一段と低下し、２０２２年３月には65・52の水準まで低下した。これは１９７２年１月の水準（65・27）とほぼ同じである。さらに図には明記していないが２０２２年10月には57・51まで低下しており、１９７０年８月の水準（56・93）をわずかに上回っているにすぎない。

２０２２年の実質実効為替レートの水準が１９７０年とほぼ同じ水準まで低下（減価）したというデータはかなり衝撃的である。「円の実力が低下した」と新聞等で繰り返し指摘されるのも当然かもしれない。しかし、これは本当に「円の実力」が低下したことを意味するのだろうか。実質実効為替レートの定義に立ち戻って考えてみよう。

(2) 実質実効為替レートの要因分解

実質実効為替レートの定義は表１－２から表１－４にまとめられている。「実効」為替レートとは、単なる二国間の為替レート（たとえば円の対ドル為替レート）ではない。表１－２が示すように、日本とすべての貿易相手国との間の「二国間の為替レートの加重平均」と定義される。この(1)式の二国間の為替レート（ER）に名目為替レートを代入すれば、表１－３が示す名目実効為替レートになる。[20] 表１－４が示す実質実効為替レートを求めるには、表１－２の(1)式のERに二国間の実質為替レートを代入する。[21]

表１－４の(4)式が示すように、実質実効為替レートは「①名目実効為替レート」と「②自国（日本）の物価」、そして「③外国（貿易相手国）の物価の加重平均」の三つの変数（要因）から成り立

表1−2　実効為替レート(Effective Exchange Rate：EER)の定義

$$EER=\prod_{j=1}^{n}\left(ER_j\right)^{\alpha_j} \qquad (1)$$

(注)　• 実効為替レート(EER)は、二国間の為替レート(ER)の加重平均。
• 自国は日本。海外諸国(日本にとっての貿易相手国j)はnカ国。
• αは日本の貿易全体に占める各国(j国)のウエート。

表1−3　名目実効為替レート(Nominal Effective Exchange Rate：NEER)の定義

$$NEER=\prod_{j=1}^{n}\left(\frac{1}{S_{yen/j}}\right)^{\alpha_j} \qquad (2)$$

⇒　名目実効為替レート＝「名目為替レート($S_{yen/j}$)の逆数」の加重平均

(注)　表1-2 (1)式のERに円のj国通貨に対する名目為替レート($S_{yen/j}$)の逆数を代入。

表1−4　実質実効為替レート(Real Effective Exchange Rate：REER)の定義

$$REER=\prod_{j=1}^{n}\left(\frac{P}{S_{yen/j}P_j}\right)^{\alpha_j}=\frac{\prod_{j=1}^{n}(P)^{\alpha_j}}{\prod_{j=1}^{n}(S_{yen/j})^{\alpha_j}\cdot\prod_{j=1}^{n}(P_j)^{\alpha_j}} \qquad (3)$$

$$=\prod_{j=1}^{n}\left(\frac{1}{S_{yen/j}}\right)^{\alpha_j}\cdot\frac{P}{\prod_{j=1}^{n}(P_j)^{\alpha_j}}=NEER\cdot\frac{P}{\prod_{j=1}^{n}(P_j)^{\alpha_j}}$$

⇒ 実質実効為替レート＝(名目実効為替レート)×$\left(\frac{\text{自国の物価}}{\text{貿易相手国の物価の加重平均}}\right)$　(4)

(注)　表1-2 (1)式のERに円のj国通貨に対する実質為替レート$\left(\frac{S_{yen/j}P_j}{P}\right)$の逆数を代入。

図1−5　円の名目実効為替レートと対ドル名目為替レート（1970年1月〜2022年12月）

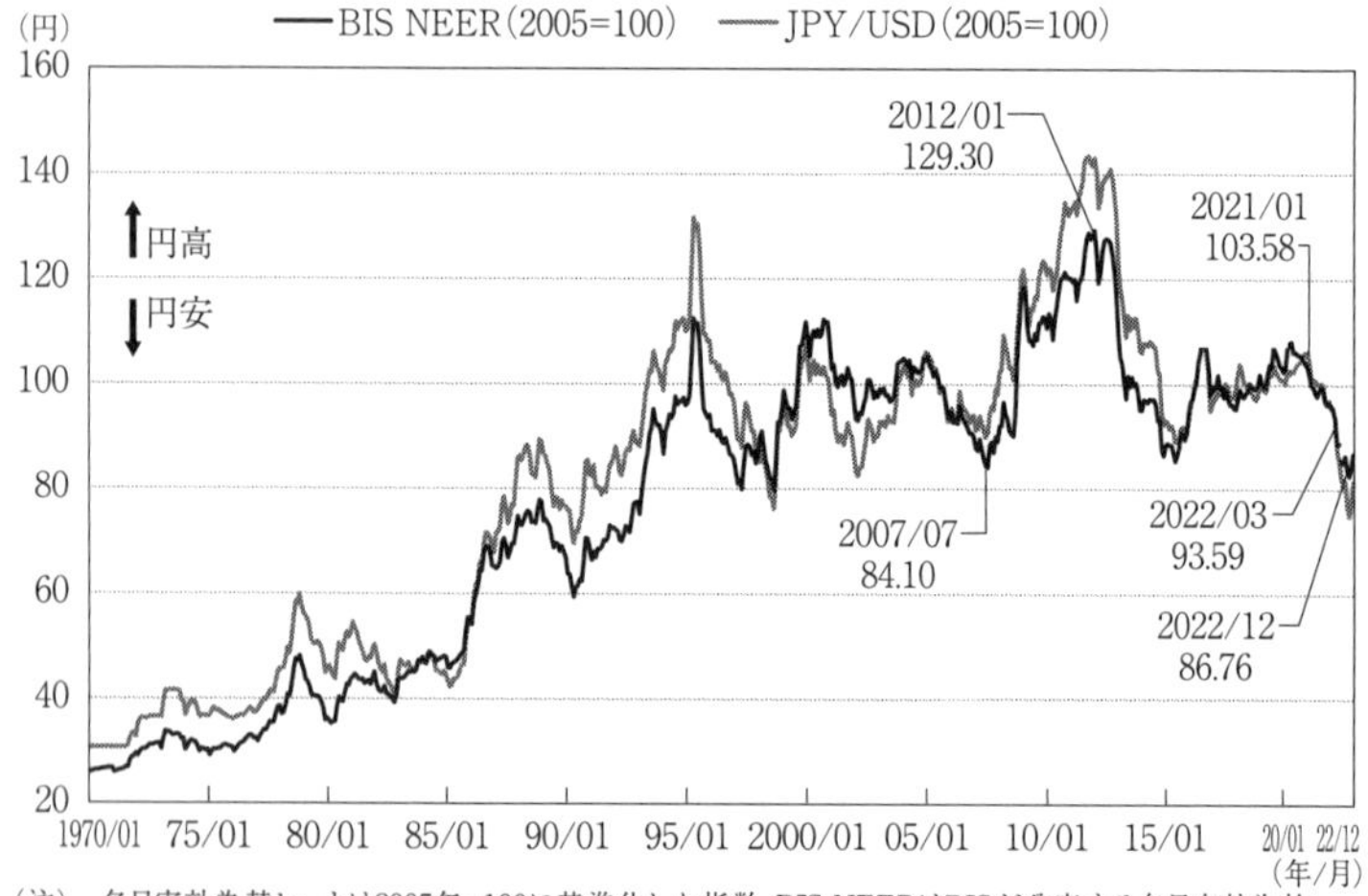

（注）　名目実効為替レートは2005年=100に基準化した指数。BIS NEERはBISが公表する名目実効為替レート。JPY/USDは円の対ドル名目為替レートの逆数（2005年=100）。いずれの為替レートも上昇（低下）すると円高（円安）を表す。BIS NEERは1993年12月までNarrow Indexのデータを使用し、1994年1月からのBroad Indexのデータと接続。

（出所）　Bank for International Settlements（BIS）のウェブサイト、IMF, International Financial Statistics, Onlineよりデータをダウンロードして作成。

っていることがわかる。つまり、実質実効為替レート＝①×②÷③となる。この①から③の各要因に分解して、それぞれの動きを調べてみよう。

図１−５に示された円の名目実効為替レート（①）の動きをみると、図には記載していないが、１９７０年１月の25・91の水準から、その後一貫して上昇（増価）し、２０１２年１月に１２９・30のピークに達した。それ以降は低下（減価）傾向にあり、22年12月時点ではピーク時の３分の２程度の水準である86・76まで減価した。たしかにピーク時と比べると、名目実効ベースで円は大きく減価しているが、それでも２０２２年12月の水準は２００７年７月の水準をや

や上回っている。１９７０年の水準と比べると、２０２２年時点ではるかに円高の水準にある。

なお、参考までに図１－５に円の対ドル名目為替レート（の逆数）のグラフも掲載している。同図に掲載した二つの為替レートは２００５年基準（＝１００）で指数化しているが、非常に興味深いことに、二つのグラフはほぼ同じ動きをしており、水準もあまり大きな差がない。名目実効為替レートのほうが円の対ドル名目為替レートよりも変動幅がやや小さいという傾向がみられるが、それ以上の大きな差はない。

名目（実効）為替レートとは、当該通貨（円）の他通貨（たとえばドル）に対する相対的な価値を表している。円の相対的価値という尺度で考えると、円の実力は２０００年代とあまり差はない。１９７０年代初めの水準まで円の実力（相対的な価値）が低下していることは決してない。

それでは１９９５年以降の実質実効為替レート（図１－４）と名目実効為替レート（図１－５）の動きのちがいはどのように説明できるだろうか。このちがいを説明するのは、「②自国（日本）の物価」と「③外国（貿易相手国）の物価の加重平均」の比率（＝②÷③）の大幅な低下である。外国の物価と比較して日本の物価が大きく低下していることが原因である。

図１－４が示すＢＩＳの実質実効為替レートは、消費者物価指数を用いて作成されている。日本の消費者物価指数が長期にわたって低迷してきたことは広く知られている。上記の計算式の②が日本の消費者物価指数、③が海外諸国の消費者物価指数の加重平均値であれば、②÷③の値が大きく低下するのは当然である。

(3) バラッサ＝サミュエルソン仮説による説明

経済学では実質（実効）為替レートの動きを「バラッサ＝サミュエルソン仮説」によって説明する。検討の対象としているのは実質実効為替レートであるが、敢えて単純化して、自国（日本）と外国（米国）の二国間の実質為替レートで考えてみよう[22]。

日本と米国はそれぞれ貿易財部門と非貿易財部門から成り立ち、両国の消費バスケットは貿易財と非貿易財の二つで構成されていると想定する。BISは消費者物価指数を用いて実質実効為替レートを作成しているが、消費者物価指数は貿易財と非貿易財の二種類の物価で構成されており、バラッサ＝サミュエルソン仮説の想定とも整合的である。

貿易財部門では国際的な財市場の裁定取引が十分に働き、一物一価が成立していると仮定する[23]。つまり貿易財の価格は国際的な財取引によって決まり、一物一価が成立しない非貿易財の価格は各国の生産投入要素費用によって決まる。

バラッサ＝サミュエルソン仮説は、自国の貿易財部門の生産性が高いほど、自国の実質（実効）為替レートが増価する（自国通貨高になる）と主張する。一般に、経済成長率の高い国は、貿易財部門で高い生産性の上昇が起きていると考えられる。この生産性の上昇によって貿易財部門の名目賃金が上昇すると、賃金上昇は非貿易財部門にも波及する。非貿易財部門の生産性上昇が貿易財部門のそれよりも低いと仮定すると、賃金上昇に伴い、非貿易財部門の物価は上昇する。つまり、自国の貿易財部門の生産性の高さは、同国内の名目賃金を全般的に上昇させ、それが自国の非貿易財の物価を引上げる。その結果、②の自国の物価が③の外国の物価よりも上昇し、①の名目（実効）為替レートが一定である場合、実質（実効）為替レートを増価させる。図1－4では、1970年から95年まで日本の実質実効為替レートが上昇（増価）していたが、バラッサ＝サミュエルソン仮説に従うと、それは日本の高度成長期の生産性上昇率の高さによって説明することができる。

1995年から現在までの日本では、上記の実質（実効）為替レートの増価とは逆のメカニズムが働いたと解釈できる。貿易財部門の生産性がなかなか伸びず、国内の名目賃金も伸びない。バブル経済崩壊後の、日本経済の長期にわたる低迷、すなわち経済成長率の低下、生産性上昇率の鈍化、賃金の伸びの低さ、という日本経済の構造的な問題が国内物価の低迷をもたらしている。その結果、自国と外国の物価比（＝②÷③）が大きく低下し、実質実効為替レートが大幅に減価しているのである。

この実質実効為替レートの減価は円の実力の低下によるものだといえるだろうか。通貨の交換レートである円の相対的価値は、1970年代初めの水準まで低下しているわけではまったくない。むしろ、生産性の低さ、名目賃金の低迷、それらに起因する国内物価水準の低迷こそが、実質実効為替レートの大幅低下（減価）の理由である。円の実力というよりも、日本経済の実力の低下を表しているといったほうがよいだろう。

(4) 輸出価格競争力と実質実効為替レート

経済学では、実質（実効）為替レートの減価（低下）は「輸出価格競争力を高める」と考えるのが一般的である。為替レートの減価によって自国の輸出物価のほうが輸入国（競合相手）の物価よりも低くなれば、輸出企業は価格競争において有利な立場となる。国際貿易の分野でも、輸出需要関数を推定する際に、実質（実効）為替レートを説明変数に含めて分析する。同為替レートが減価すると、輸出価格競争力が向上して、輸出需要を増加させると解釈する。このように、実質（実効）為替レートの減価は輸出を促進するポジティブな要因と捉えられる。

問題は、輸出価格競争力を測る指標として、どの物価指数が適切かである。BISの実質実効為替レートでは消費者物価指数が用いられている。しかし、消費者物価指数は非貿易財、つまり貿易の対象でない財サービスの価格を含んでいるため、輸出における価格競争力を考察する上で必ずしも適切ではない。最も適切な物価指数と考えられるのは、輸出物価および輸入物価である。

次に適切な物価指数として、生産者物価指数があげられる。生産者物価指数は一般に企業間の財の調達・販売における物価を表している。その他の物価指数として、GDPデフレーター、あるいは物価の代理変数として単位労働コストを用いる場合もある。

図1－4を改めて見てみよう。2001年から始まる薄いグレーのグラフは生産者物価指数を用いて作成した円の実質実効為替レートである。同データが利用できるのは2001年1月からであ

るため、それ以前の為替レートの変動と比較することはできない。しかし、２００５年を基準として図示された生産者物価指数ベースの実質実効為替レートは、08年9月のリーマン・ショック以降、ＢＩＳの実質実効為替レートと水準の差が拡大している。たとえば、急激な円安が始まる２０２２年3月の時点で生産者物価指数に基づく実質実効為替レートは78・40の水準であり、07年7月のＢＩＳの実質実効為替レートの水準である79・32と大きな差はない。他方でＢＩＳの実質実効為替レートは22年3月時点で65・52まで低下している。これは１９７２年1月の水準（65・27）とほとんど変わらない。

ここで強調したいことは、実質実効為替レートは使用する物価指数データによって変化の程度等に無視できないほどのちがいが生まれる点である。図１－４の薄いグレーで示した実質実効為替レートは、非貿易財のウエートが少なく、貿易財中心の生産者物価を用いて作成されており、消費者物価指数と比べて輸出企業の生産コストをより的確に捉えている。[24] この薄いグレーの実質実効為替レートは生産コストベースの実質実効為替レートと呼ぶこともできるだろう。

(5)　産業別実質実効為替レート：日韓の電機・電子機器産業の比較

図１－４の薄いグレーの線で示された、生産者物価指数に基づく実質実効為替レートは、独立行政法人経済産業研究所（ＲＩＥＴＩ）と横浜国立大学経済学部附属アジア経済社会研究センターが共同で作成した「産業別実質実効為替レート（Industry-specific real effective exchange rate：Ｉ－

REER)」である。[25] 日本を含むアジア諸国、欧米諸国など合計25カ国、13産業の実質実効為替レートが公表されており、図1－4の「RIETI－YNU REER」は、日本円の13産業の実質実効為替レートの平均値である。

輸出価格競争力を測るために実質実効為替レートを用いるのであれば、価格競争力は産業によって異なるはずである。しかし、従来の研究では産業別の実質実効為替レートはほとんど用いられてこなかった。その最大の理由は、データが公表されていないからである。産業別で実質実効為替レートを作成するためには、すべての貿易相手国の生産者物価指数を産業別に収集して作成する必要がある。この生産者物価指数の収集作業は非常に困難であるため、産業別の実質実効為替レートは公表されていなかった。[26]

筆者の知る限り、経済産業研究所と横浜国立大学が構築した産業別実質実効為替レートは、世界的に例のない初めてのデータベースである。上述の通り、25カ国のそれぞれの通貨において、13産業の実効為替レートが利用可能である。ここでは図1－6に掲載した日本円と韓国ウォンの「全産業（製造業）の平均値」と「電気・電子機器」産業の実質実効為替レートを見てみよう。[27] 濃い黒線のグラフが日本円および韓国ウォンの実質実効為替レート（全産業の平均値）であり、薄いグレーの線のグラフは電気・電子機器産業の実質実効為替レートである。

図1－4～図1－6において、実効為替レートは基準年を定めた指数として作成されている。図1－6は2001年1月を基準（＝100）として作成しており、図中の複数のグラフは基準時点

図1−6　日本円と韓国ウォンの産業別実質実効為替レート（2001年1月〜2022年12月）

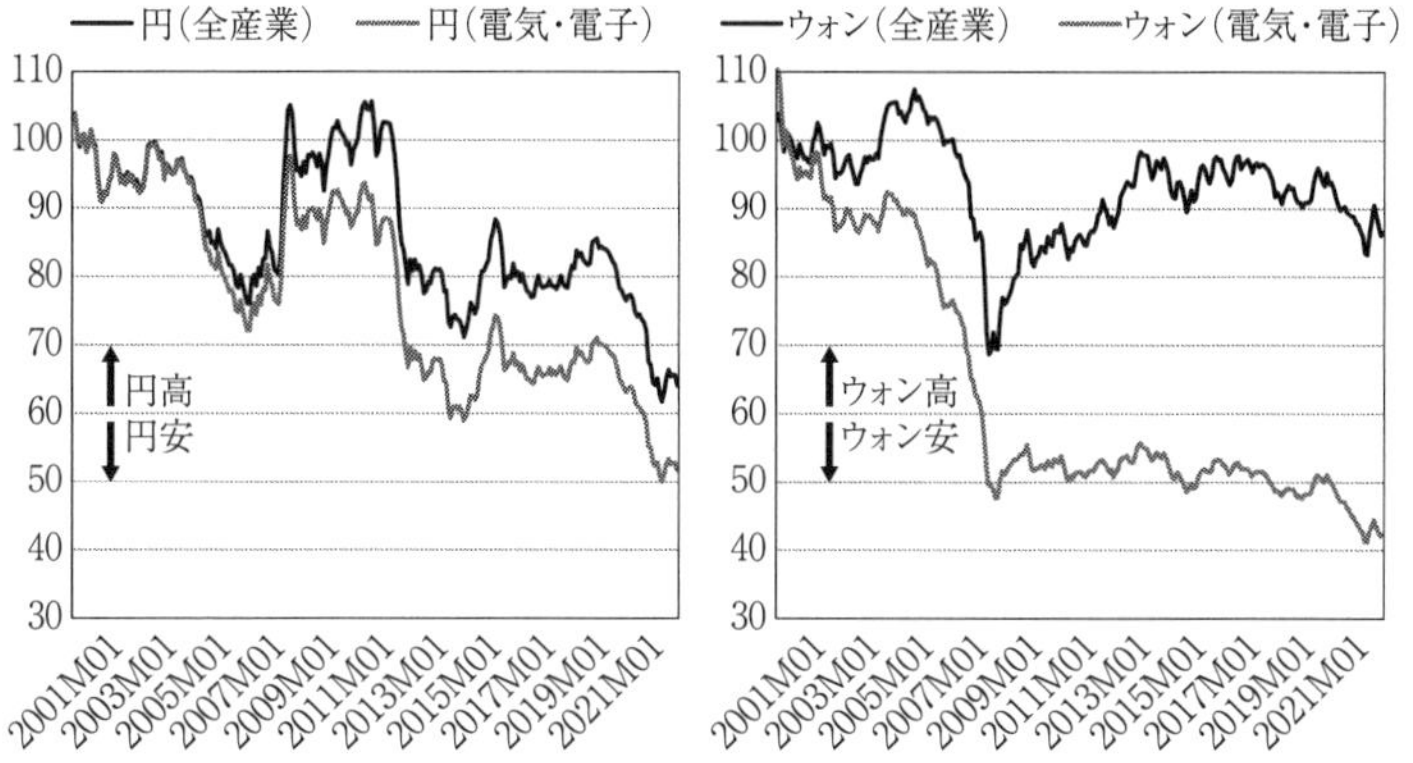

（注）　全産業（製造業）と電気・電子機器産業の実質実効為替レート（2001年1月=100）。
（出所）　経済産業研究所（RIETI）のウェブサイトより作成。

で必ず同じ水準になる。ここでは日本と韓国を比較しているが、実質実効為替レートのような指数のグラフの比較において、二国間の水準の高低は重要ではない。時間を通じて、ある水準から別の水準へどのように、どの程度動いたかが問題となる。

この留意点を踏まえて、図を見てみよう。２００１年１月から04年半ばまで、円とウォンの実質実効為替レート（全産業）はやや減価しながらも、90〜１００の間を推移していた。その後、07年８月頃まで、日本と韓国は円安（低下）とウォン高（上昇）という相異なる動きを見せる。注目すべきは、電気・電子機器産業の実質実効為替レートの動きである。

円の実質実効為替レートの場合、全産業の実効レートと電気・電子機器の実効レートが08年末頃までほぼ同じ動きを見せており、図１−６において二つのグラフの線がほぼ完全に重なっている。それに対してウォンの実質実効為替レートでは、全産業の実効レートと電気・電子機器の実効レートが２００１年初めから大きく乖離し、後者の電気・電子機器の実効レートのほうが大幅に低下（減価）している。このちがいは何を意味するのだろうか。

実質実効為替レートは輸出価格競争力の尺度と考えられることはすでに説明した。生産者物価指数を用いた産業別実質実効為替レートは、当該産業の輸出におけるコスト競争力を示すと解釈できるだろう。２００８年末頃まで、日本の電気・電子機器の実質実効為替レートは全産業の平均値とほとんど変わらない水準であった。他方で韓国の電気・電子機器の実質実効為替レートが大幅に減価したことは、同産業がその時期に価格競争力を強化したことを示唆している。リーマン・ショック後、一度大きく減価した韓国の全産業の実効為替レートは再び増価し、90前後の水準まで戻るが、電気・電子機器の実質実効為替レートは大幅に減価した水準を維持し、その後のほとんどの期間で50を下回る水準を維持している。

これは韓国の電気・電子機器産業の輸出競争力の強さを表している。当時、サムスンやＬＧなどの韓国企業が世界市場で圧倒的な強さを示したのに対して、日本の電機メーカーは輸出競争力を失った。その理由の一つは、この輸出価格競争力のちがいにある。

ウォン高を経験した２００４年から07年にかけて、韓国の電機メーカーは生産コストの削減に努めて価格競争力を大幅に強化した。(28) 同じ時期に円安を経験した日本の電機メーカーは韓国ほど積極的な生産コストの削減に取り組まず、むしろシャープに代表されるように過剰な設備投資に走った[29]。円の名目為替レートの減価により為替差益を享受できた日本の電機メーカーと、ウォン高による為替差損を被るなかでコスト競争力の強化に取り組んだ韓国の電機メーカーとの差が、２００８年９月のリーマン・ショック後の為替レート変動によって顕在化する。円はすべての通貨に対して名目為替レートが大幅に増価し、実質実効為替レートの上昇（増価）による輸出価格競争力の急低下と、世界金融危機による需要減少という二重の負の影響を被った。

この日本の電機メーカーの凋落は、円とウォンの対ドル名目為替レートだけを見ていたため、両国間の輸出価格競争力のちがいを把握できず、投資判断を誤った結果であるとも解釈できるだろう。また、全産業の平均値である実質実効為替レートだけをみても、産業別の価格競争力はわからない。韓国の電気・電子機器産業が産業全体の平均値と比べて圧倒的な価格競争力を維持していることは、産業別の実質実効為替レートをみなければわからない。

図１－６では韓国の電気・電子機器産業の実質実効為替レートが２００１年から09年にかけて大幅に低下（減価）し、その後も大幅に減価した水準を維持していることが確認できる。これは韓国の電気・電子機器産業の実力が、あるいはウォンの実力が低下したことを意味しているだろうか。決してそうではない。生産者物価に基づく実質実効為替レートは、当該国（当該産業）の輸出価格競争力を測る指標である。韓国の電気・電子機器産業の実質実効為替レートの大幅な減価は、同産業が輸出価格競争力を高めたと解釈すべきである。ウォンの実力を測る尺度としては、実質為替

レートよりも、名目実効為替レートが示すウォンの他通貨に対する相対的価値で考えるほうが自然である。円の実力も同様に考えるべきである。消費者物価指数で作成したＢＩＳの実質実効為替レートが大幅に低下（減価）していることは事実であるが、その意味するところは日本の購買力や生産性の低下だと考えるべきだろう。

円の実力を測るもう一つの指標は、円が国際的な取引において日本企業から、あるいは世界の企業から選ばれて（使われて）いるか、という尺度で考えることである。仮に日本企業が国際貿易等で円を使わず、ドルなどの外貨を使っているのであれば、それこそ円の実力は低下しているといえるだろう。本書の第３章以降で、この問題について詳しい検討を行う。

【第1章　注】

（1）ＩＭＦ、International Financial Statistics, Onlineより得たデータに基づいている。この円相場については、後掲の表１－１からも情報を得ることができる。

（2）日本経済新聞電子版「円下落、１５１円台後半に　32年ぶり円安水準」（２０２２年10月21日）などを参照。

（3）ただし、２０１２年２月下旬から２０１２年５月初めまで、円は１ドル＝80円台で推移した。この期間を除いても、１ドル＝70円台後半の歴史的円高水準が約１年２カ月間続いたことになる。

（4）財務省の統計によると、円買いドル売り介入が行われたのは１９９７年12月（１兆５９１億円）、98年４月（２兆８１５８億円）、98年６月（２３１２億円）であった。

（5）表１－１は、小川（２０２２）の考察を参考に作成している。

（6）たとえば１９９０年代後半の円安局面は１９９５年４月から98年８月までであるが、貿易収支の累計値は「１９９５年から98年まで」の年次データの累計値で計算している。

（7）表１－１に掲載した輸出数量指数も年次ベースの数値である。輸出数量指数は財務省のホームページから月次系列を収集し、季節調整をかけている。しかし、季節調整済みの系列でも依然としてボラティリティ（ノイズ）が大きく、月次の数値（ここでは１９９５年４月の数値と98年８月の輸出数量指数）を表１－１に掲載するのは適切ではない。このような理由から、季節調整済みの輸出数量指数の年平均値を計算し、該当する年次の平均値を表１－１に掲載している。

（8）日本の輸出が自国通貨（円）建てで行われる場合、円安は輸入国通貨に換算した輸出価格を低下させ、日本の輸出価格競争力を高めることになる。ただし、よく知られているように、日本の輸出では外貨建て比率が高い。たとえば輸入国通貨建てで輸出が行われている場合、円安など為替レートの変動にかかわらず、輸入国通貨建ての輸出価格は変わらない。この場合も、円安が輸出に負の影響を及ぼすわけではない。

（9）原油価格のデータはU.S. Energy Information Administrationのウェブサイトを参照した（https://www.eia.gov/dnav/pet/pet_pri_spt_s1_m.htm）。

（10）以下、本書では契約通貨、建値通貨、インボイス通貨を文脈によって使い分けるが、いずれも同じ意味で用いる。

（11）建値通貨（契約通貨）が円であれば、円ベースの輸入物価指数と契約通貨ベースの輸入物価指数は等しくなる（一致する）。

（12）ここでは、為替レートの変動（たとえば円安）によって輸出価格そのものが変更される（輸出企業が価格設定行動を変える）可能性を考慮していない。輸出契約が交わされた後、その契約期間内は輸出価格や数量、そして建値通貨の選択も変更されない「短期」の状況を想定して論じている。輸出契約期間を超える「中長期」の期間では、為替レートの変化に応じて輸出企業が価格そのものを変更するという戦略的対応をとることは当然起こり得る。

（13）本節の議論は佐藤（２０２２）に基づいている。

（14）この図１－２で示した棒グラフは、「寄与度」（合計値の変動に対して、その構成要素の増減がどの程度貢献したか）を表しているわけではない。各要因が対前年同月比でどれだけ増えたか（輸出の場合はプラス、輸入の場合はマイナスの値）、あるいは減ったか（輸出の場合はマイナス、輸入の場合はプラスの値）を示すことで、交易条件の変化の背後で何が起きているかを明らかにすることを狙っている。

（15）本節の議論は、U.S. Energy Information Administrationのウェブサイトから入手した原油価格の月次データに基づいている（https://www.eia.gov/dnav/pet/pet_pri_spt_s1_m.htm）。

（16）財務省が公表する「貿易取引通貨別比率」令和４年上半期のデータに基づく数値。

（17）ＰＴＭ行動に関しては１９８０年代から90年代にかけて盛んに実証研究が行われ、現在までに膨大な研究の蓄積がある。初期の優れた実証研究としてMarston（1990），Knetter（1989, 1993）などがある。最近の円高・円安局面における日本の輸出企業のＰＴＭ行動についてはNguyen and Sato（2015, 2018, 2019, 2020）が詳しい。

（18）ここでは、輸出企業がマークアップ・ルールに基づいて輸出価格を設定していることを暗黙に仮定している。つまり、輸出価格は生産コストに輸出マージンを乗じて（上乗せして）設定されると仮定している。円換算した輸出価格が想定を超えて低下する場合、企業はさらなる原価低減の努力によって生産コストを抑えるか、輸出マージンの減少を受け入れるか、いずれか（あるいは両方）の手段をとることになる。

（19）私たちが新聞やニュースで普段から目にするのは「円の対ドル名目為替レート」である。しばしば「ドル／円」と呼ばれる為替レートだが、ドル／円が上昇すると円安ドル高、低下すると円高ドル安を意味する。一方、実効為替レートには名目と実質の２種類があるが、ドル／円の定義とは異なり、実効為替レートの場合は円高と円安の定義が逆転する。円の実効為替レートが上昇すると円高（円の増価）、低下すると円安（円の減価）を意味する。

(20) ただし、表１－３に示した通り、円の相手国通貨に対する二国間の名目為替レートの「逆数」を代入する。

(21) ただし、表１－４に示した通り、円の相手国通貨に対する二国間の実質為替レートの「逆数」を代入する。

(22) この二国間の実質為替レートにおいて、外国が日本にとっての貿易相手国の加重平均に等しいと仮定すると、実質実効為替レートを考察しているとみなすことができる。

(23) 実際には、貿易財部門で一物一価が成立するという仮定は支持されない。膨大な実証研究によって、この仮定が成立しないことが明らかになっている。

(24) 日本のデータは、日本銀行が公表する企業物価指数（Corporate goods price index：ＣＧＰＩ）を用いており、海外諸国のデータは生産者物価指数（Producer price index）もしくは卸売物価指数（Wholesale price index）が用いられている。

(25) 産業別実質実効為替レートは日次と月次のデータを経済産業研究所（ＲＩＥＴＩ）のウェブサイトから入手可能である（https://www.rieti.go.jp/users/eeri/）。

(26) 産業別実質実効為替レートを用いた実証研究については、Sato *et al.*（2012, 2013a, 2013b, 2015, 2020）を参照。

(27) 以下の議論は佐藤（２０１３）に基づいている。

(28) ウォンの対ドル名目為替レートは、２００４年1月の1ドル＝１１８４・３から２００７年10月には1ドル＝９１５・９ウォンまで約23％増価した。ＩＭＦ, International Financial Statistics, Online から入手した月次データ（月中平均）より算出。

(29) 円の対ドル名目為替レートは、２００４年1月の1ドル＝１０６・５円から２００７年6月に1ドル＝１２２・６円まで、約15％減価した。ＩＭＦ、International Financial Statistics, Online から入手した月次データ（月中平均）より算出。

第2章　なぜ日本の貿易収支は改善しないのか

第二次安倍内閣がスタートしてから約1年が過ぎようとしていた2013年12月に、経済産業省で次のような質問を受けた。「アベノミクス（安倍政権の経済政策）による円安への転換が始まってからもうすぐ1年になるが、貿易収支の赤字は減少しないどころか、むしろ拡大している。Jカーブ効果が作用しないのはなぜなのか」。

当時は、2012年まで続いた1ドル＝70円台後半の歴史的な円高局面が安倍政策によって反転し、1ドル＝100円前後の水準まで円安が進行していた。また、2011年3月の東日本大震災を契機として、日本は多額の貿易収支赤字を経験している時期であった。

上記の質問には二つの論点が含まれている。一つは円安、つまり自国通貨の減価は自国の輸出を増やすはずだという考えである。この考えが現在の日本に当てはまるかどうかについて、本章で詳しく検討する。

もう一つの論点は「Jカーブ効果」である。一般に、Jカーブ効果では、為替レートの変化に対する貿易収支の反応を短期と中長期に分けて考える。たとえば円安が大幅に進行した場合、すぐに輸出が増えて貿易収支が改善するのではなく、当初はむしろ貿易収支が悪化する。その後、一定の時間をおいてから輸出の増加と貿易収支の改善が起きる。このような貿易収支の短期と中長期の反応のちがいを説明するのがJカーブ効果である。

この考え方を前提とすると、上記の質問は「円安進行によって最初は貿易収支が悪化するのは仕方がないが、もうそろそろJカーブ効果の中長期の反応が出てきて、貿易収支が改善に向かってもよいのではないか」という意図があったと解釈できる。

この質問に対して、「Jカーブ効果はすぐには作用せず、数年のラグを伴うことがあります」と最初に答えた。つまり貿易収支の改善という中長期の反応が出てくるにはもっと時間がかかる可能性があり、まだ1年弱しか経過していない段階で貿易収支が改善しなくても特に不自然ではない、という意味である。それに続けて「ただし、円安が進んだとはいえ、今後貿易収支が改善するとは限りません」と答えた。たとえ円安がさらに進行しても日本の輸出がそれほど増えず、貿易収支が改善しない可能性がある、という意味である。

最初の回答について補足をすると、Jカーブ効果によって短期的に貿易収支が悪化したとしても、その後、円安が貿易収支を改善させるまでにどの程度のラグ（時間的遅れ）を伴うかは、実証分析で明らかにするほかない。やや古い研究だが、Bahmani-Oskooee and Ratha（2004）は2000年代初めまでのJカーブ効果に関する実証研究を詳細にサーベイしており、先行研究ではJカーブ効果の発現に関してコンセンサスが得られていないことを報告している(1)。

次に、なぜ「円安が進行しても日本の輸出は伸びない」と答えたのか。その理由は、２０１１年から２０１２年の歴史的ともいえる円高局面において、日本の輸出構造が大きく変わったことにある。その結果、為替レートが輸出に及ぼす影響が変化し、円安が進行しても以前のように貿易収支が改善しない可能性があると考えた。この新しい変化とその理由は、当時あまり理解されていないようであった。それらを論文のかたちで説明したほうがよいと考え、一緒に質問を受けた清水順子教授（学習院大学）と共同でまとめた論文が清水・佐藤（２０１４）である。

本章の目的は次の三つである。第一に、清水・佐藤（２０１４）に依拠しながら、安倍政策開始後に大幅な円安が進行したにもかかわらず、貿易収支が容易に改善しなかった理由を説明する。２０２２年に日本の貿易収支は巨額の赤字を記録したが、このような貿易赤字の拡大は２０１１年から14年の時期にも同様に経験した。今後の日本の貿易収支の行方を考える上で、過去の経験を振り返ることは有益である。

また、日本の貿易収支赤字は２０１１年から拡大し、14年にはピークを迎えたが、翌15年には赤字が大きく減少した。13年からの円安開始後、まさに2～3年のラグを伴って、円安が貿易収支を改善させるＪカーブ効果が働いたように見える。しかし、実際にはＪカーブ効果が働いたわけではなかった。貿易収支の改善は原油価格急落の恩恵を受けた結果にすぎないことを本章で説明する。

第二に、２０２１年後半から22年にかけて貿易赤字が急増した要因の一つである、輸入物価の上昇について検討する。第1章で述べたように、この円安局面における輸入物価の上昇は、安倍政策期の円安局面と比較しても格段に大きかった。その理由として、原油等の資源エネルギー価格が高騰したことに加えて、急速な円安進行による円換算後の輸入物価の上昇が大きく影響していることを示す。また、急速な円安進行にもかかわらず、日本からの輸出数量がほとんど伸びておらず、生産コスト上昇分を輸入相手国に十分に転嫁できていないことも明らかにする。

第三に、上記の二点を検討する上で重要な概念である、為替レートのパススルー（pass-through）および市場別価格設定（Pricing-to-Market：ＰＴＭ）行動について詳しく説明する。パススルーおよびＰＴＭ行動は貿易建値（契約）通貨の選択と深く関わっている。貿易建値通貨選択は第３章以降で詳しく取り上げるが、この三つの概念がどのように関連しているかを本章で詳しく解説する。

１　円安進行とＪカーブ効果：貿易収支と輸出入行動

(1)　貿易赤字拡大の要因は何か

日本の貿易収支にとって転機となったのは、２０１１年３月に起きた東日本大震災である。２０１０年の貿易収支（以下、国際収支ベース）は年額で９兆５１６０億円の黒字であったが、11年には３３０２億円の赤字に転じた。[2] それ以降、貿易収支の赤字額が大幅に拡大し、14年には10兆４６５２億円の赤字に達した。図２－１は月次データに基づいて作成したものであるが、２０１１年に入ってから日本の貿易収支赤字が定着かつ拡大していることを明確に示している。

図2−1　日本の貿易収支、円の対ドル名目為替レート、輸出数量指数

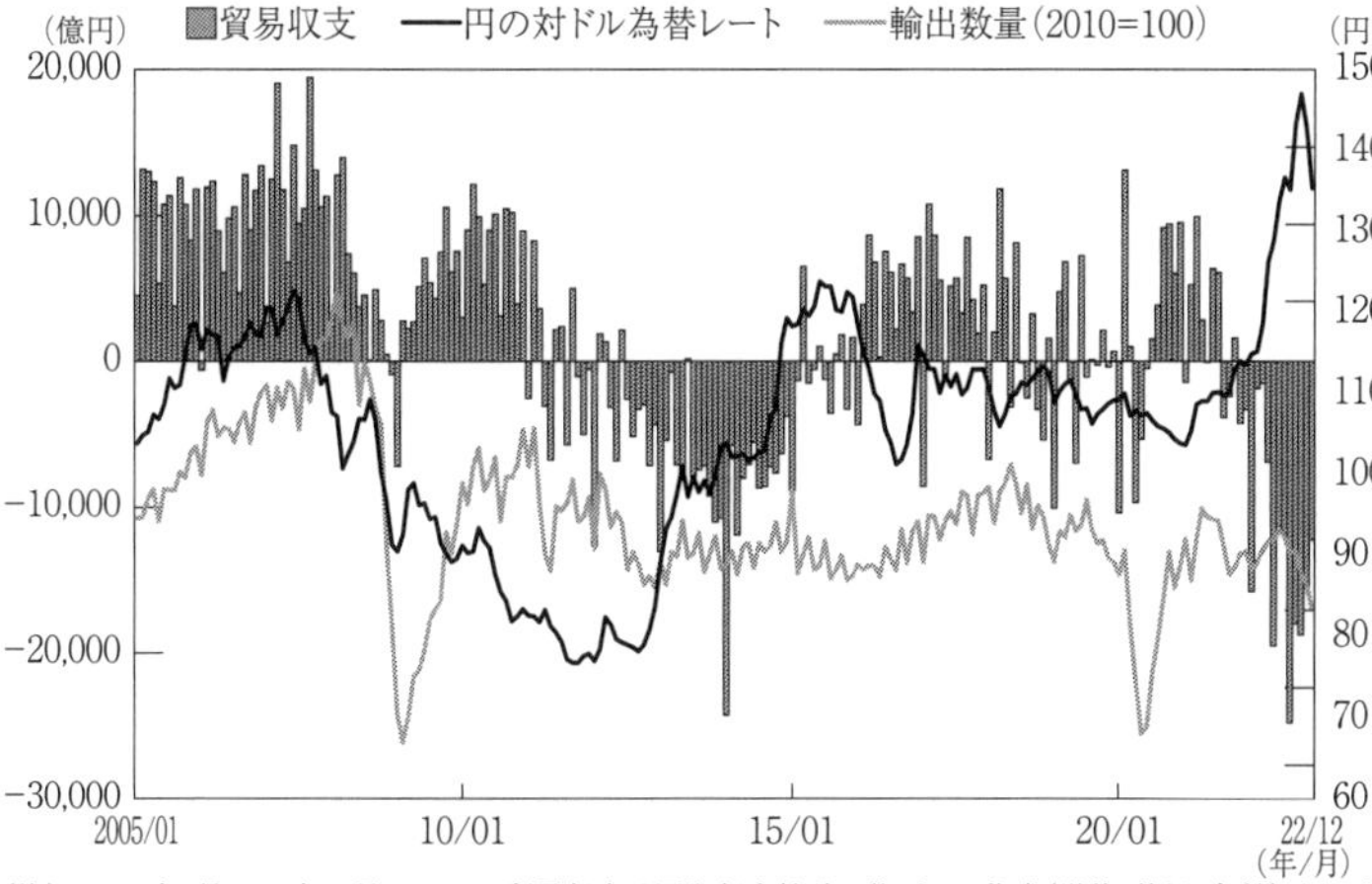

（注）　2005年1月〜 22年12月のデータ。貿易収支は国際収支統計に基づいて作成（単位：億円、左軸）。円の対ドル名目為替レートは月中平均値（右軸）。輸出数量指数はCensus X12による季節調整済み（右軸：2010年＝100）。

（出所）　IMF, International Financial Statistics, Online；財務省貿易統計；財務省国際収支統計より作成。

貿易赤字が拡大した主な要因は何であろうか。まず考えられるのは、震災による東日本各地の工場の被害、それに起因する生産停止と部品供給網の寸断によって、日本からの輸出が急減したことである。ただし、日本企業は早期に生産体制を立て直し、2011年中には震災以前の状況へと回復した。この工場被害による輸出減少は短期的な影響にとどまったのである[3]。

次に考えられるのは、原子力発電所の稼働停止に伴う液化天然ガス（LNG）輸入の拡大である。火力発電を代替電源として活用するために、液化天然ガスの輸入が大きく増えたが、輸入量だけでなく、輸入価格も上昇した[4]。2012年後半までは1ドル＝70円台後半の円高水準であったが、2013年からの円安局面で、円換算した液化天然ガスの輸入額はさらに増加した。液化天然ガスは基本的にドル建てで取引されているため、円安が進行すると円換算した輸入額もそれだけ増加するからである。

Jカーブ効果が示唆するように、円安による輸入額の増加によって当初は貿易赤字が拡大する、という状況が実際に起こった。この液化天然ガスに代表されるように、原油等の資源エネルギー価格が大きく上昇したことが、日本の貿易赤字拡大の原因であったことは間違いない。

(2) 歴史的な円高進行と日本の貿易構造の変化

貿易赤字拡大のもう一つの要因は、日本の貿易構造の変化である。図2-1が示すように、2008年9月のリーマン・ショック以降、円高が著しく進行し、11年7月半ばから12年11月上旬まで1ドル=70円台後半の円高水準が続いた。1年以上にわたって70円台の円高水準が続くという異例の状況下で、輸出企業が受けたダメージは深刻であった。円高の著しい進行によって、輸出額を円換算すると大幅な為替差損を被ることになるが、海外で厳しい価格競争に直面している企業は容易に輸出価格を引き上げることができなかった(5)。

『通商白書2012』は、1ドル=70円台の円高が続く2011年に、日本企業が為替相場の中長期的な見通しを非常に厳しく受け止めていたことを、株式会社帝国データバンクが実施した「円高に対する企業の意識調査」の結果に基づいて報告している。同調査結果によると、円高が自社の売上げに悪影響を与えていると回答した企業が製造業で46・8%、そのうちの輸送用機械・器具製造等の機械産業で60％超であった⑹。

また、円安基調への反転期待時期について、「長期的に反転は期待できない」と回答した企業が全体の25・8％、「わからない」と回答した企業が31・0％、両者を合わせると全体の半分以上の企業が、円高基調が当面続くことを覚悟していたことが窺《うかが》える。この歴史的円高水準が今後も続くと考える企業は、国内生産から海外での生産にシフトするか否かの決断を迫られた。

輸出先の市場での価格競争が激しく、価格を引き上げると他の競合企業にシェアを奪われてしまう財を「価格弾力性が高い財」と呼ぶ。当時の日本の輸出企業は、こうした財の生産を日本国内で続けることは困難であると判断し、海外に生産拠点をシフトするという対策をとった。日本国内で生産活動を維持できたのは「価格弾力性が低い財」、すなわち高付加価値財で輸出競争力が高く、多少価格を引き上げても輸出先の市場で売れ行きが落ちない財に絞られた。

円高局面で海外に生産拠点をシフトした企業は、海外からの部品や完成品輸入を増加させた。家電製品を例として考えると理解しやすいだろう。今や家電製品の多くはアジアからの輸入に依存するようになった。このような製品輸入はグローバルに生産ネットワークを展開した日本企業が、適材適所で製造された安価な部品や完成品を輸入する効率的な企業活動の結果だともいえる。

しかし、2008年から2012年まで続いた歴史的な円高進行は、アジアへの生産拠点シフトを極端に推し進め、日本の生産構造を大きく変えてしまった。日本から付加価値の高い基幹部品や完成品を輸出する一方で、海外の生産拠点からの中間財や完成品の輸入が増加し、円安によって貿易収支を改善する効果が弱まった。さらに、円安の恩恵を最も大きく受ける財（価格弾力性の高い財）の生産が海外にシフトしてしまったため、円安に転じても日本からの輸出が大きく増えない状況を生み出してしまった。このように円安による貿易収支改善効果が起こりにくい構造に変わってしまったのである。

ここまでの考察を要約すると、２００８年から12年末までの、４年以上にわたる歴史的な円高進行によって、企業は生産販売体制を大きく変化させた。価格弾力性が高い財（価格変化に敏感で、円安の恩恵を最も大きく受ける財）は海外に生産拠点をシフトし、日本から輸出されるのは価格弾力性が低い財（高付加価値財など製品競争力の高い財）が中心となった。その結果、２０１３年から安倍政策により急速に円安が進んでも、価格弾力性が高い財はすでに海外に生産拠点を移しているため、日本からの輸出数量は容易に伸びなかった。

また、日本からの輸出の中心である高付加価値財は価格弾力性が低いため、円安局面で価格引下げを行わなくても、財への需要は変わらない。円安になっても日本からの輸出数量は以前のように伸びない状況が生まれてしまった。

以上は、安倍政策により円安が進行しても、その直前までの円高局面で日本の貿易構造（輸出企業の生産販売構造）が変化したため、貿易収支が改善するメカニズムが働かなくなった、という「仮説」である。この仮説がデータによって支持されるかどうか、さらに検証してみよう。

(3)　Ｊカーブ効果

上記の仮説の検証に入る前に、Ｊカーブ効果とは何かを改めて確認しておきたい。一般に、Ｊカーブ効果では、為替レートの変化に対する貿易収支の反応を短期と中長期に分けて考える。たとえば円安が大幅に進行した場合、すぐに輸出が増えて貿易収支が改善するのではなく、当初はむしろ貿易収支が悪化する。その後、一定の時間をおいてから輸出の増加と貿易収支の改善が起きる。このような貿易収支の短期と中長期の反応のちがいを説明するのがＪカーブ効果である(7)。

なぜ円安が進んでも、最初から貿易収支が改善しないのか。その理由として次の二つが考えられる。一つは貿易における契約期間の長さである。企業が海外に輸出する場合、輸入相手の企業と取引に関する契約を行う。どの財をどのような価格で、どれだけの数量の輸出を行うか、輸入企業と取り決める。その際にどの通貨で契約するかについても取り決める。これを契約（建値）通貨の選択と呼ぶ。この貿易に関する契約は通常数カ月間に及ぶ。その間はたとえ為替レートが変動しても、契約した条件で貿易が行われる。つまり、為替レートが輸出や輸入に影響を及ぼすには、上記の契約を見直すまで、一定期間のラグを伴う。その結果、円安の効果が発現するのに時間を要することになる。

もう一つの、そしてより重要な要因は、建値通貨の選択である。一般に経済学の教科書では、貿易において選択される建値通貨は輸出国の通貨であると想定される。ここで思考実験として、日本の貿易相手国は米国のみであると仮定しよう。また、日本から米国への輸出は円建て、日本の米国からの輸入は（輸出国通貨である）ドル建てで取引されると仮定する。日本の輸出は円建てで行われるため、為替レートが円安に動いても、円での受取額に変化はない。つまり円ベースの輸出額は円安によって変化しない。また、当初の契約通りに輸出を行うため、輸出数量も変わらない。しかし、日本の輸入はドル建てで取引されるため、契約したドルでの支払いに必要な円での支払額が円安によって増加してしまう。つまり、建値通貨選択を上記のように仮定する限り、短期的には（当初の契約期間中は）円安によって貿易収支が悪化することになる。(8)

ただし、中長期という長い期間では、当初の貿易契約が終了し、次の貿易契約を結ぶことになる。為替レートなどの外的環境が変化すれば、輸出企業と輸入企業の交渉によって輸出価格や数量、さらに建値通貨の選択も変わり得る。この貿易収支の中長期的影響を考えるには、建値通貨選択と輸出企業の価格設定行動を理解することが重要になる。

ここで改めて図２－１を見てみよう。２０１１年以降、貿易収支が持続的な赤字に転じ、13年から円安が大幅に進んだ後も、貿易赤字が拡大を続けたことはすでに説明した。ただし、15年に入ると貿易赤字が縮小し、２０１６年以降は貿易収支が黒字に転じている。安倍政策による円安進行から2~3年ほどのラグを伴って、円安が貿易収支を改善する効果が現れたように見える。しかし、以下で示すように、貿易収支が改善したのは円安が理由ではなかった。

(4) 輸出価格設定行動とJカーブ効果

Jカーブ効果を理解するには、日本の輸出を「数量」と「価格」に分けて、さらに「建値通貨」の要因も含めて考えることが必要である。輸出額は価格と数量の掛け算で決まるが、そこにどの通貨で建値を付けるか（契約するか）という要因が加わる。

日本の輸出数量

最初に日本の輸出数量について考える。図2−1を見ると、輸出数量指数はリーマン・ショック後に大幅に落ち込んだ後、2010年末にかけて増加に転じ、11年2月には105・7の水準まで回復した。しかし、その後の円高進行によって輸出数量指数は再び大きく低下し、12年12月には86・0の水準まで低下した。13年から大幅な円安に転じても、輸出数量指数は18年5月まで、2010年の平均値である100の水準に一度も到達しなかった。前述の仮説を裏づけるように、歴史的円高局面以降、輸出数量の低迷が長く続いた。

輸出数量は、一般に価格と所得の関数と考えられる。為替レートの変化も含めた輸出価格の変化だけが輸出数量に影響を及ぼすわけではなく、輸入国の景気動向にも左右される。ここでは輸入国の所得要因（景気動向等）を明示的に分析していないが、2011年以降は輸出数量指数の水準が大きく下がっており、その後も17年頃まで輸出数量指数はまったく上昇の気配を見せていない。

輸出価格

次に円安局面での輸出価格の変化を見てみよう。図2－2は2000年1月から22年12月までの日本の輸出全体（全産業）で見た輸出物価指数の動きを示している。ここでは「契約通貨ベース」と「円ベース」の二つの輸出物価指数を図示しているが、第1章でも説明したように、日本銀行は上記の二種類の輸出物価指数を公表している。

日本銀行は輸出物価指数作成のために代表的な輸出品目を選び、通関ベースで輸出するときの価格や契約（建値）通貨などの情報を入手している。

基準年を定めて契約通貨ごとに輸出物価指数を構築し、最終的に加重平均をとって契約通貨ベースの輸出物価指数を作成している。円ベースの輸出物価指数は、契約通貨ベースの輸出物価に円の各契約通貨に対する名目為替レートを乗じることによって円換算し、円ベースの輸出物価指数を求めている。

契約通貨ベースの輸出物価指数は、輸入企業が直面する価格であり、建値通貨が何かによって、輸入企業が自国通貨で支払う金額が変化する。まさに輸出企業の価格設定行動を反映した輸出価格である。

図2－2によると、1ドル＝70円台の円高水準に入る直前の2011年5月に契約通貨ベースの輸出価格が103・8のピークをつけ、その後は14年9月の98・0まで緩やかに低下している。これは為替レートが円高局面から円安局面へと変わっても、日本の輸出企業が一貫して契約通貨ベー

図2−2　日本の輸出物価指数(円ベース、契約通貨ベース)と為替レート

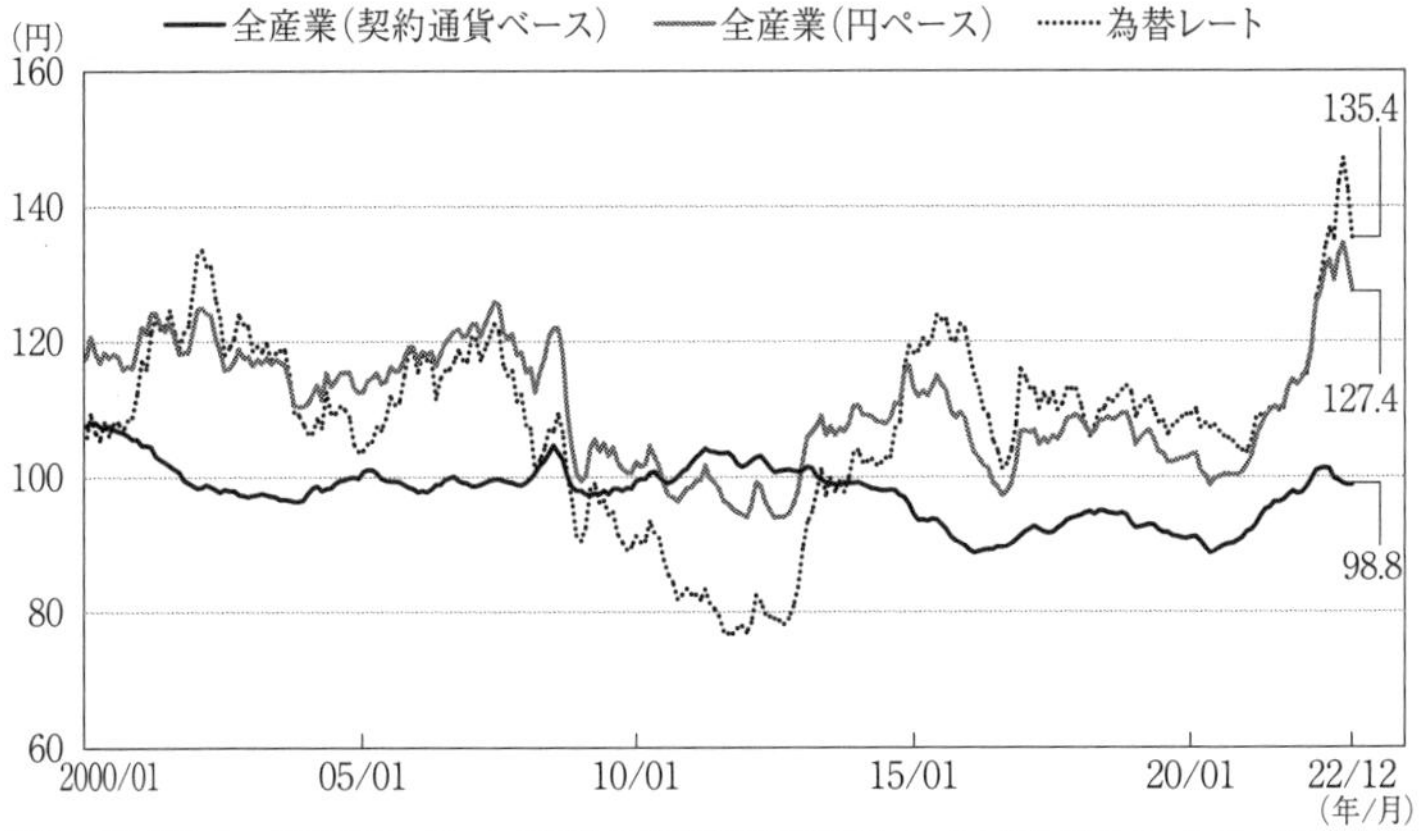

(注)　2000年1月〜 22年12月のデータ。輸出物価指数(全産業)は円ベースと契約通貨ベースのいずれも2010年=100で基準化。為替レートは円の対ドル名目為替レート(月中平均)を表す。
(出所)　IMF, International Financial Statistics, Online;日本銀行「輸出物価統計」より作成。

スの輸出価格を引き下げていたことを示唆している。特に14年10月からの輸出価格の低下が著しく、16年２月には88・７の水準まで低下した。契約通貨ベースで輸出価格が低下傾向にあるとはいえ、２０１３年からの急速な円安転換によって、円換算した円ベースの輸出価格は上昇している。

この安倍政策の円安局面で、日本の輸出企業が為替差益を享受していたことを示唆しているが、実際には契約通貨ベースの輸出価格を引き下げているため、円ベースの輸出価格の上昇は限定的だった。

図２−２によると、２０１２年９月時点で円の対ドル名目為替レートは１ドル＝78・２円であり、その時の円ベースの輸出価格は94・１の水準であった。その後は円安が進んだことで、２０１４年12月の時点で為替レートは１１８・３

表2－1　日本の貿易収支、輸出、輸入と原油価格

年	貿易収支（億円）	輸出（億円）	輸入（億円）	原油価格（WTI）	原油価格（ブレント）
2000	126,983	489,635	-362,652	30.3	28.5
2001	88,469	460,367	-371,898	25.9	24.5
2002	121,211	489,029	-367,817	26.1	25.0
2003	124,631	513,292	-388,660	31.1	28.9
2004	144,235	577,036	-432,801	41.4	38.2
2005	117,712	630,094	-512,382	56.5	54.4
2006	110,701	720,268	-609,567	66.0	65.1
2007	141,873	800,236	-658,364	72.3	72.5
2008	58,031	776,111	-718,081	99.6	96.8
2009	53,876	511,216	-457,340	61.7	61.5
2010	95,160	643,914	-548,754	79.4	79.5
2011	-3,302	629,653	-632,955	94.9	111.3
2012	-42,719	619,568	-662,287	94.1	111.7
2013	-87,734	678,290	-766,024	97.9	108.6
2014	-104,653	740,747	-845,400	93.3	99.0
2015	-8,862	752,742	-761,604	48.7	52.4
2016	55,176	690,927	-635,751	43.1	43.5
2017	49,113	772,535	-723,422	50.9	54.2
2018	11,265	812,263	-800,998	64.9	71.1
2019	1,503	757,753	-756,250	57.0	64.4
2020	27,779	672,629	-644,851	39.2	41.8
2021	16,701	822,837	-806,136	68.0	70.7
2022	-157,808	986,903	-1,144,711	94.8	100.8

（注）　原油価格は1バレル当たりのドル価格。月次データを年平均した値。WTIはウェスト・テキサス・インターミディエート、ブレントは北海ブレントの原油価格を表す。貿易収支（=輸出+輸入）のマイナスは赤字を指す。輸入額はマイナスをつけて表に記載。

（出所）　財務省国際収支統計;U.S. Energy Information Administrationより筆者作成。

円の水準まで減価し、円ベースの輸出価格も１１６・４まで上昇した。さらに1年後、15年12月には1ドル＝１２１・９円の水準を推移していたが、円ベースの輸出価格は１０８・７へとむしろ低下した。

以上、輸出数量と輸出価格の動きを見てきたが、安倍政策期の円安局面でも日本の輸出数量は伸びず、契約通貨ベースの輸出価格が低下傾向を示したため、円換算した輸出価格の伸びも限定的であった。

表２－１が示すように、円安が進行した２０１３年から前年比で輸出額は増えたが、輸入額の伸びに追いつかず、貿易収支の赤字が拡大した。輸入額が輸出額を上回って伸びたのは、原油や液化天然ガスなどの資源エネルギー価格が高騰するなか、円安が一気に進んだためである。

表には代表的な指標原油であるＷＴＩ（ウェスト・テキサス・インターミディエート）と北海ブレントの二つを掲載しているが、２０１１年から14年にかけて原油価格は１バレル＝１００ドル前後の水準まで高騰していた。この原油高に13年からの大幅な円安が重なり、日本の輸入額が膨れ上がった。原油価格や他の資源エネルギー価格はその大半がドル建てで取引されているため、円安が進むほど円ベースの輸入額が増える。２０１４年には10兆円を超える貿易収支赤字を計上したが、それは原油価格が高止まりするなか、円が1ドル＝１２０円前後まで減価したためである。

表２－１の原油価格は年平均値であるが、月次データを見ると、ＷＴＩは２０１４年2月から7月まで、北海ブレントは14年1月から8月まで、１バレル＝１００ドルを超える水準を推移してい

た。それら原油価格は14年10月頃から下落し始め、15年1月には両原油とも1バレル＝47ドル程度まで急低下した。

この原油価格の急落こそが、日本の輸入額を減少させ、貿易収支赤字からの脱却を可能にした最大の要因である。実際に２０１４年の84・５兆円をピークに輸入額は減少し、16年には63・６兆円へと、２年間で20兆円以上減少した。

結局、２０１５年に貿易収支赤字が大幅に縮小し、16年から黒字に転換することができたのは、原油価格や他の資源エネルギー価格が低下したからであり、13年からの円安によって日本の輸出が伸びたからではない。円安で輸出額が膨らんだのは、あくまでも外貨建て輸出分を円換算したことから生じた「為替換算効果」の結果にすぎない。円安によって日本の輸出数量が大きく伸びたわけではなく、原油価格の急落という幸運が貿易収支の著しい悪化を食い止めたのである。

2　輸出価格設定行動と建値通貨選択

ここまでは日本の輸出全体（全産業）の数量と価格の動向を見ながら、Ｊカーブ効果について考察を行った。本節では、日本の輸出をリードする主要機械産業の輸出数量と輸出価格に焦点を当てながら、輸出価格設定行動と建値通貨選択の関係について詳細に検討する。

図2−3　主要機械産業の輸出数量指数（2010年=100）

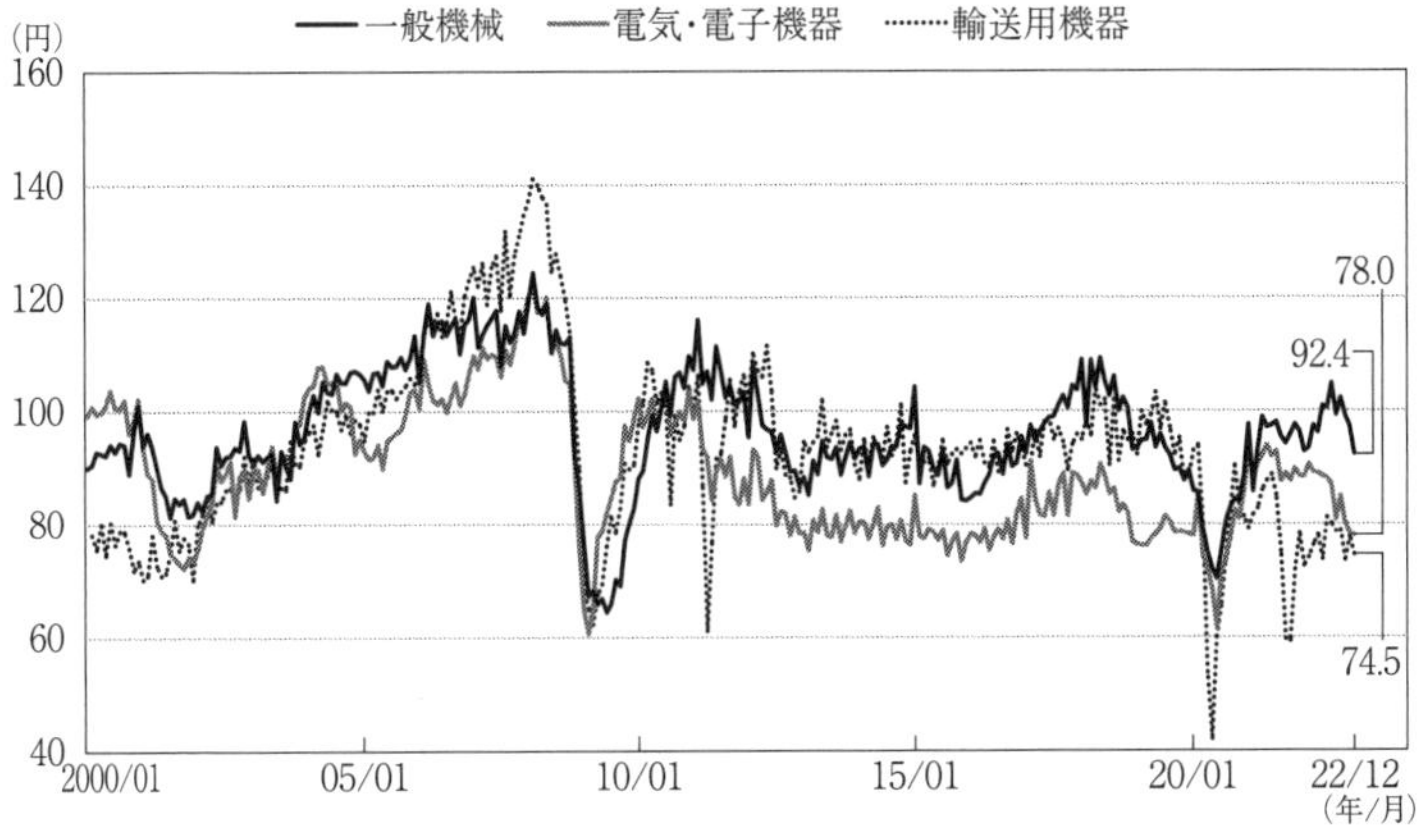

（注）　2000年1月〜 22年12月のデータ。輸出数量指数はCensus X12による季節調整済み（2010年=100）。「一般機械」は「はん用・生産用・業務用機器」産業を指す。
（出所）　財務省貿易統計より作成。

(1)　産業別の輸出価格設定行動

図２−３は、日本の輸出全体の約６割を占める三つの機械産業、すなわち「はん用・生産用・業務用機器（以下、一般機械）」「電気・電子機器」「輸送用機器」の輸出数量指数（季節調整済み）を示している。

図２−１で見た通り、２０１２年以降、いずれの産業でも輸出数量指数が低迷している。最も輸出数量指数の水準が低下しているのは電気・電子機器産業であり、２０１５年から16年にかけて80を下回る水準まで低下している。輸送用機器では２０１２年以降、90から１００の間の水準を推移しており、変動を繰り返しながら18年に入るまでほぼ安定していた。一般機械でも輸出数量は低迷しているが、他の産業と比べると上下変動がより大きい。15年12月には

図2−4　日本の輸出物価指数（円ベース、契約通貨ベース）：一般機械と輸送用機器

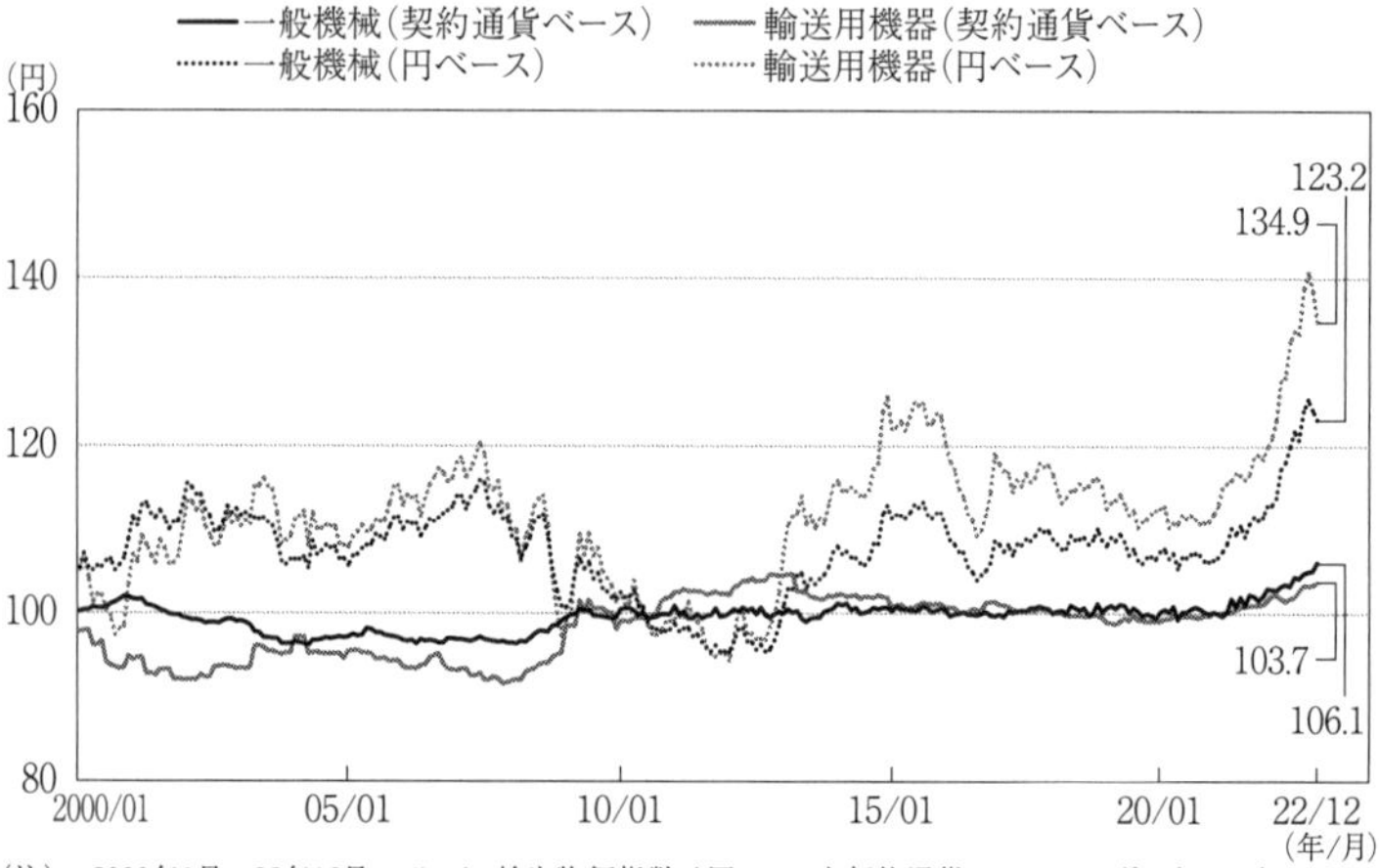

（注）　2000年1月〜22年12月のデータ。輸出物価指数は円ベースと契約通貨ベースのいずれも2010年＝100で基準化。
（出所）　日本銀行「輸出物価統計」のデータを取得して作成。

84・1まで低下したが、その後は18年1月に109まで上昇するなど、大きく変動している。

このように日本の主要輸出産業に着目しても、産業によって多少のちがいはあるが、大幅な円安局面で輸出数量はほとんど伸びていなかった。

図2−4は、一般機械と輸送用機器の輸出価格の動向を示している。この二つの産業で日本の輸出全体の4割を超えるシェアを占めている、日本の代表的な輸出産業である。この図で最初に気がつくのは、両産業とも契約通貨ベースの輸出価格が驚くほど安定している点である。特に2014年以降は、輸出価格の安定が顕著に観察される。これは両産業が輸出先での販売価格を安定させるPTM行動をとっていることを示唆している。

円安局面でＰＴＭ行動をとると、外貨建て輸出から生まれる為替差益を享受できる。実際に、図２－４の点線のグラフを見ると、契約通貨ベースの輸出価格が安定している一方で、円ベースの輸出価格は円安進行とともに大きく上昇しており、輸出企業が大幅な為替差益を享受していることを明確に示している。後述するように、日本の輸送用機器産業は輸出の約３分の２を外貨建てで取引している。他方で一般機械産業の場合は輸出の約６割を円建てで取引している。この外貨建て輸出比率のちがいが、両者の円ベースの輸出価格の動きに表れている。

もう一つ、図２－４で２００７年から12年までの円高局面における輸出価格の変化を見てみよう。この円高局面で、円ベースの輸出価格は両産業とも大きく低下した。２００７年６月には１２０の水準に達していた輸送用機器の円ベース輸出価格は12年１月に94・４まで低下しており、外貨建て輸出比率が高い日本企業が円高によって大幅な為替差損を被ったことがわかる。

しかし、輸送用機器産業はこの間に完全なＰＴＭ行動を行っていたわけではない。急速な円高に対して、輸出価格そのものを引き上げる行動をとっていた。輸送用機器の契約通貨ベースの輸出価格は、２００７年６月の92・９から、12年10月には１０４・７まで上昇している。輸送用機器産業は円高による為替差損をそのまま受け入れるのではなく、輸出価格引上げにより為替差損を少しでも回避するための行動をとっていた。ＰＴＭ行動を弱めて、為替転嫁率（為替レートのパススルー率）を高めていたことが窺《うかが》える(9)。

一般機械産業の輸出でも、円高局面で輸出価格そのものが引き上げられた。ただし、その引上げ幅は輸送用機器産業と比べるとごくわずかであり、契約通貨ベースの輸出価格は2008年1月の96・5から09年3月の99・9へと上昇した後、それ以降はほぼ100の水準で一定の値を保っていた。

一般機械産業と輸送用機器産業のいずれも、2013年以降の円安局面で契約通貨ベースの輸出価格が安定しており、特に一般機械産業では09年から契約通貨ベースの輸出価格がほとんど動いていない。この契約通貨ベースの輸出価格の安定を理由に、両産業がPTM行動をとっていると先に述べたが、実際には両産業は異なる価格設定行動をとっていることに注意が必要である。その点を理解するために、建値通貨選択と輸出価格設定行動の関係についてさらに深く考えてみよう。

(2) パススルー、PTM行動、建値通貨選択

図2－5は輸出企業の価格設定行動と建値通貨選択の関係を説明している。輸出企業は利潤を最大化するように輸出価格や数量を設定するが、この利潤最大化行動の結果、図2－5の左上の式によって輸出価格設定行動が表される。この式は、生産コストに輸出利益マージンを上乗せすることによって輸出価格が決定されることを示しており、私たちの実感に合う価格設定である。

ここでは建値通貨選択を二つのケースで考える。自国通貨（円）建て輸出と輸入国通貨（ドル）建て輸出の二つである。通常は第三国通貨建て輸出についての考察も必要だが、議論を複雑にしないよう、上記二つのケースで考察を進める。[10]

図2−5　輸出価格設定行動と建値通貨選択

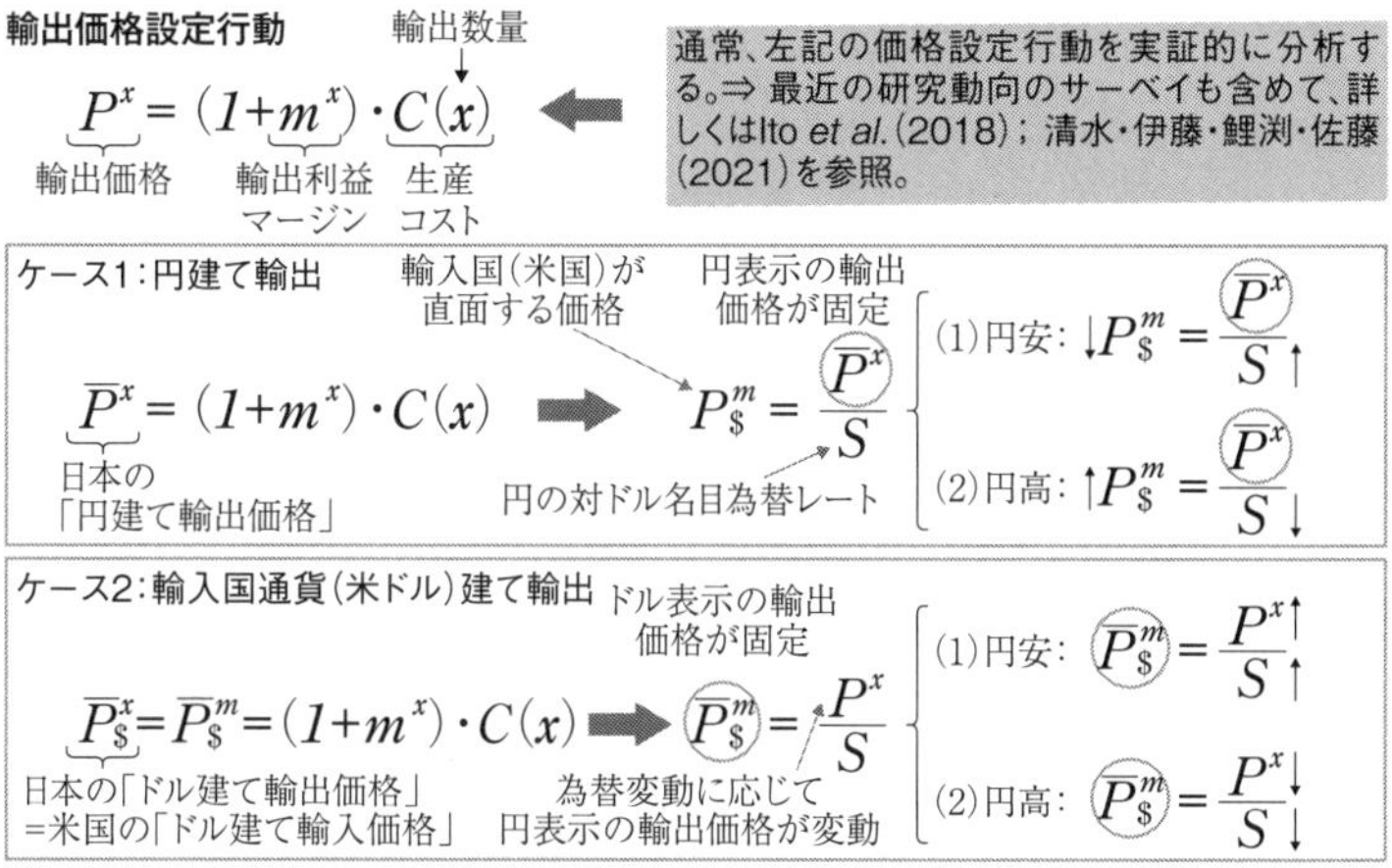

（出所）　筆者作成。

日本企業が円建てで輸出を行う場合（図２－５のケース１）、輸出価格は円で固定される。輸出する日本企業にとって、この輸出契約期間中は円ベースでの輸出価格が確定する。為替レートの変動リスクを引き受けるのは輸入企業（ここでは米国企業を想定）である。自国通貨ドルを円に交換して日本企業に支払う必要があるからである。輸出が開始されてから支払い期日までの間に円安が進んだ場合、米国企業のドル換算の輸入価格は低下する。逆に円高が進行した場合は、米国企業のドル換算の輸入価格が上昇する。輸入企業が為替リスクを負うとは、このような意味である。輸出契約期間中の数カ月は（つまり短期では）、為替レート変動の影響が輸入企業に完全に転嫁（パススルー）される。

他方で、日本企業が輸入国通貨（ここでは米ドル）建てで輸出する場合（図２－５のケース

2）、輸入企業は為替レートの影響をまったく受けない。輸入国の通貨で輸出価格が決まっているからである。

為替レートの変化は、そのまま日本の輸出企業が受け取る金額に影響を及ぼす。輸出開始後、支払期日までに円安が進んだ場合は、円換算した受取額が増加し、日本の輸出企業は為替差益を享受することができる。他方で、円高が進んだ場合は円換算後の受取額が減少し、輸出企業は為替差損を被ることになる。為替レート変動の影響が輸入企業に転嫁されないため、パススルーはゼロである。経済学では、これを完全なＰＴＭ行動と呼んでいる。

輸出企業にとってＰＴＭ行動のメリットは何であろうか。輸入国通貨で日本からの輸出価格が固定されるため、為替レートの変動にかかわらず、輸入国市場での価格競争力を一定に保つことができる。１９８０年代の日本の対米輸出でこのＰＴＭ行動が顕著にみられたが、それは同時期の急激な円高局面で、日本の輸出企業が米国市場で価格競争力を失わないよう、現地市場でのドル建ての販売価格を安定させることが目的であった。

以上をまとめると、輸出価格設定行動、すなわち「為替レートのパススルー」「ＰＴＭ行動」そして「建値通貨選択」の間には、少なくとも輸出契約期間が続く短期において次のような関係が成り立つ。パススルーとＰＴＭ行動は表と裏の関係にあり、少なくとも短期的には輸出企業の建値通貨選択によってパススルーまたはＰＴＭ行動が決まることになる。(11)

- 輸出国通貨（円）建て輸出 ⇓ 完全なパススルー（＝ゼロＰＴＭ行動）
- 輸入国通貨（ドル）建て輸出 ⇓ ゼロ・パススルー（＝完全なＰＴＭ行動）

ただし、中長期的な視野で考えると、パススルーやＰＴＭ行動が建値通貨選択の影響を受けるとは限らない。むしろ建値通貨選択と関係なく、パススルーやＰＴＭ行動を決めることができる。上で述べた「短期」とは、輸出企業と輸入企業が取引契約を交わし、同契約期間が続く数カ月間を指す。新たな契約を行うときに、輸出企業が強い交渉力を有していれば、建値通貨の選択にかかわらず、たとえば輸出価格そのものを引き上げることも可能である。輸出企業のパススルー行動やＰＴＭ行動は、短期と中長期の両方の時間的視野における価格設定行動を捉える概念である。

(3)　Ｊカーブ効果は失われたのか：再検証

すでに図２－４によって指摘したように、一般機械と輸送用機器の契約通貨ベースの輸出価格は円安にほとんど反応せず、一定の水準を保っている。契約通貨ベースの輸出価格は輸入国の支払うべき価格を表しており、その契約（建値）通貨が輸入国通貨である場合は、図２－５のケース２が示すように、為替レートが変動しても契約通貨ベースの輸入価格は変わらない。輸入国通貨ベースの日本の輸出価格が円安によって低下することはないので、円安によって日本からの輸出が伸びることは期待できなくなってしまう。日本の輸送用機器の輸出がこれに該当する。日本の輸送用機器の約3分の2が外貨建てで輸出されているからである。円安によって日本の輸出が伸びるためには、輸出企業が円安に対して中長期的に輸出価格自体を引き下げるほかないが、図2－4を見る限り、そのような状況は観察されない。

しかし、注目すべきは日本の一般機械産業の輸出である。図2－4は一般機械の契約通貨ベースの輸出価格も一定の水準を保っていることを示しているが、これは輸送用機器の輸出価格とは意味が異なる。一般機械の輸出は円建て比率が高いことで知られているからである。日本銀行の統計によると、一般機械の輸出の約6割が円建てで取引されており、他の輸出産業よりもはるかに円建て比率が高い。

建値通貨が円で輸出されている場合は、たとえ契約通貨ベースの輸出価格が一定の水準を保っていても、もはやそれはＰＴＭ行動を意味しない。図2－4で一般機械の契約通貨ベースの輸出価格が一定なのは、輸出企業が円ベースの輸出価格を一定に保っていることを意味している。この場合、輸入国通貨で測った日本の輸出価格は為替レートの動きによって変動する。図2－5のケース1が示すように、円安時には輸入国通貨ベースの輸出価格は下がり、円高時には同輸出価格が上昇する。日本からの輸出は、少なくとも短期的には完全なパススルーとなる。

図2－3において、2013年以降、一般機械の輸出数量指数の上下変動が他の産業の輸出よりも大きいことはすでに指摘した。これは一般機械の円建て輸出比率が高いため、為替レートの変化が輸出数量の増減につながった可能性がある。ただし、輸出数量は所得要因によっても決まる。実

際に輸出数量が為替レートにどの程度反応しているかは、厳密な実証分析によって明らかにする必要がある。

財務省が公表する２０２２年下半期の統計によると、日本の世界全体に対する輸出の約35％が円建て、残りの約65％が外貨建てである。日本の世界全体からの輸入においては円建てが約21％、残りの79％が外貨建てである。日本の輸出の外貨建て比率が約３分の２に達しているため、短期的には輸出企業のＰＴＭ行動が強く観察される。輸出企業が中長期的にもＰＴＭ行動をとり続ける場合は、円安による輸出数量の伸びはあまり期待できず、貿易収支に対しても弱い改善効果しか期待できないであろう。

実際に図２－４で見たように、日本の輸送用機器産業は円安局面で契約通貨ベースの輸出価格が一定の水準を保っていた。他方で、図２－２では、日本の輸出全体で見ると、契約通貨ベースの輸出価格が２０１３年から15年末まで低下傾向にあった。これは他の産業の輸出企業が為替差益の一部を犠牲にしてでも輸出価格自体を引き下げていることを示唆している。14年後半から資源エネルギー価格が世界的に低下したことにより、日本の金属製品や石油関連製品の輸出価格が契約通貨ベースで大きく低下した。この時期の日本の輸出価格の低下は、こうした一部の産業での世界的な価格低下の影響を強く受けている。

最後に、最近の研究は国際価値連鎖（Global Value Chain：ＧＶＣ）の拡大により、為替レートの変化が輸出数量に及ぼす影響が弱まっていることを報告している（Ahmed *et al.*［2017］; Sato and

Zhang [2019]; de Soyres *et al.* [2021]; Adler *et al.* [2023])。輸出企業がGVCあるいは国際的な生産ネットワークの中に組み込まれると、生産連鎖の中で安定的な部品・中間財の供給を行うことが必要となる。

この国際的な生産連鎖は複数の国を跨って形成されるが、各国間の為替レートが変動しても、この生産連鎖の中では為替変動のリスクを取引相手の企業に転嫁する行動をとらないと考えらえる。この状況下では、為替レートの変化が輸出数量に及ぼす影響そのものが弱まることが考えられ、上記の先行研究はそれを支持する実証分析の結果を提示している。アジア諸国との間で生産ネットワークを構築する日本企業にとって、日本からアジア諸国への輸出において為替レートの変化が輸出に及ぼす影響が弱くなっていることが考えられる。この点については、次章以降で再度取り上げる。

3　為替変動と国内物価

前節までは、2013年から始まった安倍政権の経済政策による円安局面を中心に考察した。本節では、私たちが2021年以降、特に2022年3月から経験した歴史的円安局面に焦点を当てることにする。

前掲図2－1の為替レートの動きが示すように、2016年から2020年末まで緩やかに円高が進行した。2016年中に円はごく短期間で大幅に円高と円安に振れたが、17年以降は小幅な上下変動を繰り返しながらも傾向としては円高であった。それが円安に反転するのは２０２１年に入ってからであり、特に22年３月から円安が一気に加速した。

図２－１は月中平均の値であるため示されていないが、22年10月には一時的に１ドル＝１５１円台をつけるほど円安が進んだ。しかし、その後は円安傾向から反転し、22年12月の月中平均値は１ドル＝１３５・４円、さらに23年２月末までの時点で１ドル＝１２０円台後半から１３０円台前半の間を推移している。

23年２月時点で円安の進行は収まっているが、それでも２０２２年中の円安の急速な進展は輸入物価や貿易収支に多大な影響を及ぼした。本節の課題は、22年中に進行した円安によって、日本の輸入物価と企業物価がどのような影響を受けたのか、そして輸出物価にどのような影響を及ぼしたのかを考察することにある。

なお、本書では円安と消費者物価の関係について立ち入った考察は行わない。日本経済にとって消費者物価の上昇は最重要課題の一つであるが、すでに渡辺（２０２２）など多くの優れた研究が発表されている。詳しくはそれらを参照されたい[12]。

(1)　円安と国内物価

図２－６は２０２１年１月から２０２２年12月までの、日本の国内物価と為替レートの関係を図示している。為替レートは本来であれば名目実効為替レートを用いるべきだが、ここでは敢えて円

図2―6　日本の輸入物価指数、企業物価指数、消費者物価指数、為替レートの推移

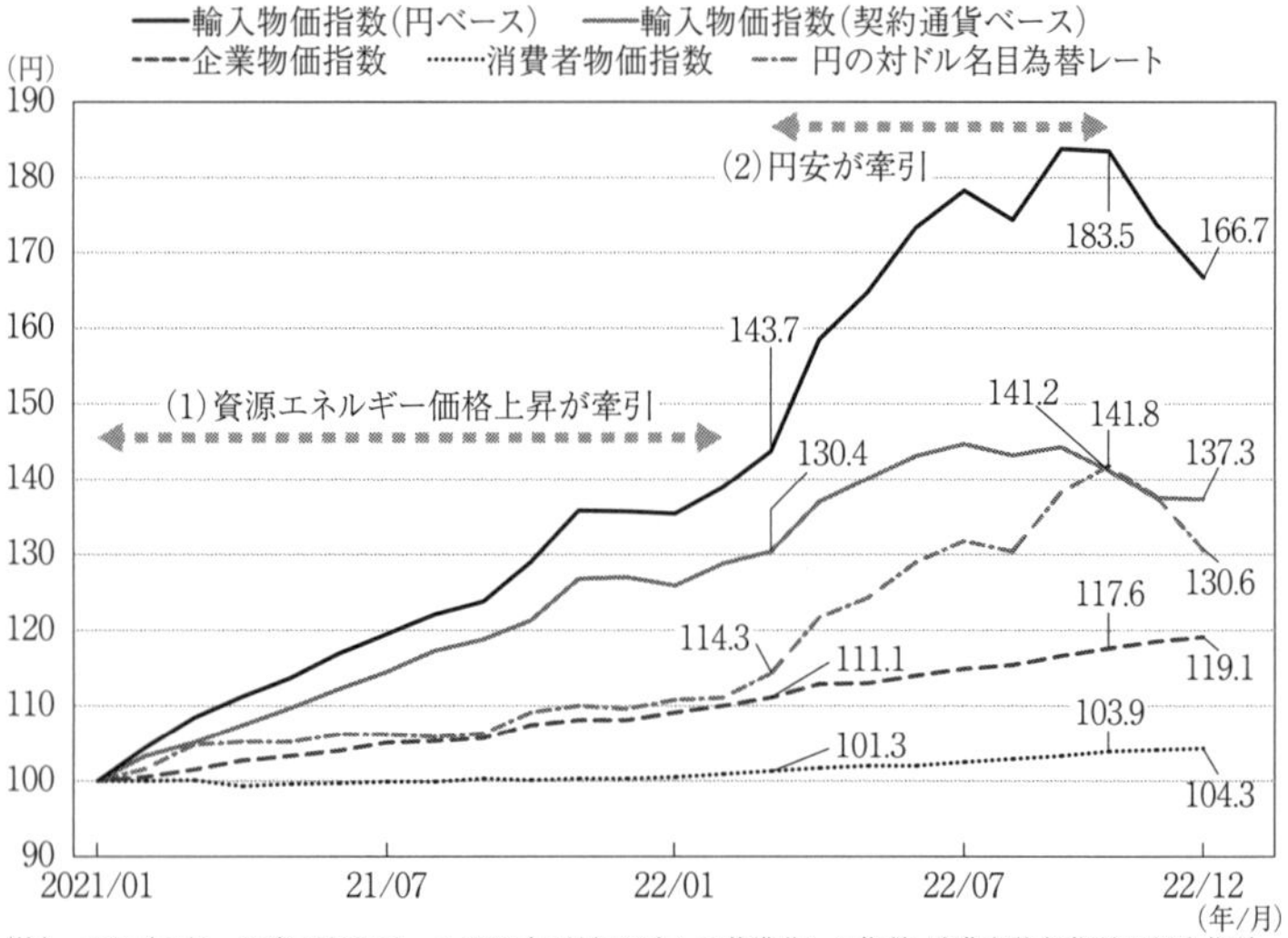

(注)　2021年1月～22年12月のデータ。2021年1月を100として基準化した指数。消費者物価指数は総合指数。
(出所)　日本銀行企業物価統計(企業物価指数・輸入物価指数)、総務省(消費者物価指数)、IMF, International Financial Statistics, Online(円の対ドル名目為替レート)より作成。

の対ドル名目為替レートを用いている。輸入物価指数については、日本銀行が公表する契約通貨ベースと円ベースの二種類の物価指数を用いている。この二種類の輸入物価指数を用いることで、前節での輸出に関する考察と同様に、為替レートの変動が輸入物価に及ぼす影響を調べることができる。

　また、企業物価指数と消費者物価指数の動きも図示することによって、為替レートの変動が輸入物価、国内企業物価、そして国内消費者物価へとどのように波及しているかを観察する。図2－6の注意点として、すべての系列は2021年1月を100として基準化したものである。このように基準化することで、円安が始まった21年1月からの各系列の変化を比較することができる。

この図２－６は期間を二つに分けて考えると理解しやすい。前半は２０２１年１月から22年２月までであり、この間は円安が緩やかに進行するなか、契約通貨ベースの輸入物価、つまり輸入物価自体の上昇が顕著に観察された時期である。コロナ禍による世界的な供給網の混乱や輸送コストの急上昇などで、輸入物価が上昇した。

ただし、円安進行が緩やかであったため、契約通貨ベースと円ベースの輸入物価の間に大きな差は見られない。国内企業物価は14カ月間で10％ほど上昇しているが、消費者物価はほとんど上昇せず、わずか１％ほどの上昇にとどまっている。

次に、後半の２０２２年３月以降の国内物価の動きを見てみよう。22年２月にロシアがウクライナに侵攻し、世界的に資源エネルギーなどの一次産品価格が高騰した。この世界的な価格上昇を反映して、契約通貨ベースの輸入物価が22年３月の１３０・４から、同年10月には１４１・２へと上昇している。

しかし、より注目すべきは、円ベースの輸入物価の急上昇である。２０２２年３月から10月までの８カ月間で、円ベースの輸入物価は１４３・７から１８３・５へと大幅に上昇した。契約通貨ベースと円ベースの輸入物価のグラフで両者の開きが極端に大きくなったが、それはこの時期に急速に進行した歴史的円安の影響である。日本の輸入の８割近くが外貨建てで取引されているため、大幅な円安の影響で円換算した輸入物価が跳ね上がった。

もう一つ注目すべきは、円ベースの輸入物価がこれほど上昇したにもかかわらず、国内企業物価が2022年3月の111・1から10月の117・6までの緩やかな上昇にとどまっている点である。日本銀行が公表する企業物価指数は国内の企業間で取引される財の価格を対象として作成されている。円ベースの輸入物価が急激な上昇を見せているにもかかわらず、日本企業は輸入物価上昇によるコスト増を国内企業との取引価格に転嫁できていないことが窺える。消費者物価指数も22年3月の101・3から10月の103・9へと、ごくわずかな伸びにとどまっている。

第2節では日本の輸出に焦点を当てて為替レートのパススルーを考察したが、輸入面での為替レートのパススルーに関しても、これまでに膨大な研究が蓄積されている。この輸入のパススルーに関しては、次のような「定型化された事実（Stylized Fact）」がある。[13]

名目為替レートの変化に対して、輸入物価は大きく反応する。国内の生産者物価（企業物価）も反応するが、その反応の度合いは小さい。国内消費者物価については為替レートの変化にはほとんど反応しない。

本節では計量的な実証分析を行っていないが、図2－6に基づく考察は、輸入におけるパススルーの定型化された事実を支持する結果となっている。ただし、図2－6では、集計された物価指数、すなわち全産業の平均値にあたる輸入物価や国内物価を用いた考察を行ったにすぎない。これを産業別の物価指数に区別して考察すると、２０２２年３月からの歴史的な円安局面で日本経済がどのような影響を受けたかを明らかにすることができる。

(2)　産業別に見た円安の国内物価への影響

図２−７は、２０２１年から22年までの円安局面で、日本の輸入物価（円ベース）と国内企業物価がどのように変化したかを産業別に示している。上段の(1)は２０２１年中の物価上昇率であり、対前年同月比上昇率の年平均値を計算している。下段の(2)は２０２２年１月から10月までの10カ月間の物価上昇率（対前年同月比）の平均値である。22年11月以降は為替レートが円高方向に転じたため、(2)には11月と12月のデータを含んでいない。これによって(2)は、円安が物価上昇に及ぼした影響をより的確に捉える図となっている。

２０２１年中の物価上昇率を示す上段の(1)では、石油・石炭製品、木材・木製品、金属の物価上昇率が輸入物価と企業物価の両方で高い。石油・石炭製品については、２０２０年に世界的に価格が低下したことの反動である。前掲表２−１が示すように、原油価格は２０２０年に１バレル＝40ドル前後の水準まで大きく低下し、翌21年には１バレル＝70ドル前後の水準へと上昇した。前年同月比変化率でみると、21年中の物価上昇率は図２−７のように高くなる。また、金属や木材・木製品等もコロナ禍の供給制約や北米での住宅建築需要の急増によって価格上昇が起きた。

上記の三つの産業では、国内企業物価も上昇しているが、これら産業では物価上昇が世界的に起

図2−7　日本の輸入物価と企業物価の変化：産業別の変化率

■輸入物価　■企業物価

（1）　2021年の上昇率の平均値（1月〜 12月：%）

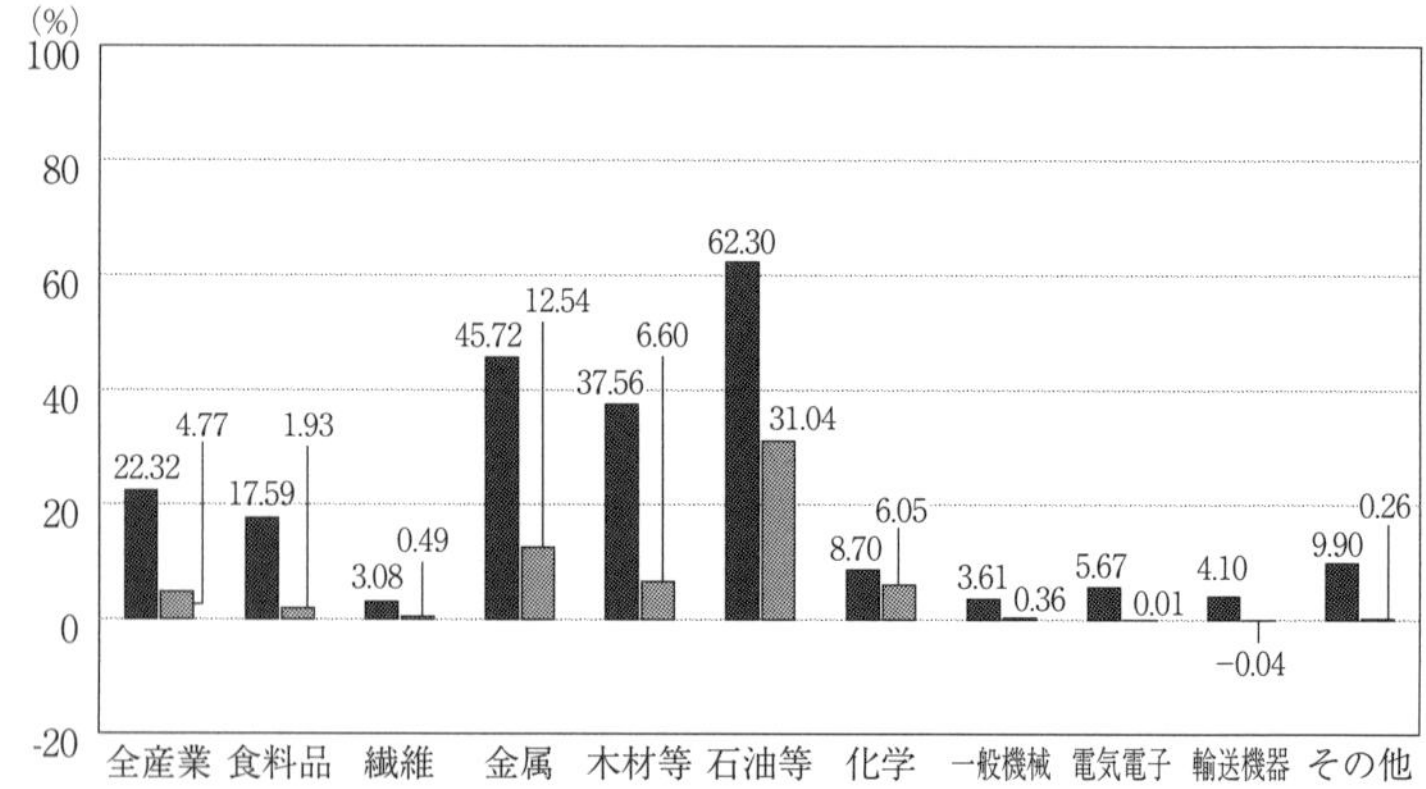

（2）　2022年の上昇率の平均値（1月〜 10月：%）

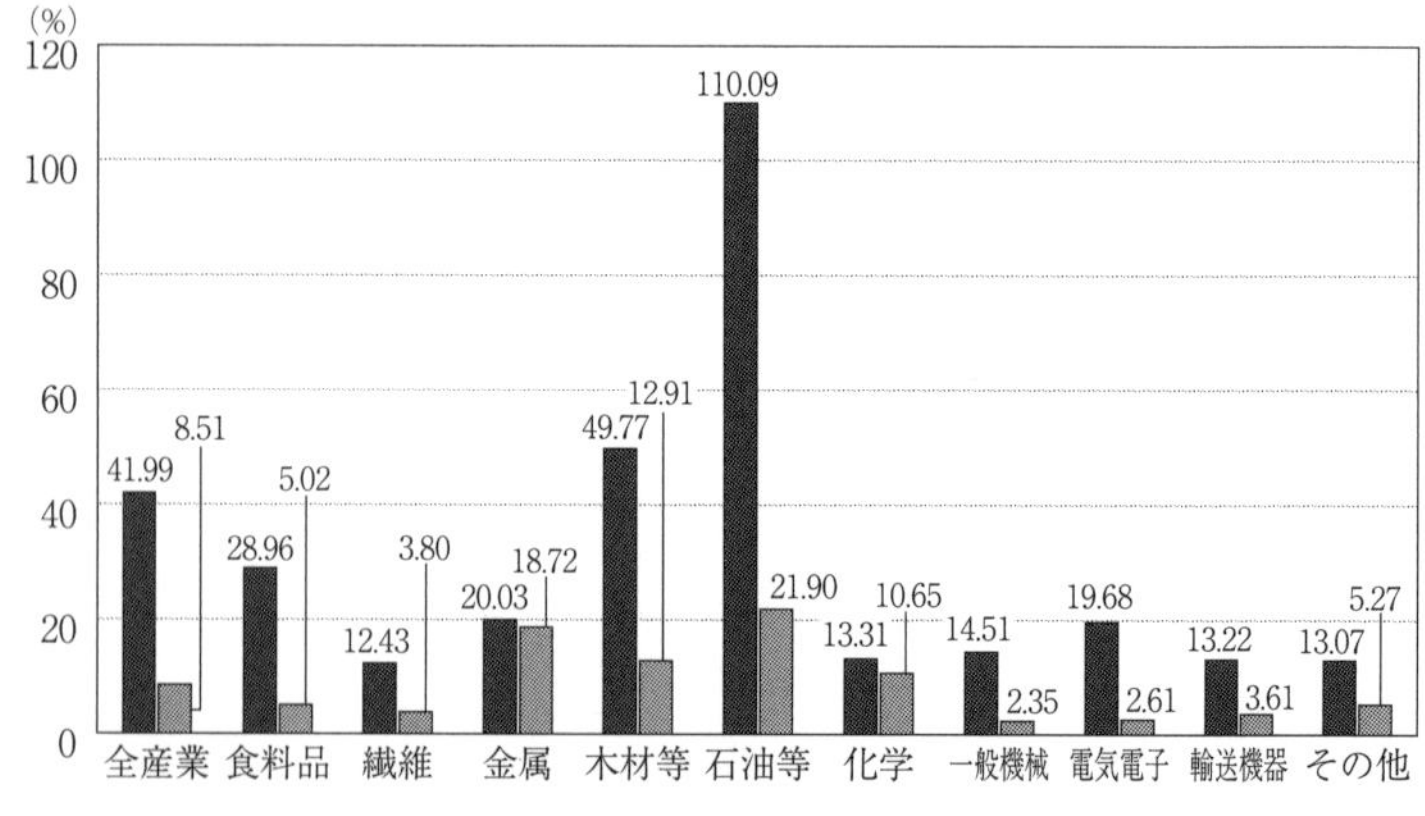

（注）　輸入物価は「円ベースの輸入物価」を表す。(1)は2021年1月〜12月の前年同月比上昇率(%)の平均値。(2)は2022年1月〜10月の前年同月比上昇率(%)の平均値。「全産業」は工業製品全体、「食料品」は飲食料品、「繊維」は繊維製品、「金属」は鉄鋼、非鉄金属、金属製品の加重平均、「木材」は木材・木製品とパルプ・紙・同製品の加重平均、「石油等」は石油・石炭製品、「化学」は化学製品、「一般機械」ははん用機器、生産用機器、業務用機器の加重平均、「電気電子」は電子部品・デバイス、電気機器、情報通信機器の加重平均、「輸送機器」は輸送用機器、「その他」は上記の品目を除くすべての品目を含む。

（出所）　日本銀行企業物価統計（企業物価指数・輸入物価指数）より作成。

きているため、国内の企業物価も引き上げやすい環境にあった。他方で、日本の代表的な機械産業では輸入物価が3・6％から5・7％の範囲で上昇しているが、国内企業物価はほとんど変化していない。

２０２２年1月から10月の物価上昇率を示す下段の(2)では、ロシアのウクライナ侵攻による世界的な資源エネルギー価格の高騰により、石油・石炭製品の輸入物価上昇率が１１０％に達し、群を抜いて高い。木材・木製品等の輸入物価上昇率も50％に達しており、飲食料品や金属の輸入物価上昇率もそれぞれ29％と20％に達している。

注目すべきは、一般機械、電気・電子機器、輸送用機器の輸入物価上昇率も13％から20％の範囲で上昇している点である。円安局面での輸入物価上昇がすべての産業で広範に見られるが、国内企業物価に目を転じると、上記の三つの機械産業の上昇率は2・4％から3・6％の水準にとどまっており、他の産業を下回っている。これは機械産業が輸入物価の上昇分を国内での取引価格に転嫁できていない実態を示している。

(3)　円安局面での輸出物価の動向：産業別の価格設定行動

これまでの考察から、日本の主要機械産業では、輸入物価の上昇に伴うコスト増を国内での取引価格に十分に転嫁できていないことが明らかになった。それでは主要機械産業は海外への輸出において生産コストの増加や為替レートの変動分を十分に転嫁（パススルー）しているだろうか。

この問題を考える上で、まず日本の輸出数量がどのように変化しているかを確認してみよう。図2－1によると、日本の全産業（総平均）の輸出数量指数は２０１７年から18年にかけて上昇傾向を示すようになり、18年5月には１０１・３の水準まで回復した。しかし、その後は再び低下傾向を示すようになり、２０２０年１月時点で87・６にまで低下した。20年からはコロナ禍による世界的な貿易の縮小により、20年５月には68・１へと急低下した。これはリーマン・ショック後の２００９年2月につけた67・０に匹敵するほどの輸出数量の低下であった。21年４月には95・９の水準まで回復したが、その後再び低迷し、22年12月時点で83・６へと低下している。

次に図２－２において日本の契約通貨ベースの輸出物価指数をみると、２０２０年５月の88・７から22年7月には１０１・２へと上昇している。[14] 円ベースの輸出物価指数は20年10月の１００・３から22年10月には１３４・５へと円安の影響を受けて大幅に上昇している。輸出額で見た場合、表２－１が示すように、20年から22年にかけて67・３兆円から98・７兆円へと増加しているが、22年の輸入額の急増には届かない。この22年の貿易収支は15・８兆円の赤字を記録しており、２０１４年の貿易赤字額10・５兆円を大幅に上回っている。この結果は日本企業の輸出における価格転嫁（パススルー）が十分でないことを示唆している。この点を、産業別の分析によってさらに掘り下げて考えてみよう。

図２－３は主要機械産業の輸出数量指数の変化を示しているが、２０２０年の新型コロナウィルス感染拡大時の急低下から回復した後、三つの産業における輸出数量指数の動きは大きく異なって

いる。一般機械の輸出数量指数は2021年から22年にかけて上昇傾向にあった。半導体製造装置や工作機械、産業用ロボットなどへの需要の高まりから、一般機械の輸出数量指数は上昇を続けた。しかし、22年10月以降は中国での新型コロナウィルス感染拡大に伴う需要の減少などが響き、輸出数量指数も低下している。他方で、電気・電子機器と輸送用機器の輸出数量指数は低迷の度合いが一般機械よりも大きい。特に輸送用機器では、半導体不足等により完成車の生産が滞り、21年10月には59・3の水準まで急低下した。

それでは主要機械産業の輸出価格はどのように変化しているだろうか。図2－4が示すように、2020年末まで、一般機械と輸送用機器の両産業とも契約通貨ベースの輸出価格はほぼ一定の水準を維持していた。21年以降、特に22年に入ってから契約通貨ベースの輸出価格は緩やかな上昇を見せている。これは生産コストの増加分を輸出価格に徐々に転嫁していることを示唆しているが、図2－7の輸入物価の上昇と比べると、輸出価格への転嫁は十分ではない。

ただし、図2－4によると円安進行により円ベースの輸出価格が大幅に上昇している。契約通貨ベースでは輸出価格をあまり引き上げなくても、円換算した輸出価格の上昇（為替差益）を最大限享受することによって、生産コストの上昇分をある程度カバーする結果となっている。

機械産業と他の産業の間で契約通貨ベースと円ベースの輸出価格にどのようなちがいがあるか確認してみよう。図2－8の上段(1)が示すように、2021年中は機械産業の輸出価格は契約通貨ベースでほとんど上昇していなかった。契約通貨ベースの輸出価格が上昇していたのは、世界的に物

図2−8　日本の契約通貨ベースと円ベースの輸出物価の変化：産業別の変化率

(1)　2021年の上昇率の平均値(1月〜 12月：%)

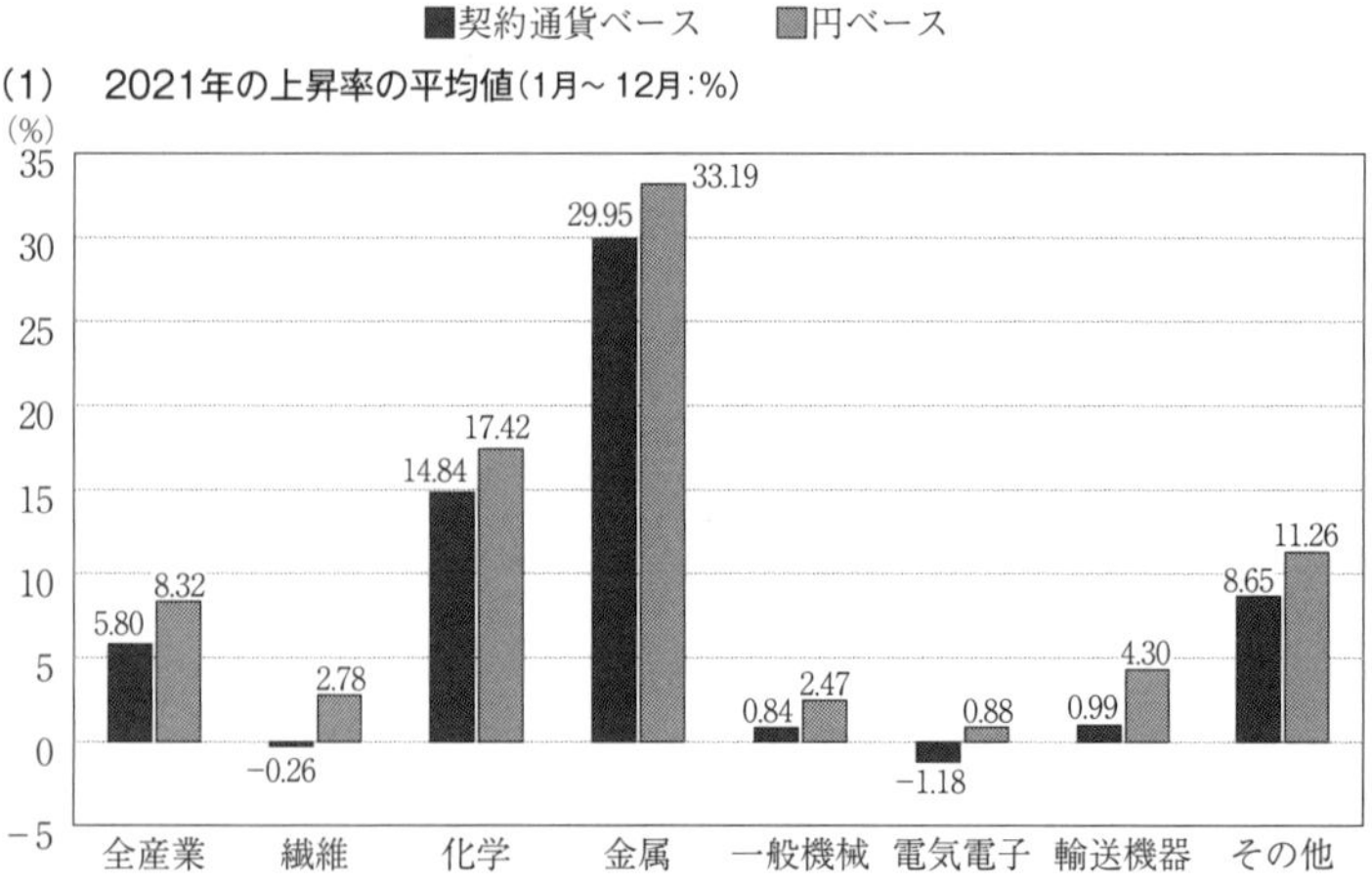

(2)　2022年の上昇率の平均値(1月〜 10月：%)

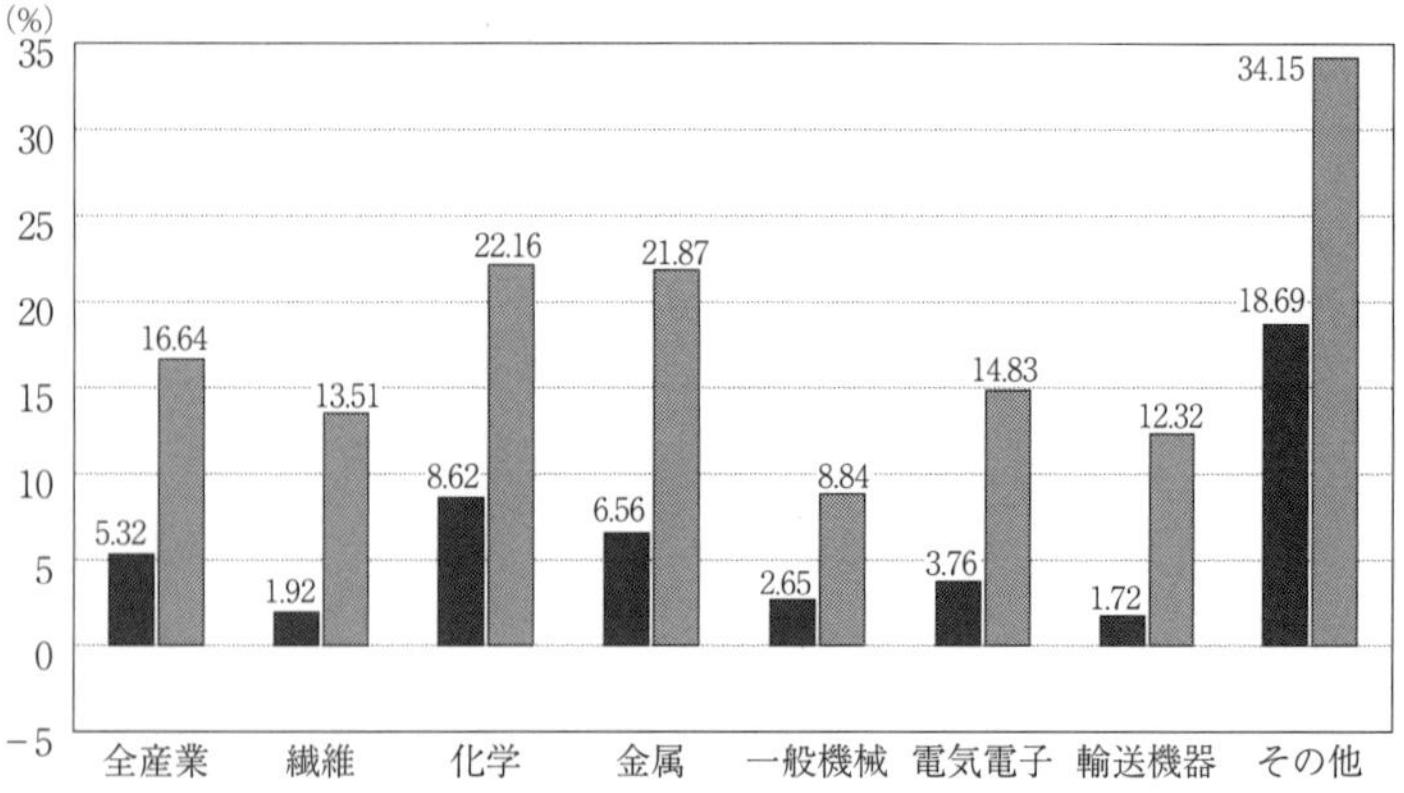

(注)　(1)は2021年1月〜 12月の前年同月比上昇率(%)の平均値。(2)は2022年1月〜 10月の前年同月比上昇率(%)の平均値。「全産業」は輸出物価指数の総平均、「繊維」は繊維品、「化学」は化学製品、「金属」は金属・同製品、「一般機械」ははん用・生産用・業務用機器、「電気電子」は電気・電子機器、「輸送機器」は輸送用機器、「その他」は上記の品目を除くすべての品目を含む。

(出所)　日本銀行企業物価統計(輸出物価指数)より作成。

図2−9　日本の自動車大手7社の連結決算（2022年4〜12月期）に基づく増減益要因

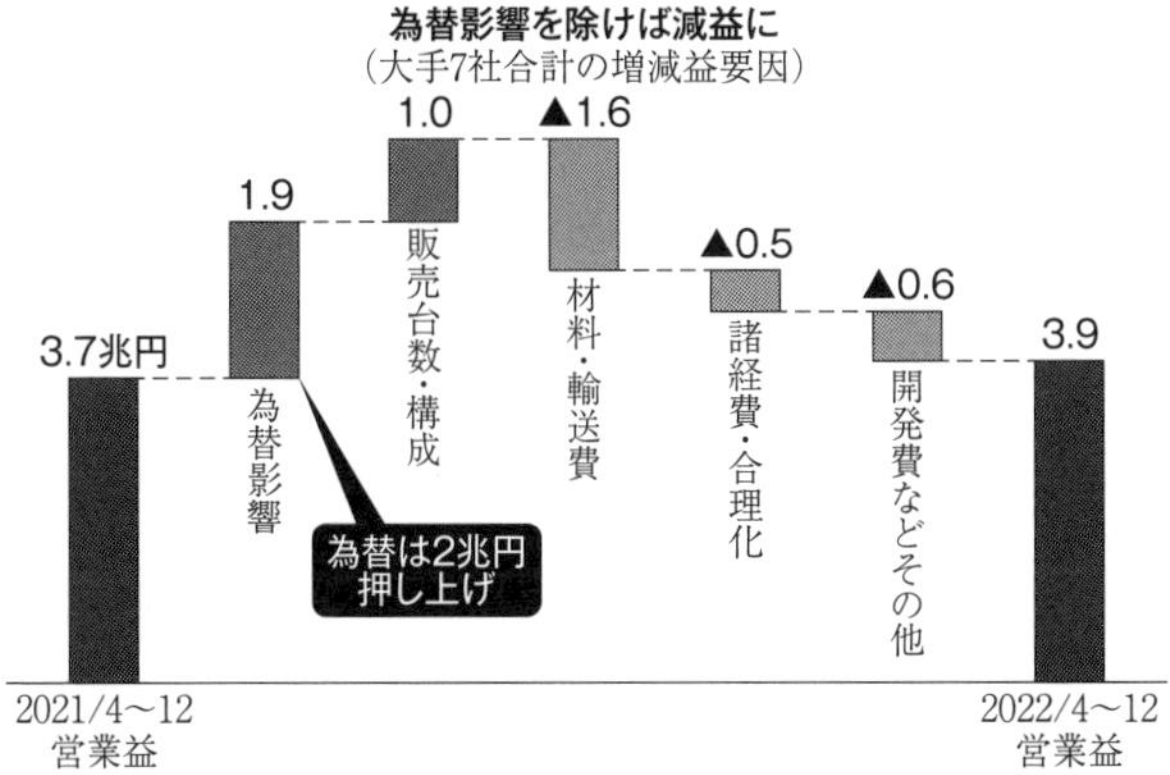

（注）　自動車大手7社の2022年4〜12月期連結決算の情報に基づく、7社合計の増減益要因。▲はマイナスの値。
（出所）　日本経済新聞電子版（2023年2月10日）「車7社、円安頼みの営業増益　4〜 12月は押し上げ2兆円」の図を転載。

価上昇が起きていた産業の輸出価格のみであった。22年になると、機械産業でも契約通貨ベースの輸出価格が1・7％から3・8％の範囲で上昇しているが、繊維産業を除く他の産業と比べると、契約通貨ベースの輸出価格の引上げは小幅にとどまっている。[15] 円安により円ベースの輸出価格が上昇したことで、輸入価格上昇による生産コストの増加分をカバーしていることが確認できる。

２０２３年２月に自動車大手７社の22年４月〜12月期連結決算が発表されたが、大手７社の為替差益への依存度の大きさが鮮明となった。[16] 日本経済新聞は大手7社合計の増減益要因を図で示しているが、半導体不足などの部品供給制約やそれら部品価格の高騰が1・6兆円の利益押し下げ要因となっている（図2−9）。これをカバーしているのが為替差益であり、1・9兆円の利益押し上げ効果となっている。生産コストの増加分を輸出価格に転嫁できず、為替差益によって業績悪化を食い止めている日本の自動車産業の実態は、これまでの本章の考察を裏づけている。

4 日本の貿易収支赤字は続くのか

これまで為替レートと輸出・輸入、および貿易収支の関係について検討してきた。本章の最後に、日本の貿易収支赤字が今後も続くのか否かについて考察を加えておきたい。

日本経済の貿易収支や経常収支の行方を占う上で、しばしば取り上げられるのが「国際収支の発展段階説」である。これは、表2－2が示すように、ある国の対外純資産ポジションが経済成長とともに債務国から債権国へ、そして再び債務国へと移行していく過程で、経常収支とその構成要素（貿易サービス収支と所得収支）がどのように変化していくかを表している。

図2－10は日本の経常収支の推移を示している。２０１２年～14年と２０２２年に大幅な貿易収支の赤字を記録したことは、これまで考察した通りである。この大幅な貿易赤字に着目した場合、現在の日本は表2－2の第Ⅴステージ「成熟した債権国」であると解釈し得る。また、22年の貿易収支赤字が巨額であったことから、今後の日本は第Ⅵステージ「債権取り崩し国」へと移行すると考えられるかもしれない。

しかし、この大幅な貿易収支赤字の時期は、円安の進行に加えて、原油価格に代表される資源エ

表2−2　国際収支の発展段階説

	貿易サービス収支①	所得収支②	経常収支(=①+②)
Ⅰ. 未成熟の債務国	−	−	− −
Ⅱ. 成熟した債務国	+	− −	−
Ⅲ. 債務返済国	+ +	−	+
Ⅳ. 未成熟の債権国	+	+	+ +
Ⅴ. 成熟した債権国	−	+ +	+
Ⅵ. 債権取り崩し国	− −	+	−

（注）　−は赤字、+は黒字を表す。貿易サービス収支は貿易収支とサービス収支の合計。所得収支は第一次所得収支と第二次所得収支の合計。

（出所）　経済企画庁『昭和59年年次経済報告　新たな国際化に対応する日本経済』（1984年8月）第2−16表に基づいて筆者作成。

図2−10　日本の経常収支の推移（1995年～2022年）

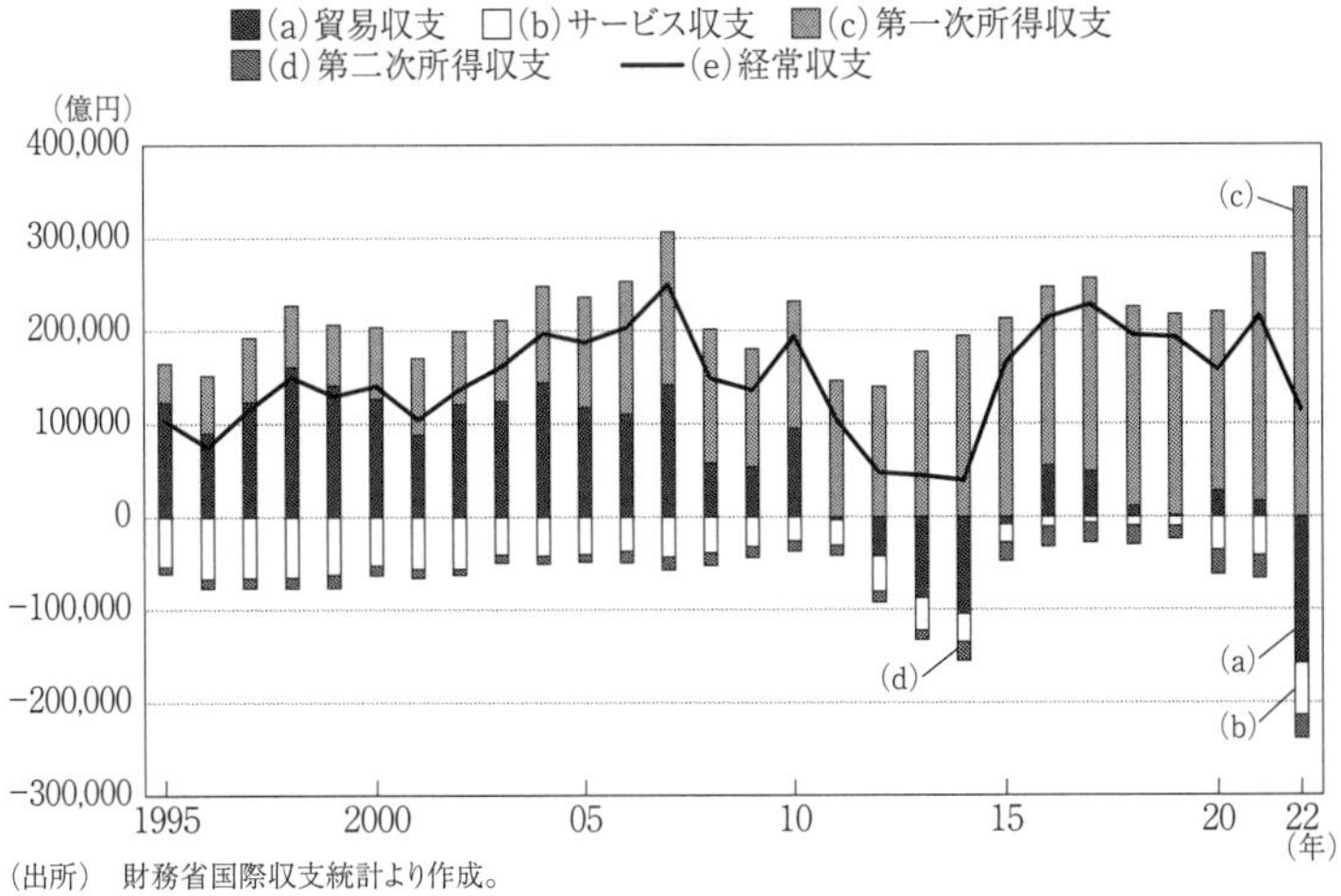

（出所）　財務省国際収支統計より作成。

ネルギー価格が高騰した年であった。表2－1が示すように、日本の貿易収支は資源エネルギー価格の変動の影響を強く受けるようになった。2015年に原油価格が急落すると貿易収支が改善へと転じ、16年と17年には5兆円前後の貿易収支黒字に達している。日本が以前ほど貿易収支黒字が増えにくい経済構造になっているとはいえ、2016年から17年に貿易収支が一定水準の黒字額へと回復した事実は、資源エネルギー価格の高騰がなければ貿易収支黒字を維持することが十分可能であることを示唆している。

資源エネルギーの輸入に大きく依存せざるを得ない日本にとって、2011年の東日本大震災から現在まで原子力発電に依存できないことが、貿易収支の悪化を招いた主な要因である。これまでのような化石燃料の輸入に大きく依存する状況からいち早く脱することが大きな課題である。クリーンエネルギーのウエートを高めることは当然必要な政策だが、安全性の課題があるとはいえ、原子力発電の積極活用の議論は避けて通れない。大震災からすでに12年以上が経過しており、これまであまりに無策だったと言わざるを得ない。

2022年の巨額の貿易収支赤字は、ロシアのウクライナ侵攻による資源エネルギー価格高騰の影響を強く受けている。それに歴史的な円安進行が加わったことで、貿易収支が過去に例がないほどの赤字に転じた。しかし、22年11月からそれまでの歴史的円安水準が修正され、徐々に円高が進んでいる。今後も円高が続けば、資源エネルギーの輸入額は円ベースで減少する。また、ロシアとウクライナの間の紛争がどこまで続くかはわからないが、この紛争が終息すれば、世界的に原油価格が低下することも十分に考えられる。22年の貿易赤字を理由に、日本が債権取り崩し国に転じると考えるのは早計であろう。

表２－３は、２０１７年と22年の日本の貿易収支を産業別かつ建値通貨別に整理したものである。17年を選んだのは、為替レートが１ドル＝１１０円台で比較的安定していた年であり、劇的に円安が進行した２０２２年との比較の対象としてふさわしいと考えたからである。

産業別の建値通貨の情報は日本銀行のウェブサイトから取得した。ただし、日本銀行は毎年12月の建値通貨の情報を産業別に公表している。財務省貿易統計の概況品コードに基づく品目分類と日本銀行の建値通貨公表における産業分類をマッチングさせて、表２－３を作成した。ただし日本銀行の産業分類は財務省貿易統計の概況品コードに基づく分類ほど詳細ではないため、マッチングから漏れる品目がどうしても出てしまう。その結果、表２－３では最下段の「その他産品・製品」の金額がやや大きくなっている。

この表２－３の最大の特徴は、建値通貨別に貿易収支を示している点にある。２０１７年の日本の貿易収支は表２－３から計算すると、２・９兆円の黒字であった。これが外国為替市場での実需の円買い要因と呼ばれるものである。[17] 輸入国が日本に円で支払うために、外貨を売却して円を入手する必要があるからである。

２０１７年の貿易収支を産業別に見ると、三大機械産業である一般機械、電気・電子機器、輸送用機器では、円建てと外貨建ての両方とも貿易収支の黒字が大きい。ただし、電気・電子機器では

表2－3　日本の建値通貨別貿易収支：2017年と2022年

(1)　2017年の建値通貨別貿易収支

	輸出			輸入			貿易収支（10億円）	
	建値通貨比率（%）		輸出額（10億円）	建値通貨比率（%）		輸入額（10億円）		
	円建て	外貨建て		円建て	外貨建て		円建て	外貨建て
全産業	**38.2**	**61.8**	**78,286**	**26.2**	**73.8**	**75,379**	**10,156**	**−7,249**
飲食料品・食料用農水産物	−	−	−	26.8	73.2	7,220	−1,935	−5,285
繊維品	34.8	65.2	716	58.1	41.9	997	−330	49
化学製品	28.6	71.4	8,192	48.7	51.3	7,567	−1,342	1,968
金属・同製品	20.2	79.8	6,769	16.1	83.9	6,927	252	−410
木材・木製品・林産物	−	−	−	5.1	94.9	1,154	−59	−1,095
石油・石炭・天然ガス	−	−	−	3.3	96.7	15,840	−523	−15,317
一般機械	60.7	39.3	18,101	36.2	63.8	2,982	9,908	5,211
電気・電子機器	38.1	61.9	13,695	35.1	64.9	12,048	989	658
輸送用機器	35.7	64.3	18,232	40.0	60.0	3,170	5,241	9,821
その他産品・製品	32.6	67.4	12,581	24.3	75.7	17,473	−144	−4,747

(2)　2022年の建値通貨別貿易収支

	輸出			輸入			貿易収支（10億円）	
	建値通貨比率（%）		輸出額（10億円）	建値通貨比率（%）		輸入額（10億円）		
	円建て	外貨建て		円建て	外貨建て		円建て	外貨建て
全産業	**37.2**	**62.8**	**98,186**	**29.8**	**70.2**	**118,164**	**1,312**	**−21,290**
飲食料品・食料用農水産物	−	−	−	36.4	63.6	9,820	−3,574	−6,245
繊維品	32.6	67.4	773	60.8	39.2	1,351	−569	−9
化学製品	34.5	65.5	11,796	64.2	35.8	13,265	−4,446	2,978
金属・同製品	20.0	80.0	9,570	14.6	85.4	12,078	151	−2,659
木材・木製品・林産物	−	−	−	0.9	99.1	1,747	−16	−1,732
石油・石炭・天然ガス	−	−	−	2.7	97.3	33,477	−904	−32,573
一般機械	60.2	39.8	21,425	48.4	51.6	11,486	7,339	2,601
電気・電子機器	37.9	62.1	17,338	26.2	73.8	17,258	2,049	−1,970
輸送用機器	28.9	71.1	19,059	52.7	47.3	3,388	3,723	11,948
その他産品・製品	33.5	66.5	18,225	28.5	71.5	14,295	2,031	1,899

（注）　産業別の建値通貨比率は日本銀行が公表する2017年12月および2022年12月のデータ。輸出額と輸入額は財務省貿易統計より入手。同貿易統計の概況品コードに基づいて、日本銀行の産業分類とマッチングを行い、円建てと外貨建ての貿易収支を産業別に算出。
（出所）　日本銀行（建値通貨比率）、財務省貿易統計（輸出額と輸入額）より作成。

輸出額に近い水準まで輸入額が増えており、円建てと外貨建ての両方とも黒字ではあるが、その金額はかなり少ない。一般機械と輸送用機器ではいずれも貿易黒字額が15兆円程度に達している。石油・石炭・天然ガスでは圧倒的な輸入超過であり、そのほとんどが外貨（ドル）建てで取引されているため、外貨建ての貿易赤字が非常に大きく、貿易赤字全体でも16兆円に迫る水準である。興味深いことに、金属・同製品では輸出額と輸入額がほぼ拮抗しており、貿易収支は少額の赤字である。

円安が著しく進行した2022年には、17年と異なり貿易赤字が約20兆円に達しているが、それ以外にも大きな変化がみられる。まず、石炭・石油・天然ガスの輸入額が17年と比べて円ベースで2倍以上に増えた。次に注目すべき点として、17年との比較で一般機械の輸入額が円ベースで3・85倍増えており、同産業の貿易収支黒字額が減少している。これは資本財輸入が21年以降、大幅に増加しているためである。

菊池・田村・鈴木（2022）によると、テレワーク関連、再生可能エネルギー関連、5G関連、半導体関連の品目の輸入増加が顕著であり、資本財供給は国内調達よりも海外からの調達のほうが格段に大きくなっている。実際に電気・電子機器の輸入額も2017年と比べて大きく増加している。日本が今後もデジタル投資やグリーン投資を拡大する限り、三大機械産業の貿易収支黒字は以前よりも減少する可能性がある。(18)

日本の貿易収支の行方を占う上で、資源エネルギー価格の動向が鍵を握るのは間違いない。同価格が高騰しているときに円安が進んだため、日本は大幅な貿易収支の赤字を経験した。日本がクリーンエネルギーの利用を増やし、化石燃料への依存度を引き下げることが、今後の重要な政策課題である。

もう一つ重要なことは、資本財でも日本の輸入依存度が大きくなっているという事実である。日本国内で企業が積極的な研究開発投資や設備投資を行う必要性は繰り返し指摘されているが、国内調達よりも海外調達への依存度が大きくなると、貿易収支黒字の減少を招くことにつながる。日本企業は国内での積極的な設備投資を行い、さらに資本財部門でも製品競争力を高めることが必要であることを、改めて強調しておきたい。

【第2章　注】

（1）Jカーブ効果に関する日本語の比較的新しいサーベイ論文として、やや短い論文だが、木村（２０１８）がコンパクトにまとまっていて参考になる。

（2）国際収支ベースの貿易収支（年額）は図２－１より計算している。

（3）詳しくはAndo and Kimura（2012）を参照。

（4）日本エネルギー経済研究所（２０１１）によると、全国の原子力発電所54基のうちの８基のみが稼働するなか、２０１１年４月～９月の日本の液化天然ガス輸入量は前年同期比で14％上昇し、３８８８万トンであった。液化天然ガスの輸入価格も上昇し、スポット推定価格は２０１１年４月着分が$9~10/MMBtu、同年10月着分は$15~16/MMBtuへと上昇した。これは２０１１年４～10月の米国のヘンリーハブ価格（天然ガス指標価格）$4/MMBtu、英国の天然ガス（NBP）価格$8~9/MMBtuと比較しても大幅に高い価格であった。いわゆる「ジャパン・プレミアム」が課されている状況であった。

（5）日本の輸出企業が、たとえば米国に対して輸出を行い、その輸出がドル建てで契約されている状況を考えると理解しやすいだろう。ドルベースでの輸出価格を引き上げることができないまま円高が進行すれば、ドルで受け取った輸出代金の円換算額は大きく減少する。

（6）『通商白書２０１２』２４９－２５０ページを参照。帝国データバンクの調査の実施期間は２０１１年８月19日～31日、有効回答企業数は1万

１０７０社であり、調査結果は２０１１年9月に公表されている。

（７）Ｊカーブ効果を最もわかりやすく解説している教科書として、高木（２０１１）が参考になる。

（８）輸出契約時の条件設定によっては契約期間内の取引数量調整もあり得るが、それでも生産量の調整や海外への輸送に要する期間等を考えると、輸出数量の調整には一定のラグが生じ、ここで説明した貿易収支悪化のメカニズムが働く。

（９）この輸送用機器産業の輸出価格設定行動（ＰＴＭもしくはパススルー行動）が円高局面と円安局面で異なっていたことは、Nguyen and Sato（2019）が実証している。同論文は、非線形自己回帰分布ラグモデル（Nonlinear Autoregressive Distributed Lag Model）を用いてサンプル期間を円高局面と円安局面に区別し、円高局面では日本の輸送用機器企業がパススルー率を高めて為替差損を回避する行動をとり、円安局面ではＰＴＭ行動をとって現地通貨ベースの輸出価格を安定化させる行動をとっていたことを明らかにしている。Nguyen and Sato（2020）でもNear-VARモデルを用いて同様の分析結果を得ている。

（10）第三国通貨建て輸出も含めた輸出価格設定行動および建値通貨選択行動の理論的分析として、Friberg（1998）, Bacchetta and van Wincoop（2005）を参照。日本語の文献としては大井・大谷・代田（２００３）が詳しい。清水・伊藤・鯉渕・佐藤（２０２１）の第1章も簡潔なサーベイとして参考になる。ドル建て貿易に焦点を当てたDominant Currency Paradigm に関する最近の研究として、Gopinath *et al.*（2020）, Adler *et al.*（2020）, Amiti *et al.*（2022）, Boz *et al.*（2022）などを参照。

（11）為替レートのパススルー行動が短期において建値通貨選択の影響を強く受けることについては、Gopinath *et al.*（2010）など多くの実証研究によって支持されている。

（12）日本の輸入における為替レートの消費者物価へのパススルーに関する優れた実証研究として、Shioji（2014）, Sasaki *et al.*（2022）などがある。

（13）アジア諸国の輸入のパススルーを実証的に分析した研究として、Ito and Sato（2008）がこの定型化された事実を実証的に支持する結果を報告している。

（14）第1章の図1－2において、円安局面で輸出価格要因が大きなプラスになっていることを指摘したが、この時期の契約通貨ベースの輸出物価上昇は、図1－2の輸出価格要因の動きと整合的である。

（15）第1章の図1－2において、円安局面で輸出価格要因が大きなプラスとなったのは、日本の代表的な機械産業による契約通貨ベースの輸出価格引上げが理由ではなかった。図2－8が示すように、世界的に物価上昇が起きた資源エネルギー等に関連した輸出品目の価格上昇によるものであった。

（16）日本経済新聞電子版（２０２３年2月10日）「車7社、円安頼みの営業増益　4～12月は押し上げ2兆円」を参照。

（17）表2－3は財務省貿易統計から取得した通関ベースの貿易収支である。国際収支ベースの表2－1の数値とは若干のちがいがあり、依拠する統計によって貿易収支の額も異なることに注意されたい。

（18）菊池・田村・鈴木（２０２２）はこの可能性を指摘している。なお、日本には半導体製造装置で世界的に高い市場シェアを誇る企業が多くあるが、それら企業の多くは「後工程」に関する装置を生産している。これに対して、市場規模がはるかに大きい「前工程」の装置では、米国や欧州の企業のシェアが大きい。日本はこうした前工程の製造装置を多く輸入しており、それが表2－3における２０２２年の一般機械の輸入額増加につながっている。

第3章　円建て貿易はなぜ進まないのか

1　円の実力はどのように測るのか

円の実力とは何だろうか。どのようにしてその実力を図るのだろうか。最近の新聞やメディアでの論調は、円の実質実効為替レートの水準が１９７０年代初頭とほぼ同じ水準まで低下（減価）してしまったことを「円の実力低下」とみなしている。

たしかに、円の実質実効為替レートが大幅に減価したことは事実である。しかし第1章で述べたように、この事実は通貨としての円の問題ではなく、日本の物価水準が他国と比べてほとんど上昇していないことに起因している。問題は外国の財に対する日本の購買力が低下したことにある、と整理したほうがよい。円の実力を論じるのであれば、円が「通貨としての機能」を十分に果たしているか否かに目を向けるべきだ。

(1) 円の国際化と貿易建値通貨

過去を振り返ると、日本では政府主導で円の実力を高める取組みが積極的に行われた時期がある。1980年代から90年代にかけて行われた「円の国際化」政策がそれである。本章末に付したBOX3－1に簡潔にまとめている通り、この政策は「円の国際通貨としての使用」を促進する目的で行われたが、実際には円の国際的な使用は意外なほど進まなかった。他の先進国通貨と比較して円が国際的に使われていないのであれば、それはまさに円の実力が低いことを意味している。

ここで国際通貨の機能の一つである貿易建値通貨に焦点を当てて考えてみよう。[1] 図3－1と図3－2は、1980年から2022年までの日本の輸出と輸入の建値通貨比率の推移をそれぞれ示している。まず図3－1(a)の日本の対世界輸出をみると、円建て輸出比率は1980年の28・9%から1983年には42・0%へと大きく上昇したが、それ以降40%を上回ったのはわずか3回であり、2022年時点で円建て輸出比率は34・5%の水準にとどまっている。日本の輸出で最も使用される通貨はドルであり、2022年時点で日本の輸出の51・9%がドル建てで取引されている。

日本のように自国通貨建て輸出の比率が低い国は、先進国の中でも珍しい。たとえばBoz *et al.* (2022) は2019年時点でドイツとフランスの自国通貨（ユーロ）建て輸出比率がそれぞれ75・9%と72・3%であること、2018年のイタリアの自国通貨（ユーロ）建て輸出比率が82・3%であることを報告している。[2] 日本の自国通貨建て輸出比率は他の先進国と比較してなぜこれほど低

図3−1　日本の輸出における建値通貨選択

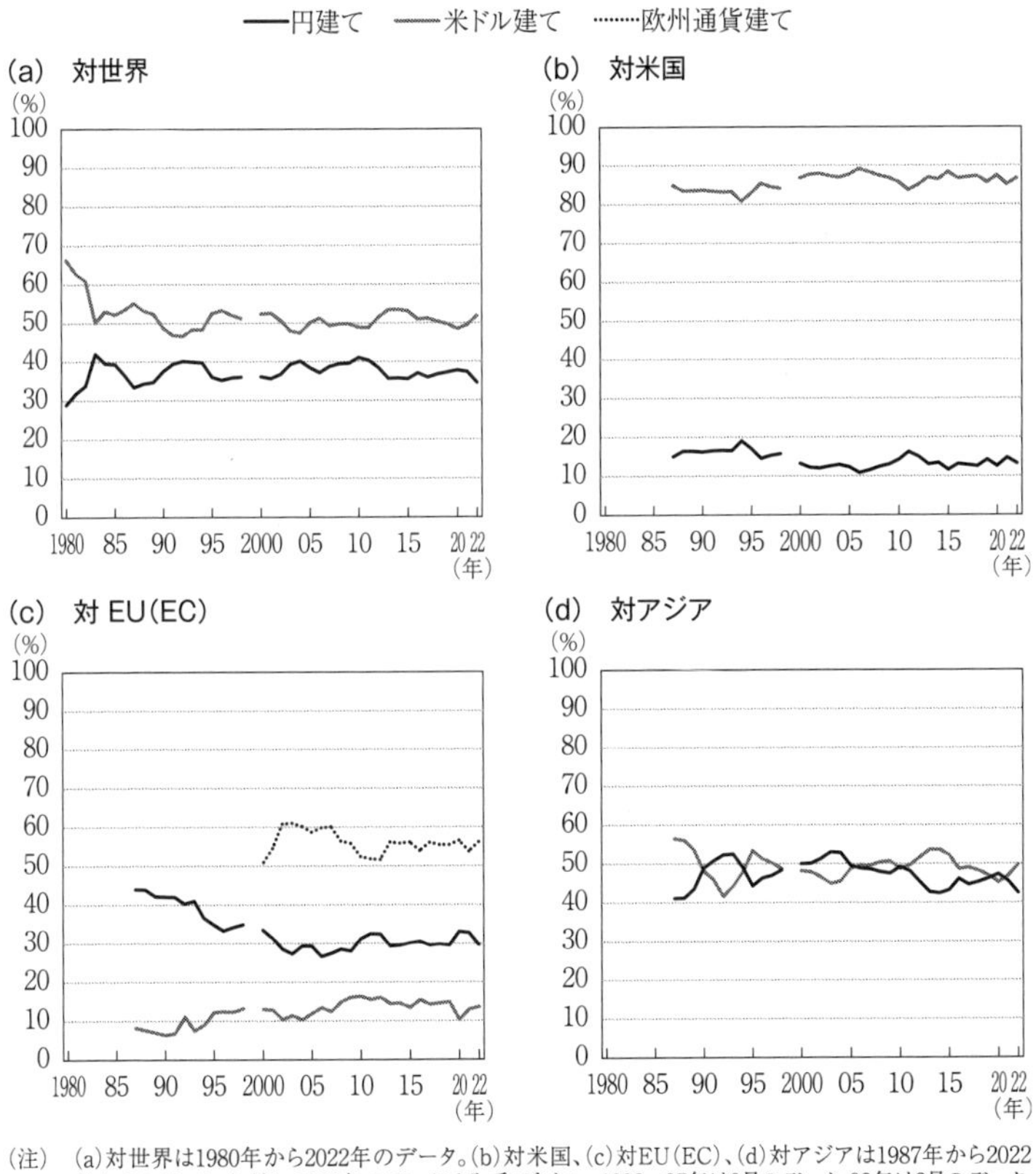

（注）　(a)対世界は1980年から2022年のデータ。(b)対米国、(c)対EU（EC）、(d)対アジアは1987年から2022年までのデータ。ただし、1999年のデータは入手できない。1992〜97年は9月のデータ、98年は3月のデータ、2000〜22年は下半期のデータ。

（出所）　日本銀行『輸出信用状統計』；通産省『輸出確認統計』；通産省『輸出報告書通貨建動向』；通産省『輸出決済通貨建動向調査』；財務省関税局ホームページ。

図3−2　日本の輸入における建値通貨選択

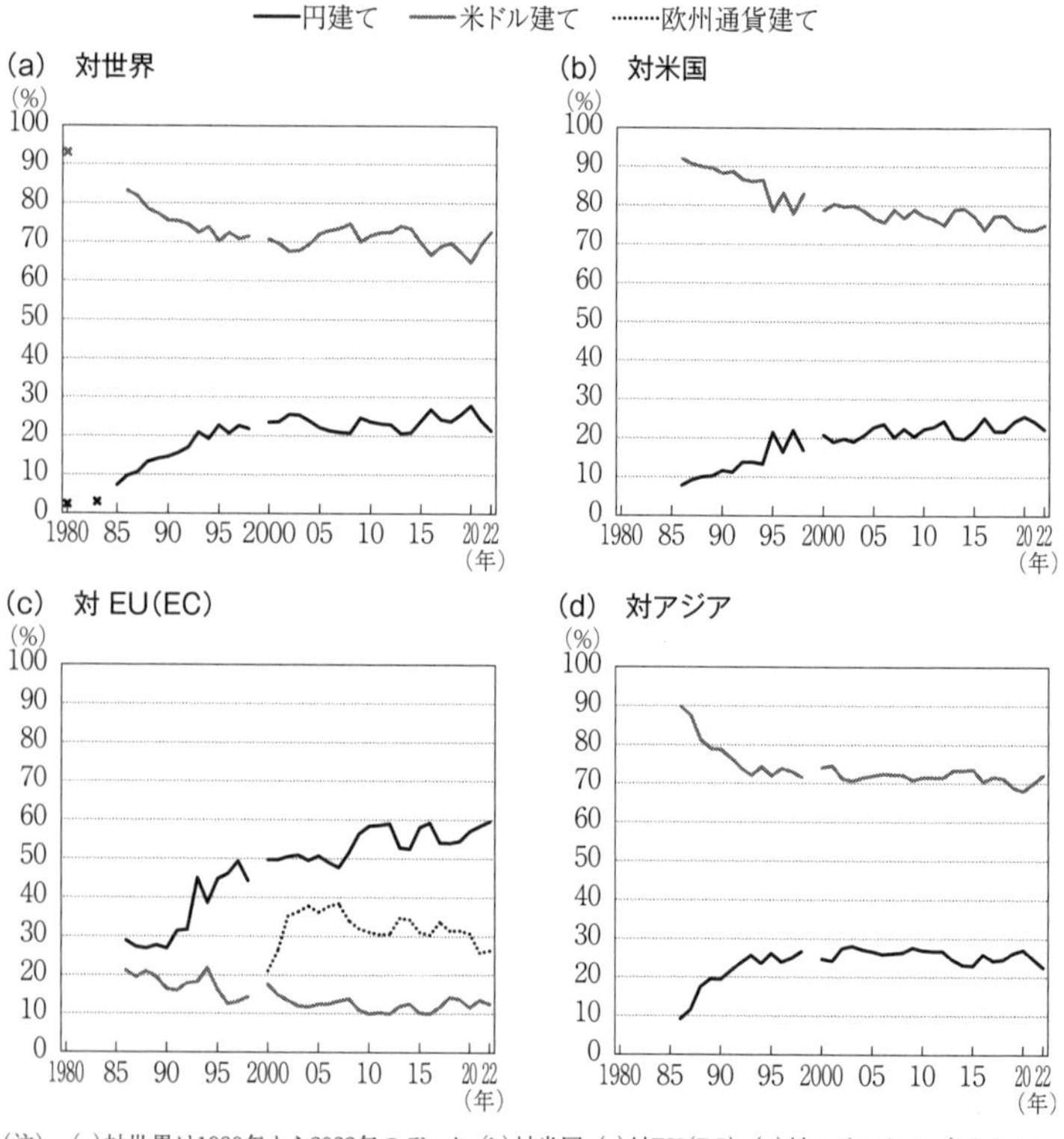

（注）　(a)対世界は1980年から2022年のデータ。(b)対米国、(c)対EU(EC)、(d)対アジアは1986年から2022年までのデータ。1999年のデータは入手できない。対世界輸入において、円建ては1981年、82年、84年、ドル建ては1981～85年のデータは入手できない。1986年は年度のデータ、1992～97年は9月のデータ、98年は3月のデータ、2000～22年は下半期のデータ。

（出所）　通産省『輸入承認届出報告書』；大蔵省『報告省令に基づく報告』；通産省『輸入報告統計』；通産省『輸入報告通貨建動向』；通産省『輸入決済通貨建動向調査』；財務省関税局ホームページ。

いのか。これは日本の貿易建値通貨選択の「パズル（謎）」と呼ばれている。[3]

(2) 貿易建値通貨選択の「定型化された事実」

１９８０年代から円の国際化に関する研究は盛んに行われるようになり、特に貿易建値通貨としての円の国際化の研究が数多く発表された。[4] これらの研究は貿易建値通貨選択に関する次の三つの一般的規則性、すなわち「定型化された事実」を踏まえて、その妥当性を検証してきたと整理することができる。

＜定型化された事実１＞ 先進国間で行われる工業製品の貿易は輸出国通貨建てで取引される傾向がある。

＜定型化された事実２＞ 先進国から途上国に工業製品が輸出される場合、輸出国（先進国）通貨建てで輸出される傾向がある。

＜定型化された事実３＞ 差別化された財の輸出は輸出国通貨建てで取引される傾向がある。原油などの一次産品のように同質的な財は基軸通貨建て（ドル建て）で取引される。

定型化された事実は１９７０年代から80年代の実証研究に基づいている。[5] しかし、以下で詳しく述べるように、上記の定型化された事実は一部を除いて、現代の国際貿易ではもはや妥当しなくなっている。その一例をあげよう。図3－1(c)は日本の対EU輸出の建値通貨選択を示している。定型化された事実1によれば、先進国間の貿易では輸出国通貨建てで取引が行われる。しかし、日本からEUへの輸出で最も使われているのは輸入国であるEUの通貨であり、日本の輸出全体の50％以上を占めている。

日本だけが特殊なのだろうか。実は必ずしもそうではない。図3－2(c)は日本のEUからの輸入における建値通貨選択を示している。輸出国はEU諸国であるにもかかわらず、定型化された事実1とは異なり、輸入国通貨である円建て取引の割合が最大である。2022年時点で円建て輸入比率は59・6％に達している。先進国間の貿易における建値通貨選択の定型化された事実は書き換えられなければならない。

貿易建値通貨選択の新しい規則性へと定型化された事実を書き換えるのであれば、それは輸出企業のPTM行動と深く関わることになる。先進国間の貿易では、輸出企業が輸入国通貨建てで輸出を行うことによって、為替レートの変動にかかわらず、輸入国市場での価格競争力を維持する傾向があると解釈できるからである。

その例外は米国である。図3－1(b)と図3－2(b)が示すように、米国との貿易では輸出と輸入のいずれであっても、ドル建てで取引される傾向が強く観察される。依然として世界の基軸通貨であるドルは、貿易取引において特別な地位にあるといえる。

もう一つ注目すべきは、日本のアジア向け輸出の円建て比率の低さである。図3－1(d)が示すように、1987年以降、円建て輸出とドル建て輸出がほぼ拮抗した状態にあり、2000年代半ばからは一部の年を除いてドル建て比率が円建て比率を上回っている。高成長を遂げたアジア諸国は途上国から中所得国もしくは先進国へと経済発展を遂げたが、定型化された事実2に従えば、日本からアジア諸国への輸出は円建て取引が大きくなると考えるのが自然である。この円建て輸出比率がドル建て輸出比率を下回るという事実は、日本の貿易建値通貨選択におけるもう一つの、そしてより興味深いパズルである。

(3)　貿易建値通貨選択の新しいデータベース

もはや定型化された事実の1と2が書き換えられるべきなのは明らかだろう。本章では、日本の事例に基づいて、貿易建値通貨選択の「新しい規則性」を提示したい。そのためにも、日本の輸出および輸入における建値通貨選択の詳細な情報が必要であるが、日本では建値通貨の詳細なデータがほとんど公表されてこなかった。

日本で利用可能なデータは、財務省関税局が公表する相手国・地域別の貿易建値通貨のデータと、日本銀行が公表する産業別の建値通貨選択のデータのみであった。ただし、前者は半期ごとに公表されるデータであり、図3－1と図3－2が示すように、対世界、対米国、対EU、対アジアの四つの情報が公表されているのみである。(6) 産業別・品目別のデータは公表されていない。後者の日本銀行のデータでは表2－3に示した産業別の建値通貨比率が公表されている。ただし、公表されているのは毎年12月のデータのみであり、輸出もしくは輸入相手国別の建値通貨比率は公表されていない。

このようなデータの制約があるなかで、貿易建値通貨選択について詳細に実証分析を行うことは非常に難しい。実際に、貿易建値通貨選択に関する実証研究は、1990年代半ばから2000年代にかけてほとんど行われてこなかった。このデータの制約を乗り越え、貿易建値通貨選択の新しい研究手法を提示したのが、筆者自身がプロジェクトメンバーの一人として取り組む「日本企業の貿易建値通貨選択に関する調査」であり、その調査の詳細は本章末に付したBOX3－2で説明している。

このプロジェクトは、独立行政法人経済産業研究所（RIETI）の支援によって実施してきた。2007年からスタートしたこの企業調査は、日本企業の貿易建値通貨選択と為替リスク管理に関する情報収集を目的として実施し、2023年現在も継続して調査を行っている。具体的には、①日本の主要企業を訪問して行ったインタビュー調査、②日本の製造業上場企業（本社企業）向けに実施したアンケート調査、そして③日系海外現地法人向けに実施したアンケート調査、の三つを通じて情報を蓄積し、日本企業の貿易建値通貨選択に関する独自のデータベースを構築してきた。本章以降で、この企業レベルの調査結果に基づく考察を行う。

もう一つの新しい研究プロジェクトの成果として、日本の税関レベルの輸出入申告統計（個票データ）に基づく実証研究の成果も、本書で活用する。近年、海外の実証研究では、非公表の税関データにアクセスし、個票データに基づく建値通貨選択や為替レートのパススルーに関する実証研究が盛んに行われるようになった[7]。しかし、日本では税関データの活用は長く認められておらず、実証研究が進まない理由の一つとなっていた。

この税関データに関する新たな試みとして、２０２１年に財務省が「輸出入申告書を活用した共同研究」の公募を開始した。その第1回目の公募で採択され、22年3月からスタートした研究プロジェクトに筆者もメンバーとして加わっている。本章において、同プロジェクトが発表した研究成果を引用しながら、税関レベルの輸出入申告統計に基づいた建値通貨選択の情報を提示する。

(4) 貿易建値通貨選択のパズルの解明へ

本章では、上記二つの研究プロジェクトの成果に依拠しながら、なぜ日本の貿易において円建て取引が進まないのかを考察し、その理由を明らかにする。日本の貿易における建値通貨選択は、定型化された事実の1と2とは反するものであることを先に指摘したが、大幅な為替レートの変動に絶えず晒されてきた日本企業は、為替変動による損失を被ることを避けたいと考えるのが自然だろう。特に機械製品を輸出する日本企業は円建てでの取引を選好するはずだ。定型化された事実3に従えば、高品質で付加価値が高い日本の機械製品の輸出は円建てで取引されると考えるのが自然であろう。それにもかかわらず、なぜ日本の輸出企業は円建て取引ではなく、ドル建てや相手国通貨建てでの輸出を選ぶのか。

このパズルを解き明かすヒントを得たのは、2007年から開始した日本企業へのインタビュー調査を通じてであった。日本を代表する製造業企業に対して、「なぜ円建てで輸出を行わないのか」と質問したところ、「自社の輸出のほとんどは現地法人向けである。自社の現地法人に対して為替変動のリスクを押し付けることはしない」と、多くの企業が答えた。

大企業は自社の生産販売ネットワークを世界中に構築しており、本社から輸出する場合も、輸入相手となるのは自社の現地法人（販売拠点か生産拠点）となるのが一般的であることを、当時の筆者はまったく理解していなかった。現実に日本企業が行う貿易を理解していなかったことを反省し、それ以降、現在まで企業へのインタビュー調査を継続して行っている。以下では、企業の方々へのインタビューを通じて得た情報や知見に基づき、貿易建値通貨選択のパズルを解くことにする。(8)

2　貿易建値通貨選択と企業内貿易

(1)　貿易建値通貨はどのように決定されるのか

貿易建値通貨の選択は、輸出企業と輸入企業のどちらが為替変動のリスクを負担するかを決定づける。日本の輸出企業を例として考えると、同企業は生産コストを上回る価格で輸出をする必要がある。日本国内で生産するため、生産コストは円ベースで計算される。生産コストを上回る価格設定を行い、輸出してから販売代金を回収するまでに時間を要する。
建値通貨として輸入国通貨（たとえばドル）が選択される場合、輸出企業は輸出代金の回収が完了する時点の為替レートを予想して、価格設定を行う。ただし、為替レートが輸出企業の予想通りに動くとは限らない。むしろ、企業の予想から外れることのほうが多く、そのつど、輸出企業は予想しなかった為替差損や為替差益を被る。このような為替レートの変動に伴うリスクを完全に打ち消すことはできない[9]。

もし自国通貨（円）建てで輸出をすることができれば、輸出企業は予想できない為替レートの変動の影響から解放される。自国通貨で建値をつける契約を行っているため、輸入業者から支払われるのは当初から計画していた円ベースの輸出代金である。

明らかに自国通貨（円）建てで輸出をすることが輸出企業にとって有利なはずである。１９８０年代から90年代の円の国際化政策は、円建てでの貿易取引を促進し、日本企業が為替変動リスクを回避できるような環境をつくることを目的としていた。

これまでの研究では、輸出企業と輸入企業が資本関係のない（それぞれ独立した企業である）ことを前提して、貿易建値通貨選択の問題を分析してきた。国際金融の教科書の多くも、この前提で貿易建値通貨選択の解説を行っている。先行研究では、利潤最大化行動をとる輸出企業が、自国通貨建てで輸出した場合と相手国通貨建てで輸出をした場合のそれぞれの期待利潤を比較し、どのような条件下で自国通貨建て輸出が選好されるのかについて理論的な考察を行っている[10]。その結果、輸出する財の製品差別化の度合いが高いほど、自国通貨建てで輸出を選択する傾向が強いことが明らかにされている。これは定型化された事実3を理論的に支持することを意味している。

日本から輸出する機械製品の多くは、高性能で付加価値の高い財が中心だと言ってよいだろう。たとえば、近年は電気自動車（Electric Vehicle：EV）が注目を集めているが、ガソリン車における日本車の性能や評価は高い。差別化された財に分類することも可能であろう。しかし、表2－3が示すように、日本の輸送用機器輸出（その大半が自動車輸出）は外貨建てで行われる傾向が強い。2022年12月時点で、日本の輸送用機器輸出の71・1％が外貨建てで取引されている。これは明らかに定型化された事実3に反している。

ただし、表2－3によれば、一般機械（はん用・生産用・業務用機器）の円建て比率は2022年12月時点で60・2％と高い。電気・電子機器は輸送用機器よりも円建て比率が高いが、それでも2022年12月時点の円建て比率は37・9％にとどまっている。このように、日本の機械製品輸出の中でも品目によって建値通貨選択行動が大きく異なることが示唆される。

また、輸入においては石油・石炭・天然ガスのドル建て比率は2022年12月時点で97・3％であり、木材・木製品・林産物の99・1％（77・1％）、金属・同製品の85・4％（80・9％）は外貨建て（ドル建て）で輸入されている。(11) 定型化された事実3の後半部分が示す通り、石油等に代表される一次産品のように同質的な財は基軸通貨であるドル建てで取引される傾向があると言ってよいだろう。

定型化された事実3の後半部分「原油などの一次産品のように同質的な財は基軸通貨建て（ドル建て）で取引される」は、日本のデータによって支持されており、現実の建値通貨選択を的確に説明していると考えてよいだろう。ただし、前半部分の「差別化された財の輸出は輸出国通貨建てで取引される傾向がある」については、産業や品目によってちがいがあることが日本のデータによって確認された。本章の残りの部分と次章以降で、この点についてさらに詳しく検討していく。

(2) 企業内貿易における建値通貨選択

日本の機械製品の中でも輸送用機器や電気・電子機器の輸出において、円建てではなく外貨建てで取引が行われるのはなぜだろうか。その答えの一つと考えられるのは、本章第1節の最後で述べたように、日本の代表的な輸出企業が自社の現地法人向けに輸出を行っているからである。

すでに指摘したように、従来、輸出企業と輸入企業が独立した資本関係にあること、すなわち企業間貿易を仮定して、貿易建値通貨選択の研究が行われていた。図3－3－Aは典型的な企業間貿易の例として、日本から先進国（この例ではフランス）に向けて輸出を行うケースを示している。建値通貨として選ばれる可能性があるのは、輸出国通貨（円）、輸入国通貨（ユーロ）、そして第三国通貨（ドル）の三つである。いずれの通貨も為替管理の対象ではなく、国際的に使用される通貨である。

図3－3－Aの例では、輸出企業と輸入企業の両者とも、為替リスクを取引相手に負わせたいと

図3−3　貿易建値通貨選択：企業間貿易と企業内貿易

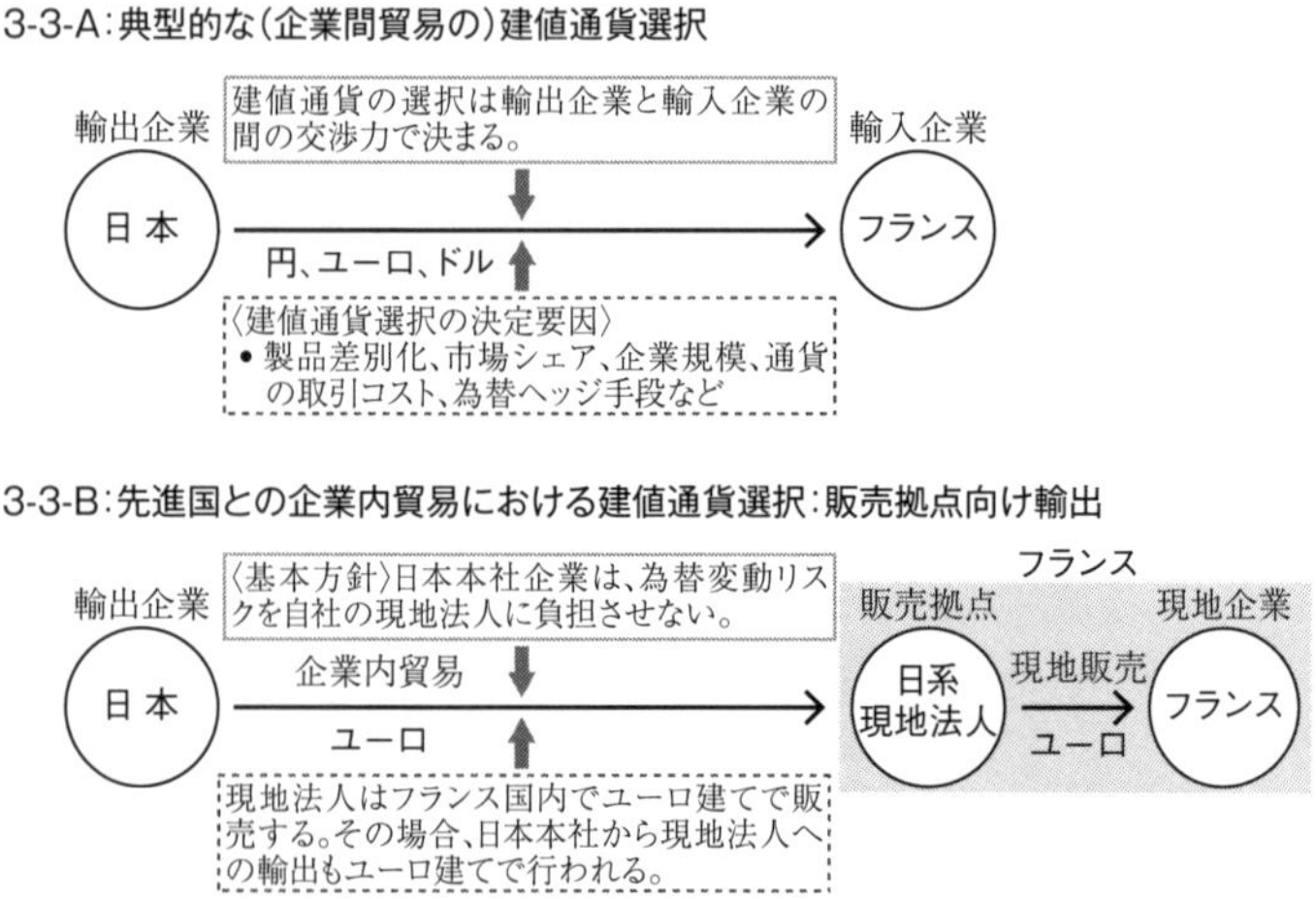

（出所）　筆者作成。

いうインセンティブが働く。実際にどちらが為替リスクを負うかは、両者間の力関係（交渉力）による。

交渉力の背後にあるのは、輸出される財の特性である。定型化された事実3では、輸出財の差別化の程度が重視されていた。それ以外にも、当該財が輸出先でどの程度の市場シェアを占めているか[12]、あるいは輸出企業の規模（当該財の輸出額の大きさも含む）そのものが[13]、交渉力を左右する要因と考えられている。

また、建値通貨として選択される通貨そのものの便宜性、すなわち当該通貨の取引コストがどの程度低いか、当該通貨の価値（為替レート）が安定しているか、あるいは当該通貨を選択することで為替ヘッジがどの程度容易にできるか[14]、等の要因が重視されている。

これに対して、日本の本社から海外の現地法人に輸出する場合、つまり「企業内貿易」では本社企業が現地法人に為替リスクを押しつけることはしない。本社企業は連結決算ベースで自社の収益を考え、海外現地法人も含めたグループ全体の収益を最大化する行動をとる。[15]

図３－３－Ｂは企業内貿易の例として、日本の本社から先進国（フランス）に所在する現地法人に向けて輸出を行うケースを示しており、現地法人は販売拠点として活動していることを想定している。この場合、販売拠点現地法人がフランス国内でどの通貨建てで販売しているかが、日本からフランスの現地法人への輸出における通貨選択を左右する。

図３－３－Ｂに示しているように、フランス国内の販売拠点現地法人が現地市場向けに（あるいは現地で他の企業に）ユーロ建てで販売するのであれば、日本本社からフランスの現地法人向けの輸出もユーロ建てで取引される傾向がある。販売拠点にとって、同じ通貨で調達と販売の両方を行うことで、為替リスクを回避できるからである。日本の本社企業が為替リスクを負うことで、現地法人に為替リスクを負わせないようにする。このように先進国で活動する販売拠点現地法人向けに輸出を行う場合は、現地での販売に使用される通貨（通常は輸入国通貨）建てで取引が行われる。

表３－１は日本の本社企業（製造業上場企業）へのアンケート調査から得られた情報であり、日本の本社から海外への輸出における建値通貨を経路別に示している。[16]「A．先進国（米国を除く）向け輸出」と「B．アジア諸国向け輸出」の二つの結果を提示しており、経路(1)と(2)が企業内貿易に

表3－1　日本本社企業の輸出における建値通貨選択：取引経路別

A. 先進国向け輸出（米国向け輸出を除く）の建値通貨比率

（単位：%）

	(1)生産現地法人向け	(2)販売現地法人向け	(3)現地代理店向け	(4)商社経由取引	(5)その他向け
円建て	25.7	18.5	55.4	55.6	42.3
相手国通貨建て	57.5	54.4	23.8	20.7	17.2
ドル建て	16.8	19.5	20.4	20.7	38.7
その他通貨建て	0.0	7.6	0.4	3.0	1.8

B. アジア諸国向け輸出の建値通貨比率

（単位：%）

	(1)生産現地法人向け	(2)販売現地法人向け	(3)現地代理店向け	(4)商社経由取引	(5)その他向け
円建て	49.4	36.7	69.3	68.6	59.6
相手国通貨建て	10.3	10.7	1.0	1.3	1.0
ドル建て	40.2	51.8	28.6	28.7	38.4
その他通貨建て	0.0	0.8	1.1	1.5	1.0

（注）　日本の本社企業向けアンケート調査結果に基づいて建値通貨比率を計算。同アンケート調査では、回答企業に対して「輸出先別」かつ「取引経路別 (1)～(5)」において最も使用頻度の高い建値通貨（Main Invoice Currency）を質問している。第1回調査（2009年9月実施）、第2回調査（2013年9月実施）、第3回調査（2017年11月実施）の3回分の調査結果（件数）を合計して単純平均し、建値通貨比率を計算している。

「先進国」はカナダ、ユーロ加盟国、英国、オーストラリア、ニュージーランドを含む。

「アジア諸国」は中国、韓国、台湾、香港、シンガポール、タイ、マレーシア、インドネシア、フィリピン、ベトナム、インドを含む。

（出所）　清水・伊藤・鯉渕・佐藤（2021）第2章、図2−7を基にして表を作成。

該当する。図３－３－Ｂは販売拠点現地法人への輸出を例としているが、これは経路⑵に該当する。

なお、この表３－１は２００９年度から17年度にかけて行ったアンケート調査結果に基づいており、２０１７年度調査（２０１６年度実績）までの日本企業の建値通貨選択行動を示していることに注意されたい。それ以降の、２０２０年前後までのデータに基づく考察は本章第３節で行う。

表３－１のＡが示すように、先進国所在の販売拠点現地法人に対する輸出では、その半分以上（54・４％）が相手国（輸入国）通貨建てで取引されている。円建て輸出比率は18・５％、第三国通貨であるドル建て比率は19・５％にすぎない。生産拠点向け輸出もほぼ同様の傾向であり、先進国との企業内貿易では、相手国通貨建て輸出を選択する傾向が顕著に観察される。

表３－１のＡの「⑶現地代理店向け」輸出は、図３－３－Ａの典型的な企業間貿易に該当する。資本関係のない現地代理店に対する輸出では円建て取引を選択する傾向が強く、円建て輸出比率は55・４％に達している。

なお、「⑷商社経由取引」はやや特殊である。これは日本の本社が総合商社を通じて輸出を行うケースであり、基本的に本社企業と総合商社との間で売買契約が交わされるため、本社企業にとっては日本国内企業との取引とみなすことができる。ここでは円建て取引を選択する本社企業が多くなると予想され、実際に表３－１のＡによると、55・６％が円建てで取引すると回答している。

(3) アジア所在現地法人との企業内貿易における建値通貨選択

これまで、日本と先進国との企業内貿易を考察してきた。ここからは日本とアジア諸国との間の企業内貿易について考察してみよう。ここではアジア諸国を新興国の代表例として考える。

販売拠点現地法人との企業内貿易

図3－4－Aを見てみよう。これは日本本社から中国所在の販売拠点現地法人向けに輸出を行うケースを示している。日本からフランスの現地法人に輸出した図3－3－Bと同様に、現地法人は中国国内の企業に人民元建てで販売しているが、図3－3－Bと大きく異なるのは、日本から中国の現地法人向け輸出が円建てもしくはドル建てで行われる点である。

輸入国が厳格な資本管理を導入している場合など、輸入国通貨の使用に制約がある場合、貿易建値通貨として当該通貨を使用することは難しい。企業へのインタビュー調査でも、「中国政府が突然規制を導入するなど、予想しない政策の変更がたびたび起こるため、人民元を使用することはできない」と回答する企業が多数あった。[17] 当該国の政策の安定性は、その国の通貨が国際的に使用されるための前提条件であり、その条件が満たされない場合は、同通貨を貿易建値通貨として選択することは難しい。

表3－1のBを見てみよう。アジア諸国向け輸出では、資本関係のない現地代理店向け輸出の円

図3−4　貿易建値通貨選択：アジア諸国との企業内貿易

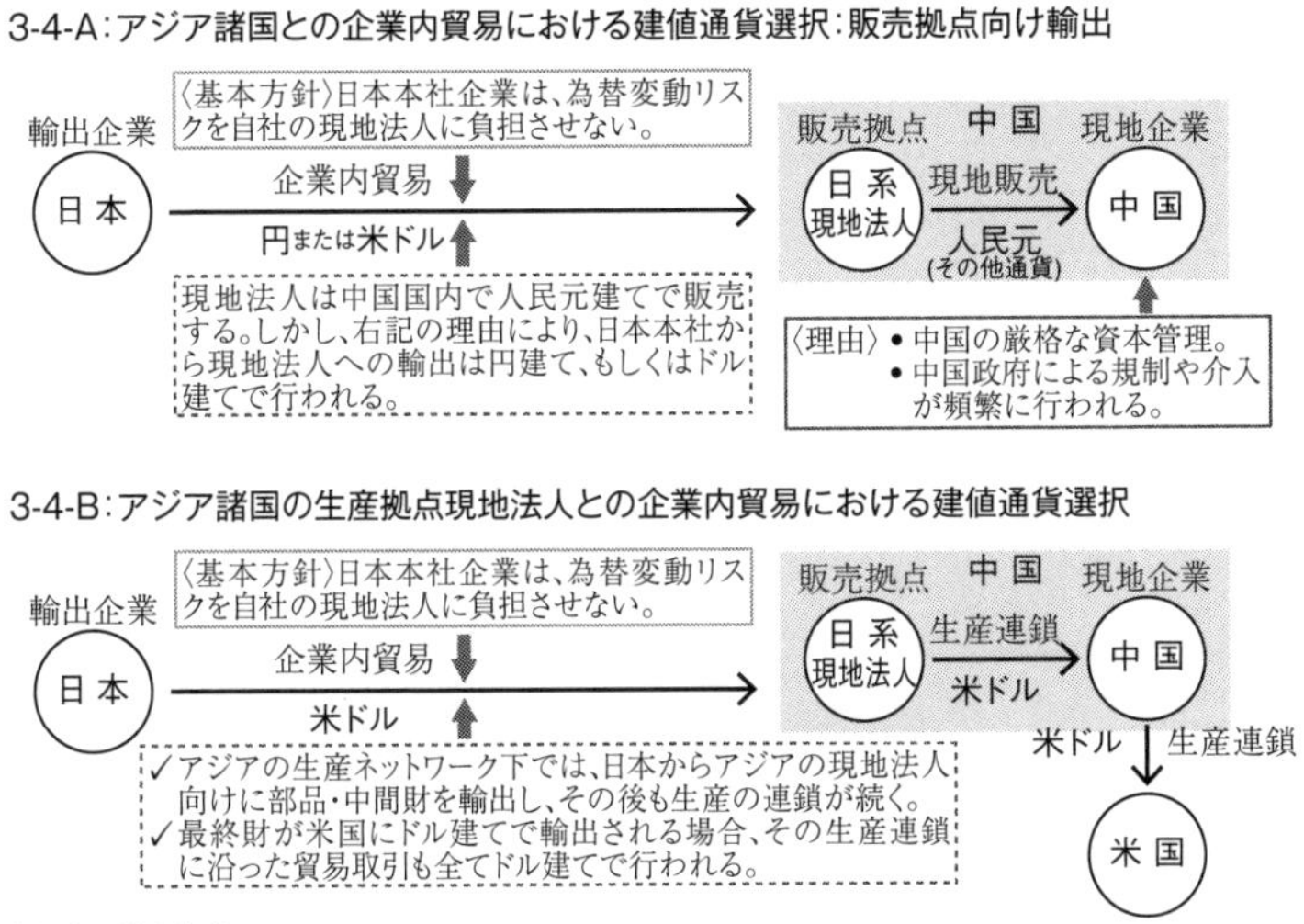

（出所）　筆者作成。

建て比率が69・3％に達している。相手国（輸入国）通貨建て比率はわずか1・0％であり、ほとんど使用されていない。先進国向けの典型的な企業間貿易と同様に、アジア諸国向けの企業間貿易でも日本の輸出企業は円建て取引を選好していることが確認できる。

これに対して、販売拠点現地法人向けの輸出では、相手国（輸入国）通貨建て比率が10％台へと少し上昇するものの、かなり低い水準にとどまっている。すでに述べた通り、輸入国通貨である人民元の国際的な使用に対する制約が大きいからである。販売拠点向けの輸出で最も多く使われているのはドル建て取引であり、51・8％を占めている。つまり、中国などのアジア諸国との企業内貿易では、日本から販売拠点現地法人向けの輸出において現地通貨（人民元）よりもドルが使用される傾向が強いのである。

表3－1のBによると、販売拠点現地法人向けの輸出では円建て輸出比率も36・7％と比較的高いが、ドル建て比率には及ばない。その理由として考えられるのは、現地法人にとっての為替リスク管理の容易性である。第5章で詳しく取り上げるが、アジア所在の現地法人の約3分の2は自ら為替リスクのヘッジを行っている。販売拠点現地法人にとって、円とドルのどちらの建値通貨で取引するほうが為替ヘッジが容易であるかを勘案してドル建て取引が選ばれていると考えられる。円と比べてドルの取引コストが低いこともドル建て取引が選ばれる理由の一つであろう。

生産拠点現地法人との企業内貿易

図3－4－Bは、日本の本社が中国所在の生産拠点現地法人に部品・中間財等を輸出するケースを例示したものである。この図では、日本から部品・中間財を輸出し、中国国内で組立加工されて、最終財が中国から米国に輸出される「三角貿易」を想定している。中国から米国へと最終財が輸出される場合、通常はドル建てで輸出される。この場合、三角貿易に沿った生産連鎖の中の取引もすべてドル建てで行うことで、中国所在の生産拠点現地法人は為替リスクを避けることができる。

この考え方のポイントは、三角貿易に沿った生産連鎖の最終輸出先が米国であれば、日本から中国や他のアジア諸国の生産拠点現地法人向け輸出までドル建てで取引される点にある。Ito *et al.*（2018）や清水・伊藤・鯉渕・佐藤（2021）は、日本からアジア諸国への輸出のドル建て比率の高さを説明する主な理由として、この三角貿易に沿った生産連鎖の中のドル建て取引を重視している。

本書の第4章以降で詳しく述べるが、最終輸出先が米国である場合、そこに至る生産連鎖に沿った取引もドル建てで統一される傾向がある。しかし、表3－1のBは、アジアの生産拠点現地法人向けに本社企業が輸出する場合、円建て取引が49・4％を占めており、ドル建て取引（40・2％）よりも高い比率であることを示している。自社の現地法人に輸出するという点では、生産拠点向けも販売拠点向けも同じ企業内貿易であるが、生産拠点向けの輸出のほうが円建て比率が高くなるという特徴がみられる(18)。

3　アジアは「ドル圏」なのか

前節では貿易建値通貨選択の理論研究と企業インタビュー調査を通じて得た情報を基にして、日本企業の建値通貨選択を企業内貿易の観点から考察してきた。特に表3－1を用いて、企業内貿易と企業間貿易における建値通貨選択のちがいについて詳しい検討を行ったが、それは2017年度までに実施した過去3回の本社企業向けアンケート調査の結果から得られた情報に基づいたものであり、最新の調査から得られた情報はまだ活用していなかった。

本節では、日本の貿易建値通貨選択に関する最新の情報を用いて、日本の対アジア貿易における建値通貨選択の実態を明らかにしたい。

一般に、アジアは依然として「ドル圏」であり、日本とアジアとの貿易もドル建て取引のほうが多く用いられていると考えられている。本節では、日本の対アジア輸出においてドル建て比率がむしろ低下し、円は意外なほど使われていることを示す。また、日本の対アジア貿易で、アジア現地通貨が徐々に使用され始めていることを明らかにする。

(1) 日本の対アジア輸出の建値通貨選択：輸出入申告統計に基づくデータ

表3－2は、日本のアジア各国（10カ国＋香港）向けの輸出における貿易建値通貨比率を示している。２０１４年と２０２０年の建値通貨比率をそれぞれ計算し、さらに金額ベースと件数ベースの二種類の建値通貨比率を求めている。清水・伊藤・佐藤・吉見・安藤・吉元（２０２２）の表４に基づいて作成したこのデータは、世界で初めて日本の税関レベルの輸出入申告統計（個票データ）を基にして作成した、日本の各国向け輸出の建値通貨比率の情報であり、世界的にもほとんど例のない貴重な情報である[19]。

まず、中国向け輸出における建値通貨比率を金額ベースで見てみよう。２０１４年から20年にかけて円建て比率は39・４％から41・８％へと２・４ポイント上昇している。他方でドル建て比率は同じ時期に56・８％から47・５％へと９・３ポイント低下しており、ドル建て比率の低下が顕著に観察される。

中国向け輸出ではドル建て輸出比率の低下幅が円建て輸出比率の上昇幅より明らかに大きい。このドル建て輸出比率の低下分を埋め合わせているのはどの通貨だろうか。その答えは相手国通貨（人民元）建て輸出比率の増加である。２０１４年から20年にかけて６・８ポイント上昇し、２０２０年時点の人民元建て輸出比率は10・４％に達している。07年に企業インタビュー調査を開始した当時は、調査対象企業のほとんどが「人民元建て取引を行っていない」と回答していた。その当時の状況と比べると、20年時点で人民元建て輸出比率が10％を超える水準まで上昇したことは注目に値する。

次に、香港と他のアジア９カ国向け輸出における金額ベースの建値通貨比率を見ていこう。ドル建て輸出比率は、台湾、ベトナム、インド向け輸出を除く、他のすべての国向けの輸出で２０１４年から20年にかけて低下している。香港向け輸出で９・０ポイント、韓国向けとシンガポール向けで６・３ポイントの低下である。

他方で、円建て輸出比率は、台湾、タイ、ベトナム、インド向けの輸出で低下しているが、全体として円建て輸出比率は上昇傾向にあるといえるだろう。香港向け輸出ではドル建て比率の９・０ポイントの低下分を、円建て比率の９・０ポイントの上昇で完全に埋め合わせている。また、２０１４年時点で円建て比率がドル建て比率を上回っていたのは、韓国向けと台湾向けの輸出のみであったが、２０２０年時点では香港とマレーシア向けの輸出においても円建て比率がドル建て比率を上回るようになった。

表3－2　日本のアジア各国向け輸出における建値通貨選択：2014年と2020年

（単位：%）

		金額ベースの建値通貨比率				件数ベースの建値通貨比率			
		円建て	ドル建て	相手国通貨建て	その他通貨建て	円建て	ドル建て	相手国通貨建て	その他通貨建て
中国	2014	39.4	56.8	3.6	0.3	48.7	46.0	4.8	0.5
	2020	41.8	47.5	10.4	0.3	49.4	36.1	14.1	0.4
	14→20	(+2.4)	(▲9.3)	(+6.8)	(+0.1)	(+0.7)	(▲9.9)	(+9.3)	(▲0.0)
香港	2014	42.5	55.2	1.9	0.4	55.0	42.9	1.6	0.5
	2020	51.5	46.2	1.8	0.6	61.9	35.4	1.5	1.1
	14→20	(+9.0)	(▲9.0)	(▲0.2)	(+0.2)	(+7.0)	(▲7.5)	(▲0.1)	(+0.6)
韓国	2014	56.0	40.6	2.9	0.4	68.9	27.5	3.3	0.3
	2020	59.4	34.3	6.0	0.3	69.1	23.7	6.8	0.5
	14→20	(+3.4)	(▲6.3)	(+3.1)	(▲0.2)	(+0.2)	(▲3.8)	(+3.4)	(+0.2)
台湾	2014	57.8	40.4	1.7	0.2	64.8	31.6	3.4	0.2
	2020	52.1	44.3	3.3	0.3	64.6	29.7	5.3	0.4
	14→20	(▲5.7)	(+4.0)	(+1.6)	(+0.2)	(▲0.2)	(▲1.9)	(+1.9)	(+0.2)
タイ	2014	43.7	45.0	10.9	0.3	54.2	33.0	12.4	0.3
	2020	41.6	42.5	15.5	0.5	52.7	29.7	17.1	0.5
	14→20	(▲2.1)	(▲2.6)	(+4.5)	(+0.2)	(▲1.6)	(▲3.3)	(+4.6)	(+0.3)

マレーシア	2014	46.5	51.5	1.7	0.3	62.0	34.8	2.7	0.5
	2020	50.4	47.4	1.9	0.4	62.3	33.2	3.9	0.6
	14→20	(+3.9)	(▲4.1)	(+0.1)	(+0.0)	(+0.4)	(▲1.6)	(+1.2)	(+0.1)
インドネシア	2014	38.0	57.7	4.2	0.1	48.2	48.3	3.3	0.2
	2020	39.0	54.2	6.6	0.2	48.8	43.0	7.9	0.3
	14→20	(+1.0)	(▲3.5)	(+2.4)	(+0.1)	(+0.5)	(▲5.3)	(+4.6)	(+0.1)
シンガポール	2014	31.0	65.5	3.2	0.4	53.9	41.3	4.3	0.5
	2020	36.7	59.2	3.4	0.7	55.7	38.2	5.6	0.5
	14→20	(+5.7)	(▲6.3)	(+0.3)	(+0.3)	(+1.8)	(▲3.1)	(+1.3)	(+0.0)
フィリピン	2014	42.9	56.6	0.4	0.1	55.5	43.6	0.8	0.1
	2020	44.0	55.3	0.6	0.1	58.7	40.2	0.9	0.2
	14→20	(+1.1)	(▲1.3)	(+0.1)	(+0.0)	(+3.2)	(▲3.4)	(+0.1)	(+0.1)
ベトナム	2014	38.3	61.2	0.0	0.4	53.7	45.9	0.1	0.3
	2020	34.2	65.4	0.1	0.2	54.3	45.0	0.3	0.3
	14→20	(▲4.1)	(+4.2)	(+0.1)	(▲0.2)	(+0.6)	(▲0.9)	(+0.2)	(+0.0)
インド	2014	44.1	50.0	4.3	1.6	56.9	35.0	7.5	0.6
	2020	38.7	50.6	9.6	1.1	55.5	31.6	12.4	0.5
	14→20	(▲5.4)	(+0.6)	(+5.3)	(▲0.5)	(▲1.4)	(▲3.5)	(+4.9)	(▲0.1)

（注）　税関の輸出入申告統計の個票データに基づき、2014年と2020年の金額ベースと件数ベースの2種類の比率を計算（単位：%）した。「14→20」の行に示されたカッコ内は2014年の比率から2020年の比率への変化を％ポイントで表示している。▲はマイナスを指す。
（出所）　清水・伊藤・佐藤・吉見・安藤・吉元（2022）表4の数値を基に作成。

もう一つ注目すべきは、相手国通貨（アジア現地通貨）建て輸出比率の上昇である。２０１４年から20年にかけて、香港向け輸出を除くすべての国への輸出において、アジア現地通貨建て比率が上昇している。すでに指摘したように、中国向け輸出の人民元建て比率の伸びが６・８ポイントと最大であるが、タイ向け輸出においても４・５ポイント上昇し、２０２０年時点のバーツ建て輸出比率は15・５％に達している。まだ低水準にとどまっているが、日本のアジア諸国に対する輸出では、アジア現地通貨建て取引が徐々に増えており、特にタイ向けと中国向けの輸出において現地通貨建て取引が大きく伸びていることが確認できた。

(2) 輸出金額と建値通貨選択

表３－２には、清水・伊藤・佐藤・吉見・安藤・吉元（２０２２）が発見した重要な情報が含まれている。その情報とは「金額ベース」の建値通貨比率と「件数ベース」の建値通貨比率の差である。この差が日本企業の建値通貨選択について何を意味するのか、以下で考察してみよう。

第一に注目すべきは、件数ベースの円建て比率が金額ベースの円建て比率よりも10ポイント程度高いという点である。２０２０年時点で、シンガポール向け輸出やベトナム向け輸出では、件数ベースの円建て比率が20ポイント近く高くなっている。その裏側で、すべてのアジア諸国向け輸出において、件数ベースのドル建て比率が金額ベースのドル建て比率よりも明らかに低い水準となっている。

金額ベースと件数ベースの間でみられる建値通貨比率のちがいは何を意味するのだろうか。このちがいは、比較的少額の輸出が円建てで取引される傾向があること、また比較的高額の輸出ではドル建て取引が選ばれていることを示唆している。件数ベースで見る限り、日本のアジア向け輸出は2020年時点でおおむね５割以上が円建てで取引されている。香港、韓国、台湾、マレーシア向けの輸出では円建て比率が６割を超えており、特に韓国向け輸出では69・１％が円建てでの取引である。日本からアジアへの輸出において、円建てで取引される件数は多いのである。

相手国通貨建て輸出比率でも件数ベースの建値通貨比率のほうが金額ベースの建値通貨比率をやや上回っている国が多いが、その差はそれほど大きくない。タイ、中国、インド向け輸出では、2020年の件数ベースの比率がそれぞれ17・１％、14・１％、12・４％に達しているが、同年の金額ベースの比率を３ポイント前後上回っている程度である。

(3)　企業規模と建値通貨選択

アジア諸国向け輸出において、少額取引の場合に円建て比率が高く、高額な取引ほどドル建て比率が高くなるのはなぜだろうか。その主な理由として考えられるのは、企業規模と建値通貨選択の間の関係である。企業規模が大きいほど、それだけ輸出額も大きくなると考えられる。

また、企業規模が大きいほど、海外に現地法人を展開し、活発な企業内貿易を行っていると考えられる。本章第２節の図３－３や図３－４を用いて説明したように、企業内貿易が先進国向け輸出

表3－3　日本本社企業の輸出における建値通貨選択：企業規模別

（単位：%）

	世界向け輸出				中国向け輸出				
企業規模：	円	米ドル	ユーロ	その他	円	米ドル	ユーロ	現地通貨	その他
上位 3分の1	29.8	53.3	7.7	9.4	25.7	45.0	0.0	28.9	0.4
中位 3分の1	41.3	50.5	3.3	4.9	46.2	46.4	0.0	7.5	0.0
下位 3分の1	51.5	42.3	3.8	4.6	67.7	20.8	0.0	11.5	0.0
	米国向け輸出				韓国向け輸出				
企業規模：	円	米ドル	ユーロ	その他	円	米ドル	ユーロ	現地通貨	その他
上位 3分の1	10.9	88.4	0.8	0.0	52.1	34.5	2.7	10.7	0.0
中位 3分の1	21.9	78.1	0.0	0.0	72.9	27.1	0.0	0.0	0.0
下位 3分の1	25.0	73.0	0.0	2.0	67.8	20.5	0.0	11.8	0.0
	ユーロ圏向け輸出				タイ向け輸出				
企業規模：	円	米ドル	ユーロ	その他	円	米ドル	ユーロ	現地通貨	その他
上位 3分の1	24.2	20.1	51.1	0.0	27.3	50.9	0.0	21.7	0.1
中位 3分の1	47.8	0.4	51.9	0.0	44.0	39.8	0.0	16.1	0.0
下位 3分の1	36.9	25.0	38.1	0.0	71.7	22.2	0.0	6.1	0.0

（注）　経済産業研究所「2021年度日本企業の貿易建値通貨選択に関するアンケート調査」に基づき作成したデータ。同アンケート調査では、2020年度中の日本企業の建値通貨選択に関する情報を収集している。企業規模は、回答企業の海外売上高データを用いて測っており、上位3分の1、中位3分の1、下位3分の1の三つに分類している。

（出所）　伊藤･鯉渕･佐藤･清水･吉見（2023a）より筆者作成。

の場合は相手国（輸入国）通貨建てで取引を行い、アジア諸国向け輸出の場合は相手国通貨ではなく、ドル建て（もしくは円建て）での取引が選ばれる傾向がある。

表3－3は日本の本社企業に対して2021年度に実施したアンケート調査結果に基づいており、20年度中の本社企業の建値通貨選択を示すデータである。調査に回答した企業の規模を20年度の海外売上高で測り、企業規模を上位3分の1から下位3分の1まで三分割し、三つのグループに含まれる回答企業の建値通貨比率を単純平均した結果である[20]。

まず、日本企業の世界全体に対する輸出をみてみよう。企業規模が大きくなるほどドル建て比率が上昇し、円建て比率が低下していることが確認できる。上位3分の1の企業では、円建て比率が29・8％にすぎず、ドル建て比率が53・3％と半分以上を占めている。しかし、下位3分の1の企業では、円建て比率が51・5％まで上昇し、ドル建て比率の42・3％を大きく上回っている。

日本企業の対米輸出ではドル建て取引が圧倒的に大きいことはすでに本章第1節で確認したが、表3－3が示すように、この対米輸出においても企業規模が大きいほどドル建て比率が上昇する傾向が明らかである。

また、日本企業のユーロ圏向けの輸出では、相手国通貨であるユーロ建て取引が最も多く、次いでドル建て取引よりも円建て取引が選ばれる傾向にあることを本章第1節で確認した。このユーロ圏向け輸出では企業規模に対してユーロ建て比率や円建て比率が単調に上昇または低下しているわけではなく、中位3分の1の企業の円建て輸出比率およびユーロ建て輸出比率が最大となっている。

しかし、傾向としては大規模企業ほどユーロ建て輸出比率が高く、円建て比率が低いのに対して、小規模企業ほどユーロ建て輸出比率が低下し、円建て比率が高くなっている。このように先進国向け輸出でも、企業規模が大きいほど相手国通貨建て輸出を選択し、小規模企業ほど円建て輸出を選択する傾向が観察される。

表3－3ではアジア向け輸出として、次の3カ国向け、すなわち中国向け、韓国向け、タイ向けの建値通貨選択に関する情報を提示している。アジア向け輸出においても、上記の先進国向け輸出とほぼ同様の建値通貨選択傾向がみられるが、ここで留意すべきは次の二点である。第一に、企業規模が小さくなるほど円建て比率が上昇する傾向が特に中国向けとタイ向けの輸出で明瞭である。下位3分の1の企業は、中国向け輸出の67・7％、タイ向け輸出の71・7％を円建てで取引している。他方で、上位3分の1の企業の円建て輸出比率は、中国向けで25・7％、タイ向けで27・3％にすぎない。

第二に注目すべきは、大規模企業ほどアジア現地通貨建てで輸出を行う傾向が強くみられる点である。上位3分の1の企業では、韓国向け輸出を除いて、米ドル建て比率が最大であり、中国向け輸出の45・0％、タイ向け輸出の50・9％がドル建てで取引されている。このドル建て比率には届かないが、中国向け輸出の28・9％、タイ向け輸出の21・7％が相手国通貨建て（つまり、人民元建ておよびバーツ建て）で取引されている。

この中国向け輸出とタイ向け輸出では相手国通貨建て比率が近年上昇していることを表3－2で

確認したが、大規模企業ほどこうしたアジア現地通貨建て輸出を行う傾向が強く観察されることが、表３－３より確認できるのである。

(4) 中小企業の建値通貨選択

この表３－３に基づく考察は、日本の上場企業向けのアンケート調査結果に基づいているが、日本企業全体で見ると、上場企業は「大規模」な企業として分類されるであろう。ここまでの考察では、相対的に大規模である上場企業の中で、さらに規模別に分類して建値通貨選択のちがいを明らかにしてきた。ただし、一般に中小企業や中堅企業と呼ばれる企業の建値通貨選択は考察の対象から外れていた。

この中小企業と中堅企業に焦点を当てて建値通貨選択の分析を行っている研究を紹介しよう。鯉渕・後藤・早川・吉見（２０２１）は、２０１９年度に非上場企業向けに貿易建値通貨選択に関するアンケート調査を独自に実施した、非常に貴重な研究である。調査票を２１００社に送付しているが、そのうちの87％が中小企業基本法上の中小企業（資本金３億円以下）に該当しており、アンケート調査に回答した企業数は３００社である。

鯉渕・後藤・早川・吉見（２０２１）は、中堅・中小企業の建値通貨比率は円建ての割合が高いという分析結果を公表している。まず、中堅・中小企業の対世界輸出における建値通貨比率は、円建てが71・９％、ドル建てが22・８％であり、円建て輸出の割合が圧倒的に高い。これは先進国向け輸出でも同様であり、対米輸出の50・8％が円建て、49・2％がドル建てである。

対ユーロ圏輸出でも、68・8％が円建てであり、ユーロ建ては22・5％、ドル建ては8・8％にすぎない。この先進国向け輸出の建値通貨選択行動は、これまでの上場企業向けアンケート調査の結果（特に表3－3の下位3分の1の企業の建値通貨選択行動）とも大きく異なっており、中堅・中小企業のほうが円建て輸出を選択する傾向が格段に強いことが確認できる。

また、鯉渕・後藤・早川・吉見（2021）によると、中堅・中小企業の中国向け輸出では、円建て輸出比率が71・3％、ドル建て輸出比率が20・7％であり、相手国通貨（人民元）建て輸出比率は7・4％にとどまっている。タイ向け輸出では、円建て輸出比率が82・0％、ドル建て輸出比率が14・8％であり、相手国通貨（バーツ）建て輸出比率はわずか3・3％にすぎない。

この中国向けとタイ向けの円建て輸出比率は、上場企業向けアンケート調査の結果である表3－3の下位3分の1の企業の円建て輸出比率をも上回っている。表3－3の下位3分の1の企業との比較でもう一つ注目すべきは、中堅・中小企業の相手国通貨建て輸出比率がかなり低い水準となっている点である。以上の結果は、中堅・中小企業が円建て輸出を強く選好する傾向があることを示している。

なぜ中堅・中小企業は円建て輸出を強く選好するのであろうか。その理由として考えられるのは次の二点である。第一に、中堅・中小企業の輸出経路に占める企業内貿易のウエートの低さがあげられる。鯉渕・後藤・早川・吉見（2021）によると、中国向けおよびタイ向け輸出の場合、企業内貿易が占めるシェアは輸出全体の3割前後である。資本関係のない企業向け、あるいは商社経由の取引が7割程度を占めているため、中堅・中小企業は相手国通貨建て輸出を選ぶのではなく、為替リスク回避のために円建て取引を選択していると考えられる。

第二に、大企業と比較して、中堅・中小企業は外貨建て輸出に伴う為替リスクをヘッジする手段や選択肢が限られている可能性がある。為替のエクスポージャーをできる限り少なくするため、円建て輸出を選好しているのかもしれない。

以上、中堅・中小企業が円建て輸出を行う傾向が強い理由について検討したが、これらの仮説は今後厳密な実証分析によって検証される必要がある。

(5)　貿易建値通貨選択の「新しい規則性」

最後に、これまでの日本のデータに基づく考察を踏まえて、貿易建値通貨選択の「新しい規則性」を提示したい。

＜新しい規則性1＞　大企業の先進国向け輸出は企業内貿易が中心であり、相手国通貨建てで取引される傾向がある。

＜新しい規則性2＞　大企業のアジア向け輸出では、輸出企業の規模が大きいほどドル建て取引が多くなり、アジア現地通貨建て取引も増加傾向にある。輸出企業の規模が小さいほど自国通貨（円）建てで取引される傾向がある。中堅・中小企業の輸出では、円建て取引が選好される。ヨーロッパ諸国向け輸出の約3分の2、北米向け輸出の約半分は円建てで取引される。アジア向け輸出の場合、7割から8割は円建てで取引される。

＜新しい規則性3＞

新しい規則性の1と2は、定型化された事実1と2をほぼ書き換えていると言ってよいだろう。ただし、新しい規則性1と2は大企業の輸出における建値通貨選択を対象としており、中堅・中小企業の建値通貨選択は考慮していない。表3－2で説明したように、日本の輸出全体をカバーした税関の輸出申告統計に基づく建値通貨比率でみると、金額ベースでは円建て比率が低い（ドル建て比率が高い）のに対して、件数ベースでは円建て比率が高い（ドル建て比率が低い）。このようなちがいが生じる理由は、日本企業全体としてみれば大企業の数は少ないが、1件あたりの輸出額は大企業のほうがはるかに大きいからである。その意味で、日本の輸出における建値通貨比率を左右しているのは、大企業の建値通貨選択行動であると言ってよい。

しかし、これは中堅・中小企業の建値通貨選択を軽視しているわけではない。筆者の知る限り、現時点でこの研究を行っているのは鯉渕・後藤・早川・吉見（2021）のみである。本書では、鯉渕・後藤・早川・吉見（2021）の研究に依拠して新しい規則性3を提示したが、中堅・中小企業の建値通貨選択は、今後さらに研究を進めるべき課題である。

次章以降は、日本の大企業の建値通貨選択行動についてより詳しい検討を行う。特に、海外に多数の現地法人を進出させ、国際的な生産販売ネットワークを拡大してきた日本企業が為替レートの変動に対処するために、どのような建値通貨選択行動や通貨戦略をとっているかについて考察する。

BOX 3-1　1980年代から90年代の円の国際化政策と国際通貨の機能

1980年代から90年代にかけて、政策的に円の国際的な利用を促進することが目指された[21]。円の国際化に対する関心が高まったのは、日本が経済成長を遂げて世界経済におけるプレゼンスを高めた1970年代からである。しかし、円の対ドル名目為替レートが大きくかつ急激に変動することによって日本経済への悪影響が懸念されたため、政策当局は円の国際化に対して消極的なスタンスを崩さなかった。

その後、70年代後半から経常収支黒字が拡大し、為替取引、対外資本取引に対する自由化の圧力が国内外で高まったため、80年12月に外為法を大幅に改正し、経常取引はほぼ完全に自由化された。資本取引は原則規制から原則自由となった。

表B-3-1　国際通貨の機能

	計算単位	支払手段	価値保蔵手段
公的部門の使用	基準通貨	介入通貨・決済通貨	準備通貨
民間部門の使用	建値(契約)通貨	決済通貨・媒介通貨	資産通貨

(出所)　河合(1994)の表8-3に基づき、筆者作成。

さらに84年2月には「日米円・ドル委員会」が設置され、同年5月には『円・ドル委員会報告書』と『金融の自由化および円の国際化についての現状と展望』が発表された。85年3月には外国為替審議会の答申『円の国際化について』が発表され、国内金融資本市場の整備と自由化が進められることとなった。その後、98年4月に施行された改正外為法では、事前の許可・届出制度の原則廃止と外国為替業務の完全な自由化によって、欧米先進諸国並みの対外取引環境が整備された。

経済学では通貨の機能を「計算単位」「支払手段」「価値保蔵手段」の三つで考えるのが一般的である。これを「国際通貨」の機能として解釈し、公的部門と民間部門の使用を分けて考えると、表B－3－1のように国際通貨の六つの機能として整理することができる。

本書では、主として民間部門が貿易取引で用いる「建値（契約）通貨」を中心に検討を行う。

BOX 3－2　日本企業へのインタビュー調査とアンケート調査

本章は、独立行政法人経済産業研究所（RIETI）の支援を受けて実施した、日本企業へのインタビュー調査とアンケート調査を通じて得た情報に基づいて、貿易建値通貨選択の実態を明らかにすることを試みている。

表B－3－2が示すように、初めてインタビュー調査を実施したのは2007年から08年にかけてである。当時は米国でのサブプライムローン危機を契機として円がドルに対して急速に

表Ｂ－３－２　日本企業へのインタビュー調査とアンケート調査の詳細

本社企業アンケート調査

実施時期	対象企業	回答企業	回答率
2022年３月調査	929	99	11.0%
2017年11月調査	1,006	151	15.0%
2013年９月調査	962	185	19.2%
2009年９月調査	920	227	24.7%

本社企業インタビュー調査

実施時期	対象企業
2021年５月～７月	6
2017年７月～11月	19
2013年６月～９月	10
2007年９月～2008年12月	22

海外現地法人アンケート調査

実施時期	対象企業	回答企業	回答率
2023年１月調査	22,529	1,390	6.2%
2019年１月調査	21,801	2,051	9.4%
2014年11月調査	18,932	1,640	8.7%
2010年８月調査	16,020	1,479	9.2%

増価（円高）に転じた時期であり、リーマン・ショックが起きた直後の２００８年11月まで調査を行った。[22]

第１回の本社企業向けアンケート調査はリーマン・ショック後に世界金融危機となり、１ドル＝90円台まで円高が進んだ時期であった。[23]第１回の海外現地法人向けアンケート調査は、ギリシャの財政危機によりユーロ圏全体が危機の影響を受け、１ドル＝80円台前半まで円高が進んだ時期であった。[24]

次に、安倍政策による急激な円安に転じた２０１３年に２回目のインタビュー調査を実施し、その後すぐに第２回目の本社企業向けのアンケート調査を実施した。[25]この時に１ドル＝１００円程度まで円安が進んでいたが、第２回目の海外現地法人向けアンケート調査を実施したのは１ドル＝１２０

円近くまで円安が進んだ時期であった[26][27]。

第3回目のインタビュー調査に臨んだのは米国でトランプ政権がスタートした2017年に入ってからである。同年に第3回目の本社企業向けアンケート調査を行い、海外現地法人向けアンケート調査を行ったのは19年1月であった[28]。

第4回目のインタビュー調査は、新型コロナウィルスの感染拡大が始まってから2年目の2021年に行った。その年度末（翌22年3月）に第4回目の本社企業アンケート調査を実施し、23年1月に第4回目の海外現地法人向けアンケート調査を行った[29]。

【第3章 注】

（1） 国際通貨の機能分類については本章末のBOX 3－1を参照されたい。

（2） このドイツ、フランス、イタリアのユーロ建て輸出比率の高さは、ユーロ域内貿易を含めて比率を計算していることが理由である可能性がある。ユーロ加盟国間の貿易はユーロ建てで取引されると考えられるため、ユーロ域内貿易を対象に含めていることでユーロ建て比率が実態より高く出ているかもしれない。ECB（2020）はユーロ加盟国間の貿易を取り除き、ユーロ加盟国とその他諸国との貿易のみを対象として建値通貨比率を計算している。その結果、2019年において、フランスの輸出のユーロ建て比率は49・8％である。イタリアは2010年までのデータしか入手できないが、輸出のユーロ建て比率は67・4％である。参考までに、英国のポンド建て輸出比率のデータはChung（2016）で紹介されているが、2011年においてEU諸国以外に対する輸出のポンド建て比率は57・4％である。このようにユーロ加盟諸国間の貿易を除いて考えても、ヨーロッパ諸国の自国通貨建て輸出比率は日本と比較してもかなり高い水準にあるといえる。

（3） Ito *et al.*（2018）、清水・伊藤・鯉渕・佐藤（2021）が、日本の貿易建値通貨選択のパズルについて詳しい考察を行っている。

（4） 1980年代から90年代にかけての円の国際化に関する代表的な研究として、Tavlas（1992）、河合（1992）、Fukuda and Ji（1994）、Kawai（1996）、Sato（1999）があげられる。また、円の国際化に関連する最近の研究として、Ito *et al.*（2016b）、佐藤・吉元（2019）、清水・伊藤・鯉渕・佐藤（2021）などを参照。

(5) 定型化された事実は、Grassman（1973, 1976）, McKinnon（1979）, Page（1977, 1981）などの研究に基づいている。

(6) 財務省は2023年上半期のデータから11の地域との輸出・輸入の建値通貨比率を公表し始めた．詳しくは財務省のホームページを参照。

(7) 以下の論文が、税関データを用いた為替パススルーや建値通貨選択の実証分析を行っている。Gopinath *et al.*（2010）は米国の輸入の税関データを、Goldberg and Tille（2016）とDevereux *et al.*（2017）はカナダの輸入の税関データを、Chung（2016）, Chen *et al.*（2022）, Corsetti *et al.*（2022）は英国の輸出と輸入の税関データを、Amiti *et al.*（2022）はベルギーの輸出と輸入の税関データを、Gopinath *et al.*（2020）とCasas *et al.*（2017）はコロンビアの輸出と輸入の税関データを、Montfaucon *et al.*（2021）はマラウィの輸入の税関データを用いている。

(8) なお、このインタビュー調査は日本を代表する大企業を対象としているが、当然ながら日本の中規模・小規模企業においては貿易構造や建値通貨選択行動が異なると予想される。その点については本章の後半で論じる。

(9) この為替リスクを軽減するために為替先渡し予約によってヘッジを行ったとしても、為替リスクを完全に打ち消すことはできない。これについては清水・伊藤・鯉渕・佐藤（2021）の序章が明快な説明を行っている。

(10) ここでは輸出国通貨でも輸入国通貨でもない、第三国通貨を建値通貨として選択する可能性を明示的に論じていないが、これまでの研究では、第三国通貨も選択肢とした建値通貨選択の理論的研究が数多く発表されている。Friberg（1998）, Bacchetta and van Wincoop（2005）などを参照。

(11) カッコ内の数値はドル建て比率であり、後掲の表4-6-Bから情報を得ることができる。

(12) 建値通貨選択の決定要因として、輸出企業あるいは同企業が輸出する製品の市場シェアを重視する研究は数多くあるが、Devereux *et al.*（2017）が理論と実証の両面で優れた分析を行っている。これまでの企業インタビュー調査においても、当該製品が世界市場で圧倒的なシェアを占めている場合は、自国通貨建て（円建て）輸出を行いやすいという回答を多くの企業から得ている。

(13) 輸出企業の規模や当該輸出財の取引額の大きさが建値通貨の決定要因であることは、Goldberg and Tille（2016）が詳しく検証している。

(14) Bacchetta and van Wincoop（2005）やGoldberg and Tille（2016）などの数多くの研究が、当該通貨の価値の安定性（為替レートのボラティリティ）、為替ヘッジの容易性、取引コストの低さによって建値通貨選択が左右されることを指摘している。

(15) 輸出企業（日本本社）と輸入企業（日系現地法人）の利潤関数を結合した上で、利潤最大化行動を考えることになる。この企業内貿易の利潤最大化を明示的に考慮した研究として、Neiman（2007, 2010）, Bacchetta and van Wincoop（2003）がある。

(16) この表3-1は、日本本社企業向けのアンケート調査結果の情報に基づいて作成している。本社企業から各国への輸出における建値通貨選択を(1)～(5)の経路別に質問して回答を得た。この質問に際しては各経路での輸出において最も多く使われる通貨（主要な建値通貨）を答えるよう質問を行った。最終的に得られた回答を件数別に整理し、第1回調査（2009年9月実施）、第2回調査（2013年9月実施）、第3回調査（2017年11月実施）の3回分の調査結果（件数）を合計して、件数ベースでの建値通貨比率を計算している。回答企業の規模（輸出額）は考慮せず、単純平均で建値通貨比率を求めている。

(17) 企業へのインタビュー調査の第1回目は2007年から2008年にかけて行ったが、この時点ではほとんどすべての企業が「人民元を使用することはない」と回答した。第2回（2013年）と第3回（2017年）のインタビュー調査でも同様の回答であったが、第3回のインタビュー調査（2017年実施）から、人民元を建値通貨として使用する企業が、数は少ないものの、徐々に増えてきた。

（18）インタビューを行った日本企業の中には、グループ企業との企業内貿易では「原則として最終財（製品）の製造会社が為替リスクを負担する」と回答した企業もあった。販売会社の場合は調達した財に一定のマージンを上乗せすることができるだけだが、製造会社であれば生産過程における原価低減等の努力によって為替リスクを負担するだけのマージンを上乗せすることができる。これが、生産拠点向けの企業内輸出において円建て比率が相対的に高い理由だと考えられる。

（19）清水・伊藤・佐藤・吉見・安藤・吉元（２０２２）は２０１４年から２０２０年までのアジアを含む世界34カ国向けの輸出と輸入の建値通貨比率を報告している。同論文の表4からアジア向け輸出の情報だけを取り出し、本章の目的に合うかたちに集計し直して作成したのが表３－２である。

（20）アンケート調査回答企業の海外売上高のデータは、各企業の有価証券報告書から情報収集を行っている。

（21）円の国際化に対して日本政府・当局がどのような政策を行ったかについては、河合（１９９２）が１９９０年代初めまでの動向を的確に整理している。

（22）その研究成果は伊藤・鯉渕・佐々木・佐藤・清水・早川・吉見（２００８）、Ito *et al.*（2012）として発表している。

（23）その研究成果は伊藤・鯉渕・佐藤・清水（２０１０）、Ito *et al.*（2013a, 2013b, 2013c, 2016a）として発表している。

（24）その研究成果は伊藤・鯉渕・佐藤・清水（２０１１）、Ito *et al.*（2015）として発表している。

（25）その研究成果は伊藤・鯉渕・佐藤・清水（２０１６）として発表している。

（26）その研究成果は伊藤・鯉渕・佐藤・清水（２０１５）、Sato and Shimizu（2018）, Ito *et al.*（2015）として発表している。

（27）第1回から第2回のインタビュー調査とアンケート調査に基づく研究成果としてIto *et al.*（2018）を参照。

（28）第3回本社企業調査の研究成果は伊藤・鯉渕・佐藤・清水（２０１８）として、第3回海外現地法人調査の研究成果は伊藤・鯉渕・佐藤・清水・吉見（２０１９）、Ito *et al.*（2021）として発表している。

（29）第4回本社企業アンケート調査の成果は伊藤・鯉渕・佐藤・清水・吉見（2023a）を、第4回海外現地法人アンケート調査は伊藤・鯉渕・佐藤・清水・吉見（2023b）を参照。

第4章　日本企業は為替の壁を乗り越えたのか

1　日本企業の為替変動への耐久力

日本企業はこれまで大幅な為替レートの変動に常に直面してきた。為替変動に対する耐久力をいかに高めるかが、日本企業にとって重要な課題であったと言ってよいだろう。この耐久力を高めるための手段としてすぐに思い浮かぶのは、為替ヘッジ手段を用いた為替リスクの回避である。それでは、日本企業はどのような為替ヘッジ手段を用いて耐久力を高めようと努力してきたのだろうか。本章の課題は、日本企業がいかなる手段によって為替リスクを低減させ、為替レート変動への耐久力を高める努力をしてきたのかを明らかにすることにある。

この為替変動への耐久力に関して、2018年に日本経済新聞で興味深い記事が掲載された。「日本の製造業　為替の壁破る」と題するこの記事は、日本の製造業が為替への耐久力を強めていることを示す複数の理由を提示し、日本の製造業が「ようやく為替の壁を乗り越えた」と結論づけている[1]。この記事が示す理由とは何であろうか。

記事は、最初に日本銀行が公表する実質輸出指数が為替レートの変動にかかわりなく増加傾向にあるというデータを提示する。円の対ドル名目為替レートの変化によって日本の実質輸出がどのような影響を受けているかを示す「為替感応度」を日本銀行が推定しているが、記事はその為替感応度の推定結果を引用し、2010年前後に為替感応度が急低下してゼロ付近を推移しているにもかかわらず、実質輸出指数は上昇傾向にあると主張する。これが、為替レートの変動にかかわりなく、日本の輸出が増加するようになったと主張する根拠である。

本書の第2章では、日本の輸出数量があまり伸びていないという事実を提示した。日本の実質輸出が上昇傾向にあるという新聞記事の指摘は、本書の第2章の主張と大きく異なる。この相違点については、本章末のBOX 4－1で詳しく論じているので参照されたい。

それでは輸出の増減が円高・円安と無関係になった理由は何か。日経新聞記事がその理由としてあげるのは次の二つである。第一の理由としてあげるのが、「生産の現地化と国際的な通貨管理」である。

まず、「生産の現地化」については、2011年から12年にかけての歴史的な円高局面で、日本企業が価格競争力の低い財の生産を海外の生産拠点へとシフトさせたことを本書の第2章で説明した。この現地生産の拡大は事実であるが、それによって為替の壁を乗り越えたとはいえないだろう。たとえば、現地生産の拡大がグループ企業の現地通貨建て取引を増やすことで、現地通貨と円との間の為替変動リスクの影響をより強く受けるようになることも起こり得るからである。また、現地生産の拡大自体は2011年から始まったわけではなく、1980年代から90年代にかけて欧米市場を中心にすでに活発に行われていた。生産の現地化によって日本企業が為替の壁を乗り越えたと主張するには、より詳しい説明が必要である。

また、「国際的な通貨管理」の意味が記事の中では明確に示されていない。記事では「決済も海外通貨建てを増やし、財務省によるとドル建て輸出の比率は17年上半期で51%。ユーロや人民元の取引も増えている」と述べられている。しかし、第3章の図3－1(a)が示すように、そもそも日本のドル建て輸出比率は1980年代前半から一貫して50%前後を推移しており、最近になってドル建て輸出比率が増えたわけではない。対ユーロ輸出の図3－1(c)をみればわかるように、欧州通貨建て輸出比率も2000年以降ほぼ安定的に推移しており、ユーロを含む欧州通貨建て輸出比率が近年になって明らかに増えたという証拠はない。ただし、第3章の表3－2で示したように、人民元建ての取引はたしかに増えている。

では、その人民元建て取引の増加が為替の壁を乗り越えることに貢献しているかというと、それも明確ではない。そもそも人民元建て輸出を増やすと、円と人民元との間の為替レートの変動による為替リスクを負うことになる。むしろ日本企業の為替リスクを拡大させることにつながると考えるのが普通であろう。

日本経済新聞の記事が取り上げる第二の理由は、「輸出財の高付加価値化と、それによる輸出価格競争力の上昇」である。輸出「価格」競争力の上昇とは、競合する企業よりも価格面で競争力を持つこと、つまり、競合相手よりも低い価格で販売することを意味する。輸出財の付加価値化を高めることが輸出価格競争力の上昇につながるとは限らない。それがどうして為替の壁を乗り越えることになるのかも明確ではない。

同記事は、輸出財の高付加価値化の影響として、「輸出品の中身が価格に関係なく売れる製品に移っている」と述べている。これは価格面以外でも輸出財が競合相手と比較して競争力を高めていることを意味しているが、たとえ輸出が伸びたとしても、輸出契約をドルなどの外貨建てで行っている場合は、輸出代金を円換算した時の為替リスクを負わざるを得ない。同記事は高付加価値財の一例として自動車を取り上げているが、第3章で示したように、日本の自動車メーカーは外貨建てで輸出を行う傾向が特に強い。外貨建てで輸出する以上、高付加価値化だけでは為替の壁を乗り越えることにはならない。

本書で繰り返し述べているように、日本企業が輸出財の競争力を高めることは非常に重要である。ただし、第3章で詳しく説明した通り、日本の主要な輸出企業の多くは企業内貿易を行っている。企業内貿易における建値通貨選択とその影響を考慮しない限り、高付加価値化だけを理由にして、日本企業が為替変動の影響を受けなくなったと主張することはできない。

ここまで日本経済新聞の記事をやや批判的に検討したが、同記事が指摘している理由はいずれも重要な論点である。本章では、それらの論点を「海外現地法人との企業内貿易」「為替リスク管理と建値通貨選択」「輸出財の競争力強化」に読み替えて、日本企業が為替の壁を乗り越えるためにどのような通貨戦略を行ってきたかを、代表的な輸出産業を例にあげて詳細に検討する。第2節では、1998年外為法改正後の日本企業の為替リスク管理体制を類型化する。第3節では、日本の主要輸出産業に焦点を当てながら、日本企業の通貨戦略のケーススタディを提示する。最後に第4節では、日本企業が為替の壁を乗り越えることができたのか、あるいはどこまで乗り越えることができているのかを総括する。

2　外国為替取引の自由化と日本企業の為替リスク管理

本書の第3章で詳しく説明したように、日本企業は欧米諸国やアジアを中心に現地法人を数多く展開し、国際的な生産・販売ネットワークを構築してきた。特に近年では中国を中心とするアジア諸国への投資を活発に行い、同諸国との経済的相互依存関係を一段と深化させている。この生産・販売ネットワークにおいて、日本企業は自社の事業構造に適した為替リスク管理手法を採用している。本節では、日本の本社企業が自社の海外現地法人との取引、あるいは資本関係のない独立企業との取引で生じる自国通貨と外国通貨との間の為替変動リスクを最小限に抑えるためにいかに対処しているかについて注目しながら、考察を進めていく。

以下の考察は、筆者が経済産業研究所の研究プロジェクトの一環として、日本の主要製造業企業に対して行ったインタビュー調査、そして日本本社企業と海外現地法人企業に対して行ったアンケート調査の結果に基づいている。特にインタビュー調査から得られた情報によって、企業がどのような方針で為替変動に対処しようとしているか、その戦略を知ることができた[2]。

まず本節では、日本企業の通貨戦略に大きな影響を及ぼした、1998年の「外国為替及び外国貿易法（外為法）」改正について取り上げる。現代の日本企業の為替リスク管理を考える上で、この外為法改正の影響を理解することが不可欠である。

次に、日本企業の為替リスク管理体制を類型化する。この類型化は各産業の貿易構造もしくは生産販売構造と深く関わっている。また、実際に日本企業の為替リスク管理体制がどの類型に該当するのかを、アンケート調査結果に基づいて明らかにする。さらに、日本企業がどのような為替ヘッジ手段を採用しているかについても、アンケート調査結果に基づいて説明する。

(1) 1998年の外為法改正とその影響

外国為替及び外国貿易管理法（外為法）が制定されたのは1949年であり、この年に1ドル＝360円の単一為替レートが設定された[3]。この外為法制定後、日本は戦後復興期に入るが、当時の日本を取り巻く経済環境を反映して、対外取引原則禁止の建前となっていた。その後、対外取引を原則自由とする法体系に改正されたのは1980年になってからである。さらに1998年の外為法改正では、事前の許可・届出制度を原則として廃止するとともに、自由で迅速な内外取引が行えるよう、欧米先進諸国並みの対外取引環境の整備が図られた。1980年の改正後も残っていた国

図4−1　1998年外為法改正以前の外貨建て取引

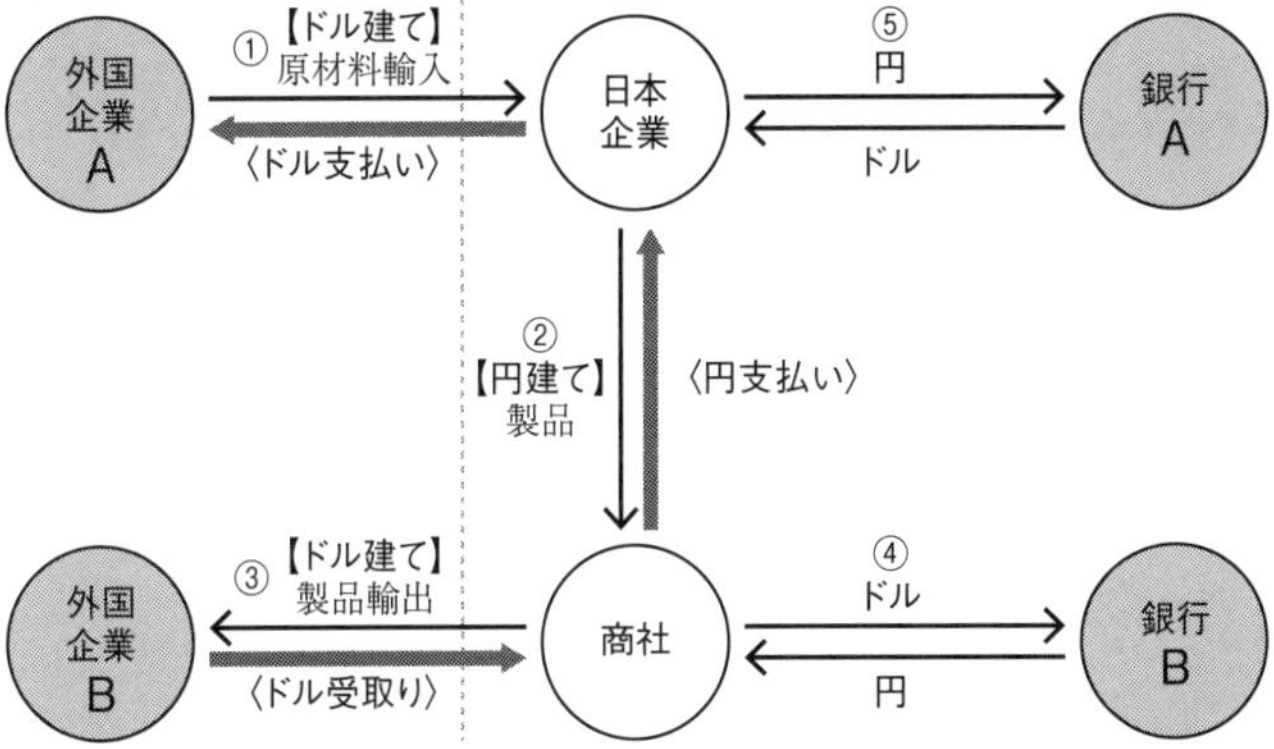

際資本移動管理規制のほとんどが撤廃され、日本企業のさまざまな外国為替取引を完全に自由化することが意図されていた。

１９９８年の外為法改正では、貿易取引の決済方法の選択肢が広がるという点で、日本企業の通貨戦略と密接に関わる次の三つの自由化が行われた[4]。

第一に、日本国内における企業間の外貨建て取引が自由化された。図４−１は、日本企業が海外から原材料をドル建てで輸入し（①）、生産した財（製品）を商社経由で輸出する（②）事例を図示している。

この②の商社経由の輸出とは、日本企業から見ると、自社と商社との間の国内取引である。商社は製品を海外の顧客にドル建てで輸出する（③）と想定しよう。①と③はそれぞれドル建てで取引されるため、日本企業と商社はともに②の取引をドルで決済したいと考えるかもしれない。特に日本企業は①の取引でドルを支払う必要があるため、商社からドルで代金を受け取りたいと考えるだ

図4−2　1998年外為法改正後のネッティングの自由化

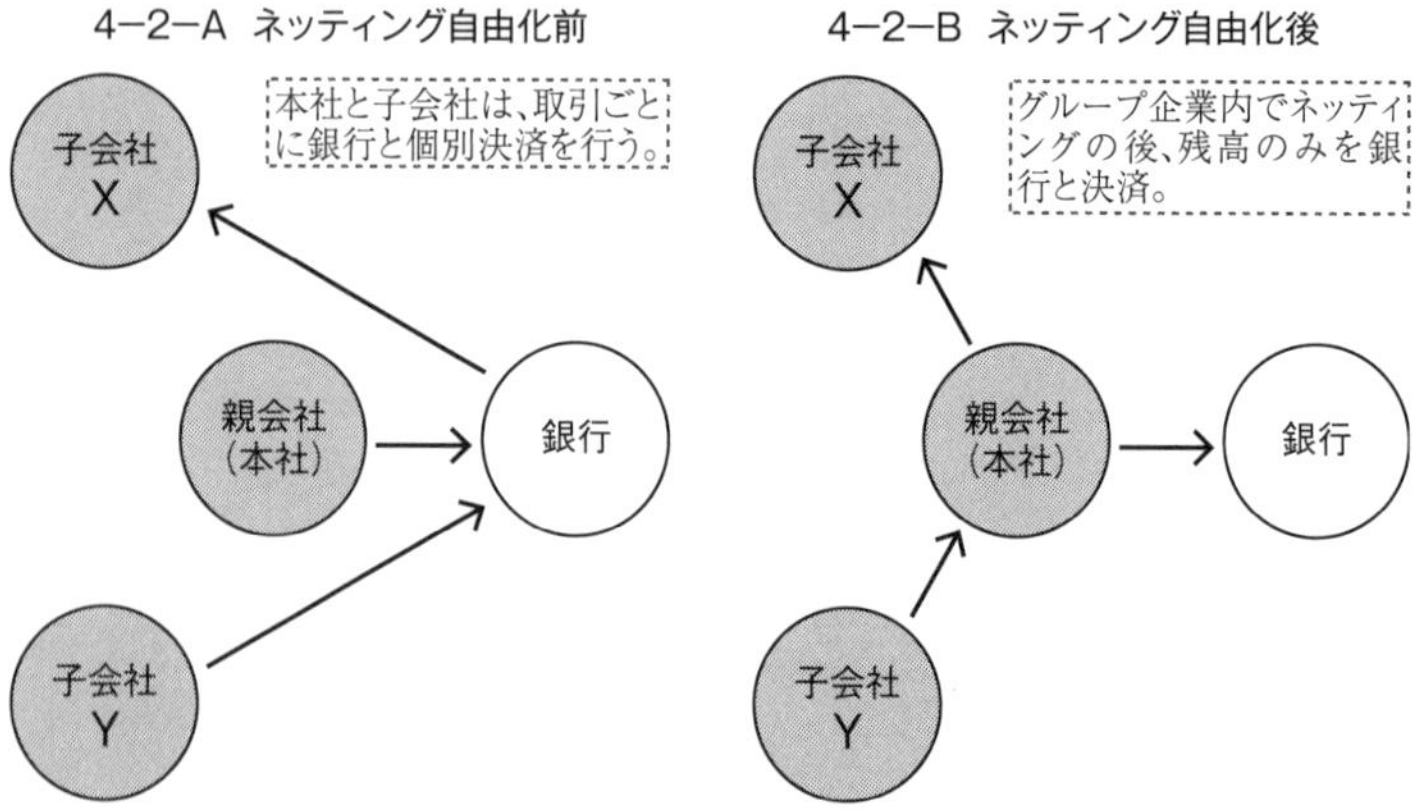

ろう。

　しかし、外為法改正前は、この日本企業と商社との間の国内取引②を外貨で決済するために旧大蔵省の許可と煩雑な手続きが必要であった。つまり、国内取引②をドルで決済することは事実上不可能であったため、商社は③で海外から受け取ったドルを銀行との外貨取引によって円に交換し（④）、日本企業に円で支払う。商社から円を受け取った日本企業は、原材料の輸入代金をドルで支払うために、銀行との取引によって円をドルに交換する（⑤）。このように外為法改正前は②の取引（商社から日本企業への支払い）をドルで行うことができなかったため、④と⑤で銀行との外貨取引を行うという二重の手間と為替手数料が必要であった。

　１９９８年の外為法改正によって、商社が回収したドル建ての輸出代金を日系企業に直接支払うことができるようになった。輸出入を行う日本企業の多くが国内取引を外貨で決済して、為替取引に伴う手数料等を

図4－3　1998年外為法改正後のマルチネッティングの自由化

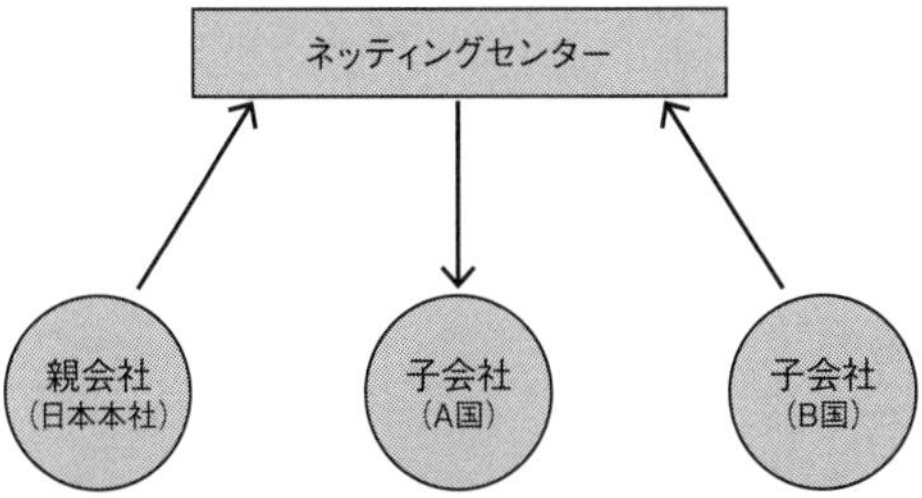

グループ内企業間の債権債務をネッティングセンターとの債権債務とみなして差額決済を行うことが可能となった。

軽減することが可能となったのである。

第二に、グループ企業内でのネッティング（債権と債務の相殺）による外貨決済が可能となった。図4－2に示したように、外為法改正前の時期では、グループ内の子会社や関連会社などが行う貿易取引は、各社が取引を1件ずつ銀行との間で決済しなくてはならなかった（図4－2－A）。外為法改正後は、親会社がグループ内企業間の取引を一括管理して相殺し、貿易取引に伴う債権債務の為替リスクと銀行に支払う為替手数料を軽減することが可能となった（図4－2－B）。

第三に、複数の参加者で行われるネッティング取引（マルチネッティング）が自由化された。これまでは世界の各地域に点在する現地法人同士が取引する場合、その一つひとつの取引について個別決済を行わなければならなかったのに対し、1998年の外為法改正以降はそうした決済や為替リスクを集中して管理する統括会社（ネッティングセンター）を設置し、各現地法人（あるいは地域統括会社）のグループ内法人に対する債権債務をネッティングセンターとの債権債務とみなして差額決済することが可能となった（図4－3）。これによって、多地域に跨る多通貨建ての複雑なグループ内取引をネッティングすることのメリットを最大限享受する選択肢が与えられた。

(2) 日本企業の為替リスク管理体制

1998年の外為法改正によって、日本企業のさまざまな外国為替取引が完全に自由化され、貿易取引の決済方法の選択肢が格段に広がることになった。この新たな環境下で、日本企業はどのように為替管理体制を構築していったのだろうか。

また、外国為替取引の完全自由化によって、企業は建値通貨の選択肢が大きく広がったが、第3章で詳しく論じたように、日本企業は円ではなくドルや他の外国通貨を建値通貨として選択する傾向が強く、特に日本の大企業では外貨建て取引を選択する傾向が顕著である。なぜ日本企業は円ではなく外国通貨を選択するのか。本項では、この重要な課題を企業の為替管理体制との関係で詳細に検討する。

為替管理体制の類型化

企業の為替変動リスクへの対応方法は、各企業の生産・販売体制や輸出財の特性などによってさまざまである。本項では、企業インタビュー調査の結果を踏まえて、企業の為替リスク管理体制の典型例を下記の四つの類型に分けて示す。

第1類型：日本の本社にのみ為替リスク管理人員を配置する。
第2類型：日本本社に加えて、現地法人ごとに為替リスク管理の人員を配置する。
第3類型：日本本社に加えて、北米、欧州、アジアなどに「地域統括会社」を設けて為替リスク管理の人員を配置する。
第4類型：日本本社に加えて、「グローバルなトレジャリーセンター（為替管理統括会社）」を置き、為替管理の人員を配置する。

まず、第1類型は日本の本社にのみ為替リスク管理人員を配置して、現地法人を含むグループ全体の為替リスクを一括して本社が管理するケースを指している。このケースでは、第3章の図3－3－Bが示すように、本社が海外現地法人への輸出を現地通貨建てで行うのが典型的な例である。現地法人が現地での販売を現地通貨建てで行う限り、海外から調達（輸入）したときの建値通貨と現地通貨との間の為替リスクを負担せざるを得ない。本社は海外現地法人への輸出を現地通貨建てで行うことで、現地法人を為替リスクの負担から解放するとともに、本社に為替リスクを集めて、一括管理する体制である。

次に、第2類型は、日本の本社だけでなく、可能な限り（あるいは必要に応じて）海外現地法人に為替リスク管理人員を配置するケースである。ここでは本社から現地法人への輸出を円やドルな

図4－4　地域統括会社を通じた為替リスク管理体制

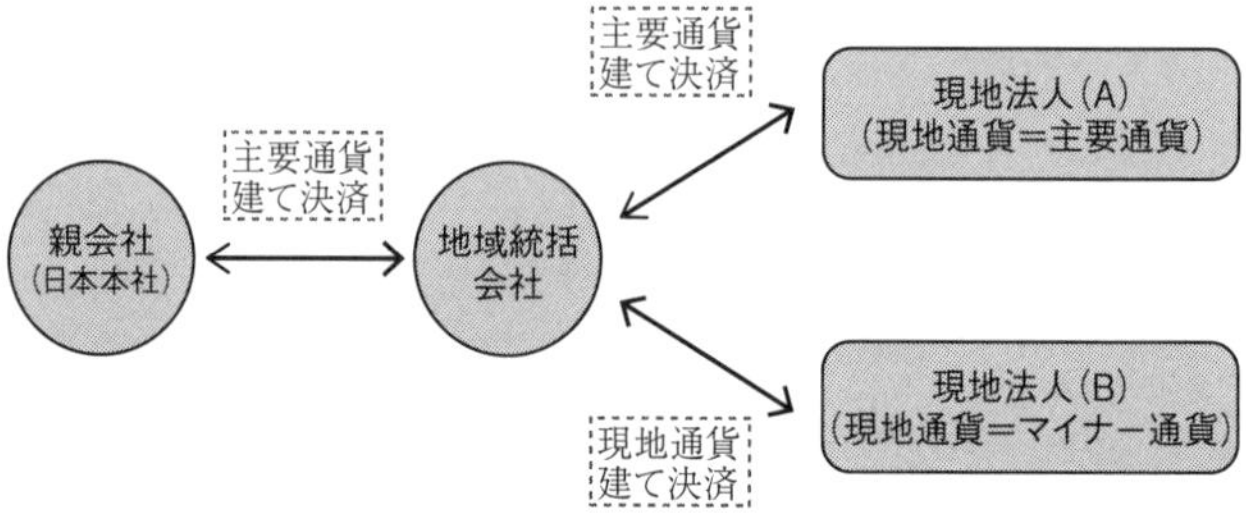

どの主要通貨建てで行い、現地法人がマイナー通貨である現地通貨と主要通貨の間で生じる為替リスクを負担するケースを指している。[5] 第3章の図3－4－Aがその典型的な例である。

このとき、為替リスク管理は現地法人が独自に行うことになる。グループ全体の為替リスクやその管理状況を本社が把握することは難しくなるが、マイナー通貨である現地通貨の為替レートは地場の人員でなければ把握しにくいことが多く、現地法人の裁量に任せたほうが、グループ全体の為替リスク管理にとって便益が大きくなると判断されるケースといえる。

なお、もし海外現地法人が生産拠点であり、現地通貨ではなく、たとえばドル建てで中間財等を調達（輸入）し、生産した財をドル建てで販売（輸出）する場合は、本社からの輸出は現地通貨建てでなく、ドルなどの外貨建てで行うことになる。第3章の図3－4－Bがこのケースに該当する。[6] この場合、第2類型だけでなく、第1類型として本社で為替リスクを一括管理することも可能である。

ここまでの第1類型と第2類型では、日本の本社と現地法人のどちらで為替リスク管理を行うかが問題となった。これに対して、図

図4−5　グローバル・トレジャリーセンター

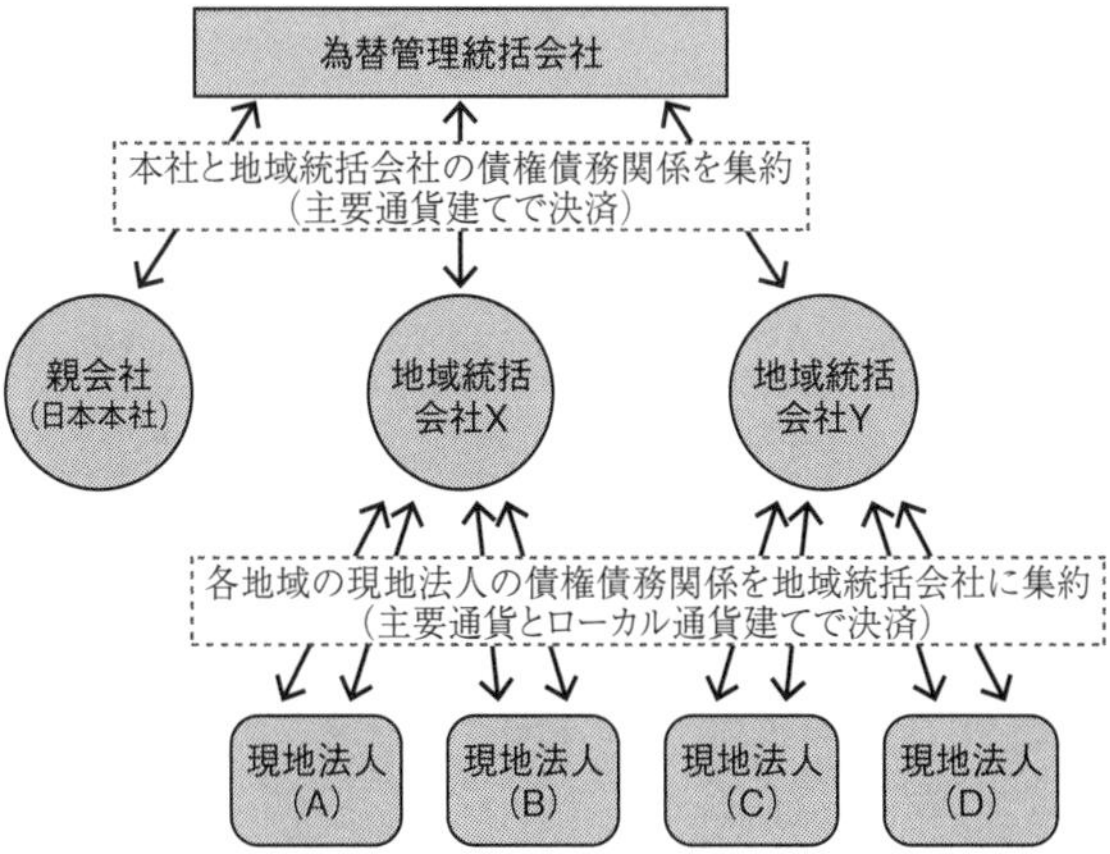

4－4のような地域統括会社を北米、欧州、アジアなどの主要地域に配置して為替リスク管理を行う第3類型もある。それら地域統括会社は、傘下となる地域の現地法人と取引を行い、為替リスクを自らに（地域統括会社に）集約する。本社は地域統括会社との取引によって為替リスクを集約するが、北米地域とはドル建てで、欧州地域等ではユーロ建てで、そしてアジア地域とはドル建てで決済するのが一般的である。そうして集約された主要通貨の債権債務を本社でマリーやネッティングを行い、為替リスクを最小限に抑えるよう取り組んでいる。

なお、図4－4の現地法人Aのように現地通貨がドルやユーロなどの主要通貨である場合と異なり、現地法人Bのように現地通貨がマイナー通貨である場合は、現地法人の為替リスクを地域統括会社が処理することになる。

最後に、第4類型として、企業がグローバルな為替管理統括会社を持つケースもある。図4−5が示すように、グループ企業内にネッティングセンターの機能を持つグローバルな為替管理統括会社を設置し、グループ企業全体の決済に伴う債権債務および保有外貨を一手に引き受ける。

そこではまず為替リスクのグループ内ネッティングを行い、残存分の為替リスクを先物やオプションによってヘッジするというのが主な流れである。調査対象企業の中には北米拠点、欧州拠点、アジア拠点を中間的な地域統括会社として設け、それぞれが地域ごとに現地通貨間に発生する為替リスクのマリーとネッティングを行い、最終的に為替管理統括会社で主要通貨（主に円、ドル、ユーロ）間の為替リスク管理を行う企業もある。

こうした為替リスクの一括管理という戦略をとることによって、二つの便益を享受できると考えられる。第一に、グループ企業内のすべての為替リスクを集約し、グループ全体でネッティングを行い、保有する通貨別の債権債務をマリーさせることによって、為替リスクを効率的に軽減することができる。これが原則的に本社を挟む取引においてのみ本社への為替リスクの集約が可能であった第1類型との相違である。

第二に、統括会社で為替リスクヘッジを一括管理することにより、各現地法人が為替管理部門を設置する必要がなくなり、重複コストの削減につながる。また、必ずしも為替管理に精通したスタッフを有しない現地法人も為替リスク管理の煩わしさから解放されることになる。

日本企業の為替管理体制の実態

これまで為替リスク管理体制を四つに類型化して、その特徴を説明してきた。日本企業は実際にどの類型の為替リスク管理体制を採用しているのだろうか。日本の本社企業に対して行ったアンケート調査（２０１３年度、２０１７年度、２０２１年度実施）の結果に基づいて、この点を確認してみよう。

表４－１は、上記４類型のいずれの為替リスク管理体制を採用しているかに関する質問への回答結果をまとめている。

まず、最も回答件数が多いのは第１類型の「主に日本の本社にだけ為替リスク管理の人員を配置している」である。２０１３年度調査から２０２１年度調査にかけて、全体に占めるシェアは緩やかに減少しているが、２０２１年度調査においても全体の75・０%を占めている。このように本社だけに為替リスク管理の人員を配置する企業が多数を占めるのはなぜだろうか。その理由は、為替リスクヘッジに対してかなり保守的な考えを持つ日本企業が非常に多いことにある。

日本の本社企業へのインタビュー調査を通じてわかったことだが、為替リスクヘッジを「投機」と考える企業が非常に多い。たしかに、たとえば為替先渡し予約（フォワード取引）を行っても、為替予約の実行日の現物レート（事後的な為替レート）が為替予約のレートと大きく異なる状況がたびたび起きる。為替予約を行っていなければ得られたはずの為替差益を逃してしまうことも少なくない。

表4－1　日本企業の為替リスク管理体制（回答件数；カッコ内は％）

調査年度	回答企業数（合計）	【第1類型】主に日本の本社にだけ為替リスク管理の人員を配置	【第2類型】本社に加えて可能な限り現地法人ごとに為替リスク管理の人員を配置	【第3類型】本社に加えて主に北米・欧州・アジアなどの地域統括会社ごとに為替リスク管理の人員を配置	【第4類型】本社に加えてグローバルなトレジャリーセンター（為替管理統括会社）を置き、為替リスク管理の人員を配置	その他
2021年度	88	66 (75.0)	8 (9.1)	6 (6.8)	2 (2.3)	8 (9.1)
2017年度	129	98 (76.0)	17 (13.2)	12 (9.3)	2 (1.6)	3 (2.3)
2013年度	146	115 (78.8)	25 (17.1)	9 (6.2)	3 (2.1)	0 (0.0)

（注）　日本の本社企業向けアンケート調査の質問項目「どのような為替リスク管理体制を採用しているか（複数回答可）」に対する回答の集計結果。表の2列目は回答企業数の合計を表す。3列目以降は回答件数を表す。複数回答を認めているため、回答件数の合計は必ずしも回答企業数に一致しない。カッコ内は各回答件数の回答企業数合計に占める割合を％表示。

（出所）　「日本企業の貿易建値通貨の選択に関するアンケート調査」2013年度、2017年度、2021年度実施分の回答結果に基づき作成。

また、想定外の為替差損を被ることもあり得る。どのように変化するかわからない将来の為替レートの動きを予測してヘッジをする作業に自社の貴重な資源（人員）を投入することに対して、企業が慎重な姿勢をとるのは当然ともいえる。

インタビュー調査においても、「製造業としてモノづくりに専念し、投機に相当するような為替ヘッジ等には、必要最低限の資源のみを投入する」と答える企業が数多くあった。本社だけに為替管理の人員を配置すると回答した企業が依然として全体の7割を超えているのは、上記のような理由からであろう。

次に、第2類型に該当する「本社に加えて可能な限り現地法人ごとに為替リスク管理の人員を配置している」と回答した割合が、２０１３年度調査から２０２１年度調査にかけて17・１％から９・１％へと大きく低下している。また、第３類型の「本社に加えて主に北米・欧州・アジアなどの地域統括会社ごとに為替リスク管理の人員を配置している」と回答した割合も目立った上昇は確認できない。２０１７年度調査では２０１３年度調査の６・２％から９・３％へと上昇したが、２０２１年度調査では６・８％へとやや低下している。２０２１年度調査結果については、その回答件数が少ないことを差し引いて考える必要があるが、この第３類型に該当する企業が明確に増えているわけではない。

第４類型の「本社に加えてグローバルなトレジャリーセンター（為替管理統括会社）を置き、為替リスク管理の人員を配置している」と回答した企業は非常に少ない。２０１３年度から２０２１年度までの過去３回のアンケート調査結果では、第４類型の占めるシェアがいずれもわずか２％前後にとどまっている。企業インタビュー調査においても、グローバル・トレジャリーセンターを設置していると回答した企業は、世界中に現地法人を展開している企業の中でも、ごく一部の企業に限られていた。

最後に、２０２１年度調査では「その他」を選んだ企業が８社あり、全体の９・１％に達している。この数字の伸びは無視できないが、その中身（自由記述欄）を見ると、８社中６社が「為替リスク管理のための人員や組織を設けていない」と回答していた。また、「本社が担当している」「海外担当部や経理部の中で状況を把握している」との回答もあった。つまり、「その他」を選んだ企業は海外現地法人や地域統括拠点などに人員を配置しているわけではなく、どちらかといえば第１類型の「本社にのみ為替リスク管理の人員を配置」しているケースに近いと考えられる。これも、モノづくりに専念する日本の製造業の特徴を反映しているだけでなく、為替ヘッジへの資源投入を節約する企業がむしろ増えてきていると解釈することも可能であろう。

(3) 日本企業の為替ヘッジ手段

日本企業はどのような為替リスクヘッジ手段を用いることができるのだろうか。図4－6は為替リスクヘッジの代表的な手法を整理している。基本的なヘッジ手法として、「フィナンシャル・ヘッジ」と「オペレーショナル・ヘッジ」の二つがある。さらに貿易建値通貨選択と価格改定（為替パススルー）の二つも為替変動リスクを回避する手段として用いることができる。

本項ではフィナンシャル・ヘッジに絞って説明する。フィナンシャル・ヘッジとは、為替市場においてデリバティブ取引を行い、為替リスクをヘッジする手法を指す。代表的な手法は「為替先渡し予約（フォワード取引）」である。たとえば輸出企業が受け取る予定のドルを銀行との先渡し予約を行うことで、事前に円での受取額を確定することができる。また、通貨を一定の期日（権利行使期日）までに、一定の価格（行使価格）で購入もしくは売却することができる権利を売買する「通貨オプション取引」も用いられる。

もう一つ、フィナンシャル・ヘッジの中でナチュラル・ヘッジにも該当するものとして、「外貨建て債務」を持つという手段がある。これは将来の外貨の受取りが予定されている場合に、同じ通貨

図4－6　為替リスクヘッジの代表的な手法

<table>
<tr><td>ヘッジ手法</td><td colspan="2">フィナンシャル・ヘッジ</td><td>オペレーショナル・ヘッジ</td><td>貿易建値通貨の選択</td><td>価格改定（パススルー）</td></tr>
<tr><td>財務諸表上の分類</td><td>デリバティブ・ヘッジ</td><td colspan="2">ナチュラル・ヘッジ</td><td rowspan="4">自国通貨建て
相手国通貨建て
第三国通貨（ドル）建て</td><td rowspan="4">行う／行わない</td></tr>
<tr><td rowspan="3">例</td><td>フォワード</td><td rowspan="3">外貨建て負債</td><td rowspan="3">• 海外への生産移転
• キャッシュフローの相殺（マリー、ネッティング、リーズ＆ラグズ）</td></tr>
<tr><td>オプション</td></tr>
<tr><td>その他</td></tr>
</table>

（出所）　清水・伊藤・鯉渕・佐藤（2021）第3章、図3－1を引用。

で外貨建て債務を持つことによって為替リスクを相殺する手法である。

　実際に日本企業はフィナンシャル・ヘッジの手段としてどれを用いているのだろうか。表４－２は日本本社企業に対するアンケート調査の結果をまとめたものである。フィナンシャル・ヘッジ手段の中で最も使用されているのは為替先渡し予約である。複数回答可としてアンケート調査での質問を行っているが、２００９年度から17年度まで、為替先渡し予約と回答した企業は全体の95％～98％の水準であった。ただし、21年度調査では、為替先渡し予約と回答した企業の全体に占める割合は83・５％へと低下している。

　これに対して、通貨オプションを利用している企業は少ない。全体に占めるシェアも、２０１３年度から21年度の３回の調査では12％～14％程度のシェアにとどまっている。オプション料が比較的高く、会計処理もやや複雑なため、規模の小さな企業では使用を避ける傾向がある[7]。

　２０２１年度調査の結果として注目すべきは、「その他デリ

表4－2　日本企業の為替ヘッジの利用（回答件数；カッコ内は％）

調査年度	回答企業数合計	為替先渡し予約	通貨オプション	その他デリバティブ
2021年度	79	66 (83.5)	11 (13.9)	17 (21.5)
2017年度	111	109 (98.2)	14 (12.6)	8 (7.2)
2013年度	121	118 (97.5)	15 (12.4)	7 (5.8)
2009年度	167	159 (95.2)	39 (23.4)	5 (3.0)

（注）日本の本社企業向けアンケート調査の質問項目「どの為替ヘッジ手段を利用しているか（複数回答可）」に対する回答の集計結果。表の2列目は回答企業数の合計を表す。3列目以降は回答件数を表す。複数回答を認めているため、回答件数の合計は必ずしも回答企業数に一致しない。カッコ内は各回答件数の回答企業数合計に占める割合を％表示。
（出所）「日本企業の貿易建値通貨の選択に関するアンケート調査」2009年度、2013年度、2017年度、2021年度実施分の回答結果に基づき作成。

バティブ」と回答した企業が17社に達している点である。ただし、「その他」の中身（自由記述欄）を確認すると、17件中7件は「なし（利用していない）」という回答であった。それ以外の回答として、「円建て取引がメインであるためヘッジを行っていない」が2件、「外貨建て債務を持つ」が2件、「通貨スワップを用いる」が2件、などという内訳であった。「その他デリバティブ」の回答件数が増えたとはいえ、実際には何も行っていない企業が4割以上を占めており、為替先渡し予約以外の高度なデリバティブの活用が増えているわけではないことを強調しておきたい。

本社企業向けアンケート調査では、為替ヘッジの社内ルールについても質問を行っている。表4－3－Aが示すように、「為替ヘッジの割合に関する社内ルールはあるか」という質問に対して、54％以上の企業が「社内ルールがある」と回答している。

表4－3　日本企業の為替ヘッジの社内ルールと割合（回答件数；カッコ内は%）

4－3－A　為替ヘッジの割合に関する社内ルールはあるか

調査年度	回答企業数合計	社内ルールがある	社内ルールはない
2021年度	92	50 (54.3)	42 (45.7)
2017年度	140	82 (58.6)	58 (41.4)
2013年度	169	92 (54.4)	77 (45.6)
2009年度	213	115 (54.0)	98 (46.0)

4－3－B　社内ルールに基づく為替ヘッジの割合はどの程度か

調査年度	回答企業数合計	約30%	約50%	ほぼ100%	その他
2021年度	48	6 (12.5)	14 (29.2)	18 (37.5)	10 (20.8)
2017年度	82	7 (8.5)	28 (34.1)	33 (40.2)	14 (17.1)
2013年度	91	12 (13.2)	35 (38.5)	31 (34.1)	13 (14.3)
2009年度	115	14 (12.2)	48 (41.7)	27 (23.5)	26 (22.6)

（注）日本の本社企業向けアンケート調査の質問項目「どの為替ヘッジ手段を利用しているか（複数回答可）」に対する回答の集計結果。表の2列目は回答企業数の合計を表す。3列目以降は回答件数を表す。複数回答を認めているため、回答件数の合計は必ずしも回答企業数に一致しない。カッコ内は各回答件数の回答企業数合計に占める割合を％表示。

（出所）「日本企業の貿易建値通貨の選択に関するアンケート調査」2009年度、2013年度、2017年度、2021年度実施分の回答結果に基づき作成。

次に、「社内ルールがある場合、為替ヘッジの割合はどの程度か」という質問を行ったが、それに対する回答として注目すべきは、「ほぼ100%」と回答した企業が2017年度（40・2%）と2021年度（37・5%）でいずれも最大となっている点である（表4－3－B）。大幅な円高と円安を経験した日本企業が、為替レート変動のリスクをより注視するようになり、ヘッジ比率を高めていると解釈することができるだろう(8)。

ここまでフィナンシャル・ヘッジについて考察してきたが、日本企業は為替先渡し予約を主に使用しており、他のデリバティブ取引を使用する企業はまだまだ少ないことが確認できた。日本の製造業企業はモノづくりに専念し、投機にあたるような為替ヘッジを積極的に行っているわけではない。しかし、海外に生産・販売拠点を展開する日本企業は、オペレーショナル・ヘッジを積極的に活用し、さらに貿易建値通貨も戦略的に選択することで、為替変動リスクに対処する努力をしている。次節では、この日本企業の戦略をケーススタディに基づいて明らかにしたい。

3　日本企業の通貨戦略：主要産業のケーススタディ

本節では、日本企業が為替変動リスクにいかに対処しているかを、特に貿易建値通貨選択とオペレーショナル・ヘッジの二つに焦点を当てながら明らかにする。企業が建値通貨選択と為替リスク管理を戦略的に実施することを、本書では企業の「通貨戦略」と呼んでいる。以下では、日本の主要産業の通貨戦略の特徴をケーススタディによって示すが、このケーススタディは過去４回にわたって実施した日本企業へのインタビュー調査とアンケート調査に基づいている。調査にご協力頂いた企業の匿名性を守りながら、企業の通貨戦略の実態を明らかにしていきたい。

本節の最大の特徴は、２０００年代から現在までの期間における、日本企業の通貨戦略の変化を明らかにしている点にある。１９９８年の外為法改正以降、外国為替取引が完全に自由化され、貿易取引の決済方法に関する選択肢が格段に増えたことは前節で指摘した。この外為法改正によって日本企業は円建て取引を増やしたわけではなく、むしろ外貨建て（その中心はドル建て）取引を拡大する結果となった。外貨建てでの貿易取引が中心となるなかで、日本企業はどのように為替変動リスクに対処してきたのかを明らかにする。

(1)　１９９８年外為法改正と貿易建値通貨選択

まず、議論の出発点として、１９９８年４月の外為法改正以前に、日本の輸出入でどの通貨が建値通貨として使用されていたかを確認してみよう。表４－４は１９９８年３月における日本の輸出入の建値通貨選択を地域別、産業別に示したものであり、旧通産省が公表していたデータである。

日本の対世界輸出の建値通貨比率をみると（表４－４－A）、一般機械や電気機械の円建て比率は30％台にとどまっている。輸送用機器全体でみると円建て比率は43・４％だが、乗用車や部品等は40％を下回っている。より注目すべきは対東南アジア輸出の円建て比率であり、総じて円建て比率

表4－4　日本の輸出入の建値通貨比率：1998年3月

4－4－A　輸出

（単位：%）

	対世界		対米国		対EU		対東南アジア	
	円建て	ドル建て	円建て	ドル建て	円建て	ドル建て	円建て	ドル建て
全品目	36.0	51.2	15.7	84.1	34.9	13.2	48.4	48.7
食料品	52.7	42.9	17.6	82.4	37.9	21.1	59.2	35.6
繊維及び同製品	35.7	59.0	16.3	83.3	59.8	8.8	28.2	70.8
化学製品	29.7	61.5	29.0	70.5	38.3	20.4	29.8	68.5
非金属鉱物製品	41.8	50.9	18.4	81.3	40.7	11.6	53.1	43.1
金属及び同製品	21.3	74.3	11.2	88.8	34.2	31.2	23.2	76.2
一般機械	38.1	50.2	17.7	82.1	32.6	22.9	59.7	37.7
電気機械	32.4	55.6	13.6	86.4	37.4	9.7	42.7	53.4
IC（集積回路）	21.4	68.9	9.3	90.5	16.2	15.9	26.7	70.8
通信機	24.8	59.2	10.8	89.2	38.0	6.1	34.0	48.6
輸送用機器	43.4	40.4	12.6	87.4	36.9	3.6	81.3	15.4
乗用車	37.6	40.7	13.6	86.4	37.8	0.1	87.7	2.6
部品等	39.3	53.8	12.4	87.6	51.2	0.1	81.1	17.8
精密機器	37.1	45.6	20.9	78.9	34.5	6.2	61.5	37.1
その他	27.2	55.6	16.6	83.2	23.8	13.0	40.3	54.9

4－4－B　輸入

（単位：%）

	対世界		対米国		対EU		対東南アジア	
	円建て	ドル建て	円建て	ドル建て	円建て	ドル建て	円建て	ドル建て
全品目	21.8	71.5	16.9	83.0	44.3	14.3	26.7	71.6
食料品類	27.4	66.7	21.4	78.6	31.7	19.0	30.7	68.8
原料品	6.8	91.3	1.2	98.7	27.6	53.0	14.8	84.6
鉱物性燃料	1.3	98.6	4.5	95.5	38.0	42.8	1.0	98.7
原油及び粗油	0.5	99.3	0.0	100.0	−	−	4.6	93.3
石油製品	0.9	98.9	1.7	98.3	29.8	52.7	1.0	99.0
製品類	28.2	62.2	16.9	83.0	46.5	12.3	33.7	63.9
化学製品	32.1	61.2	14.8	85.1	76.8	7.6	22.8	71.5
繊維製品	18.5	72.5	11.1	88.6	41.8	6.0	16.6	82.0
金属製品	27.2	69.7	14.4	85.6	35.1	43.1	51.6	46.9
機械機器	31.2	57.3	19.8	80.3	35.2	10.1	37.7	60.1
事務用機器	31.9	65.4	32.6	67.3	16.5	62.1	34.9	63.1
半導体等	51.6	47.4	23.2	76.8	44.4	32.1	54.3	45.6
自動車	43.0	14.2	26.0	73.9	45.7	0.2	90.5	7.6
その他	20.8	67.4	14.7	85.2	31.0	15.3	24.5	72.7

（出所）　通産省「輸出入決済通貨建動向調査」

が高い。電気機械輸出の円建て比率は42・7％だが、一般機械輸出の円建て比率は59・7％、輸送用機器輸出の円建て比率は81・3％という高さである。特に東南アジア向けの乗用車輸出では87・7％が円建てで取引されている。

1998年3月時点でも対世界輸入の円建て比率が低いことは第3章の図3－2によって確認できるが、その傾向は産業別でみても変わらない。表4－4－Bによると、製品類輸入の円建て比率は28・2％であり、機械機器輸入に絞っても31・2％にすぎない。対東南アジア輸入に目を転じても、製品類輸入で33・7％、機械機器輸入で37・7％と、円建て比率はやや高い程度の水準にとどまっている。

なお、東南アジアからの自動車輸入の円建て比率が90・5％に達しているが、そもそもこの時期に東南アジアからの自動車輸入は少なかったことを踏まえて解釈する必要がある。

表4－4に示した旧通産省のデータは外為法改正に伴い公表が中止された。その後、財務省が2000年下半期のデータを公表するまで、貿易建値通貨に関するデータ公表の空白期が生まれ、1999年のデータを入手できない状況となった。また、財務省は産業別のデータ公表を行っていないため、日本の総輸出と総輸入の建値通貨選択の情報しか入手できなくなった。

この空白期を埋めたのが日本銀行である。日本銀行は、1999年から12月のみのデータを産業別で公表し始めた。旧通産省のデータが税関レベルの輸出申告統計、輸入申告統計を包括的に使用して作成されていたのに対して、日本銀行の建値通貨のデータは各産業を代表する企業をサンプル調査した結果に基づいて作成されている。サンプルとして選ばれた企業名や輸出入品目の詳細は公表されていないが、旧通産省のデータと比較すると限定的な数の企業を調査したものであり、多少のバイアスが生まれている可能性は否定できない[9]。そのような留意点はあるが、産業別の建値通貨選択を知る上で、表4－5と表4－6にまとめた日本銀行の建値通貨比率データは非常に有益な情報を提供してくれる。

表4－5は1999年12月から2022年12月までの輸出の建値通貨比率データを円建てとドル建てに分けて、産業別に示している。外為法改正前後の1998年3月（表4－4）と1999年12月（表4－5）の変化に着目してみよう。注目すべきは、1999年12月の電気・電子機器と輸送用機器において円建て比率がそれぞれ19・7％と12・8％にまで大きく低下しており、一般機械の円建て比率が64・1％へと大幅に上昇している点である。この二つの表が示す円建て比率の変化は、電気・電子機器と輸送用機器の輸出において、1998年外為法改正により外貨建て取引が急速に拡大したことを示唆している。また、一般機械の輸出では逆に円建て取引が大幅に増加したことが示唆される。しかし、このように解釈することには慎重であるべきだろう。

表4－5において、1999年12月だけでなく、それ以降の時期の円建て比率をみると、たとえば電気・電子機器では円建て比率が1999年12月から03年12月まで大幅な増減を繰り返している。1999年の19・7％から翌00年には30・3％へと上昇し、次の2001年には再び19・4％に低下している。円建て比率の変動が落ち着くのは2003年になってからである。輸送用機器の円建

て比率も同様で、1999年と00年の12・8%から01年には9・0%へとさらに低下している。2002年に22・5%へと上昇してから、ようやく円建て比率の水準が安定した。一般機械においても、1999年の64・1%から02年の46・8%まで、短期間で急速に比率を下げて、その後は円建て比率がある程度安定的に推移している。

この円建て比率の大きな変動は、外為法改正後の日本企業の建値通貨選択行動が大きく変化した結果と捉えるよりも、日本銀行のデータが精度を高めるのに数年を要したことが理由だと解釈するほうが自然だと思われる（章末のBOX 4－2を参照）。ただし、表4－4－Aの1998年3月の対世界輸出と比較すると、2000年代後半の円建て輸出比率は一般機械と電気・電子機器でやや上昇しており、輸送用機器は円建て輸出比率がかなり低下している[10]。

表4－6の輸入の建値通貨比率をみると、1999年以降の最初の数年間で円建ては緩やかに上昇していった。全輸入では、1999年の17・0%から02年には23・1%へと円建て比率が上昇している（表4－6－A）。日本の輸入のドル建て比率が高いことは第3章でも指摘したが、表4－6－Bによると、機械製品輸入の総額を示す「機械器具」では1999年の65・4%から2003年の55・1%までドル建て比率が低下している。同じ時期に化学製品のドル建て輸入比率も63・8%から54・9%へと低下しており、繊維品の輸入においては1999年の70・6%から2003年には47・7%までドル建て比率が低下している。最後に表4－4－Bの1998年3月の対世界輸入と比較すると、1999年12月以降の円建て比率は食料品と金属・同製品で低下しており、機械器

建値通貨比率：1999年12月～2022年12月

4－5－B　ドル建て輸出比率

（単位：%）

年	繊維品（0.92）	化学製品（11.75）	金属・同製品（10.35）	一般機械（19.65）	電気・電子機器（21.02）	輸送用機器（26.99）	その他産品・製品（9.32）	全輸出（100.00）
1999	88.2	90.2	82.8	26.8	74.8	52.1	78.2	62.4
2000	88.2	89.6	82.8	32.1	64.4	52.1	76.6	59.6
2001	87.8	87.8	88.9	33.3	72.4	51.6	74.3	62.8
2002	75.7	79.1	90.9	34.7	64.3	53.4	61.4	59.0
2003	75.7	76.4	83.2	34.6	55.5	54.4	63.7	55.5
2004	72.7	76.4	83.1	34.9	53.2	49.6	60.8	53.8
2005	72.7	74.7	83.4	32.1	53.8	49.6	55.9	53.0
2006	72.8	75.3	80.7	33.6	52.5	53.0	57.6	53.4
2007	78.8	75.6	82.6	36.6	54.1	48.3	57.5	54.4
2008	78.8	76.7	85.8	36.9	53.1	49.1	57.3	54.7
2009	78.8	76.3	86.8	38.7	54.1	52.4	52.0	55.7
2010	78.8	76.4	86.3	36.4	54.1	52.8	63.2	56.0
2011	66.7	74.8	80.2	35.6	52.6	54.8	67.7	55.3
2012	69.9	70.3	80.0	24.4	49.2	48.7	59.6	51.4
2013	73.3	68.5	78.2	23.2	49.2	50.3	60.3	51.2
2014	79.8	69.4	77.8	26.0	53.5	50.3	62.3	53.1
2015	79.8	70,5	77.4	27.7	55.6	48.3	60.7	53.3
2016	51.1	69.4	78.8	26.0	54.6	46.3	62.0	51.6
2017	55.1	69.4	78.8	24.5	53.4	46.3	62.1	51.1
2018	51.1	69.2	77.6	24.7	54.5	46.8	62.5	51.4
2019	51.1	69.6	80.2	24.5	53.9	46.8	62.7	51.1
2020	49.6	69.8	79.7	24.0	52.8	46.8	62.2	51.1
2021	49.6	69.8	79.0	25.8	52.8	45.2	60.1	50.7
2022	47.5	57.3	78.1	26.3	53.9	45.5	59.6	49.6

すべて12月分の建値通貨比率。

表4－5　日本の対世界輸出の産業別

4－5－A　円建て輸出比率

（単位：%）

年	繊維品 (0.92)	化学製品 (11.75)	金属・同製品 (10.35)	一般機械 (19.65)	電気・電子機器 (21.02)	輸送用機器 (26.99)	その他産品・製品 (9.32)	全輸出 (100.00)
1999	9.1	9.2	14.8	64.1	19.7	12.8	16.2	26.7
2000	9.1	9.7	17.1	58.7	30.3	12.8	17.8	29.7
2001	9.4	9.9	11.1	56.6	19.4	9.0	20.1	24.3
2002	24.0	17.3	7.8	46.8	27.5	22.5	29.7	28.5
2003	24.0	19.8	15.5	46.3	35.7	22.2	27.9	31.8
2004	27.0	19.6	15.7	47.9	36.8	21.0	29.9	32.3
2005	27.0	21.1	15.4	51.0	36.8	21.0	34.9	33.3
2006	27.2	20.4	18.1	49.2	39.8	21.0	33.3	34.0
2007	21.2	20.3	16.4	45.6	37.3	23.9	34.3	32.1
2008	16.0	20.0	13.2	44.8	36.9	19.0	34.8	30.3
2009	16.0	20.3	12.2	43.6	36.1	19.8	35.0	30.0
2010	16.0	20.6	12.7	44.9	35.5	21.0	28.0	30.0
2011	17.8	23.5	19.1	49.3	37.3	19.8	24.3	31.7
2012	10.8	28.7	19.4	64.1	40.8	32.3	35.3	38.6
2013	7.5	29.4	21.1	64.0	41.3	29.8	34.5	38.1
2014	9.5	28.9	21.5	61.9	37.3	29.8	33.0	36.7
2015	9.5	26.4	21.9	59.4	36.0	29.8	34.0	35.9
2016	38.8	28.6	20.2	59.8	37.6	35.7	30.1	37.8
2017	34.8	28.6	20.2	60.7	38.1	35.7	32.6	38.2
2018	38.8	28.8	21.5	60.4	37.0	34.6	32.2	37.8
2019	38.3	28.3	18.9	61.0	37.6	34.5	30.0	37.5
2020	38.8	27.8	18.4	61.6	38.4	34.5	30.6	37.7
2021	38.8	27.8	19.1	58.5	38.7	33.1	33.6	37.1
2022	32.6	34.5	20.0	60.2	37.9	28.9	33.5	37.2

（注）産業名の下にあるカッコ内の数値は、2020年基準の輸出物価データにおける各産業のウエートを表す。
（出所）日本銀行ウェブサイトより作成。

建値通貨比率：1999年12月～2022年12月

4－6－B　ドル建て輸入比率

（単位：%）

年	食料品 (8.51)	繊維品 (5.86)	金属・同製品 (10.16)	木材・木製品 (1.66)	石油・石炭・天然ガス (21.36)	化学製品 (10.84)	機械器具				その他産品・製品 (8.23)	全輸入 (100.00)
								一般機械 (7.59)	電気・電子機器 (20.67)	輸送用機器 (5.12)		
1999	72.4	70.6	83.6	100.0	100.0	63.8	65.4	n.a.	n.a.	n.a.	68.2	76.9
2000	76.2	71.0	83.6	100.0	100.0	63.8	59.3	n.a.	n.a.	n.a.	67.6	75.6
2001	76.2	72.9	83.4	100.0	100.0	59.8	57.3	n.a.	n.a.	n.a.	68.2	74.9
2002	72.2	49.8	84.3	82.0	100.0	56.0	56.6	n.a.	n.a.	n.a.	70.0	71.3
2003	71.9	47.7	82.6	80.9	100.0	54.9	55.1	n.a.	n.a.	n.a.	72.1	70.5
2004	71.5	50.0	82.0	80.1	100.0	53.2	56.2	n.a.	n.a.	n.a.	74.8	71.1
2005	69.7	49.3	83.2	80.1	99.7	52.4	57.1	n.a.	n.a.	n.a.	74.3	71.1
2006	68.5	48.8	83.8	80.2	99.6	55.3	55.7	n.a.	n.a.	n.a.	74.5	70.7
2007	68.1	42.8	83.4	76.4	100.0	52.9	n.a.	61.7	55.7	30.9	74.0	71.8
2008	67.8	43.1	84.1	73.6	100.0	50.1	n.a.	59.6	52.5	30.9	72.7	70.4
2009	68.7	49.0	84.4	70.1	96.6	50.3	n.a.	59.6	55.5	30.9	71.1	70.6
2010	67.4	52.4	85.2	73.2	93.7	51.4	n.a.	59.6	53.9	34.7	72.2	69.9
2011	61.9	50.2	83.3	73.8	93.6	50.7	n.a.	58.1	52.6	34.7	70.9	68.5
2012	59.9	45.0	87.0	67.0	91.3	36.4	n.a.	53.5	53.8	42.2	73.0	68.9
2013	61.3	43.6	87.2	67.0	91.3	36.9	n.a.	54.4	54.3	42.8	72.4	69.1
2014	62.6	40.9	87.0	70.3	91.3	36.2	n.a.	54.4	54.0	42.8	71.9	69.0
2015	60.9	40.1	86.1	79.7	91.3	36.4	n.a.	59.5	64.9	47.4	71.7	71.3
2016	63.0	33.1	80.9	78.5	96.7	41.0	n.a.	56.5	65.0	42.4	66.5	68.8
2017	63.0	37.2	80.3	78.5	96.7	41.7	n.a.	54.9	62.2	42.4	68.1	68.5
2018	63.2	36.3	80.0	78.5	96.7	42.2	n.a.	54.9	63.8	42.4	68.5	68.8
2019	61.7	34.5	80.8	78.5	98.0	41.7	n.a.	50.5	63.8	42.0	68.0	68.6
2020	61.7	34.8	81.7	78.5	98.0	42.8	n.a.	50.5	63.8	40.9	67.8	68.8
2021	61.7	35.2	83.2	78.5	98.0	42.8	n.a.	50.5	64.6	39.4	67.4	74.1
2022	54.0	36.7	80.9	77.1	97.3	26.3	n.a.	43.1	70.2	37.8	63.1	64.8

すべて12月分の建値通貨比率。

表4－6　日本の対世界輸入の産業別

4－6－A　円建て輸入比率

（単位：％）

年	食料品（8.51）	繊維品（5.86）	金属・同製品（10.16）	木材・木製品（1.66）	石油・石炭・天然ガス（21.36）	化学製品（10.84）	機械器具	一般機械（7.59）	電気・電子機器（20.67）	輸送用機器（5.12）	その他産品・製品（8.23）	全輸入（100.00）
1999	20.4	22.3	14.7	0.0	0.0	35.2	24.9	n.a.	n.a.	n.a.	13.8	17.0
2000	16.7	22.3	14.7	0.0	0.0	35.2	30.6	n.a.	n.a.	n.a.	14.4	18.3
2001	16.7	20.4	14.9	0.0	0.0	36.0	32.8	n.a.	n.a.	n.a.	13.9	18.7
2002	17.1	45.6	13.0	1.4	0.0	38.6	36.9	n.a.	n.a.	n.a.	19.2	23.1
2003	17.0	47.4	14.7	1.6	0.0	39.4	38.7	n.a.	n.a.	n.a.	16.8	23.9
2004	16.8	45.8	15.3	2.2	0.0	41.1	37.7	n.a.	n.a.	n.a.	16.5	23.6
2005	18.8	46.1	14.2	5.4	0.3	42.5	36.6	n.a.	n.a.	n.a.	15.2	23.4
2006	19.5	46.1	13.6	7.4	0.4	39.8	37.9	n.a.	n.a.	n.a.	15.0	23.8
2007	19.3	55.1	14.7	10.6	0.0	40.4	n.a.	22.4	43.6	52.7	17.9	23.3
2008	19.0	54.8	14.7	10.4	0.0	43.0	n.a.	24.4	46.9	53.1	19.9	24.6
2009	18.2	48.9	14.3	3.8	3.4	43.3	n.a.	24.4	43.1	51.9	17.9	24.0
2010	19.8	46.2	13.5	3.2	6.3	41.5	n.a.	24.4	45.5	40.7	20.5	24.8
2011	25.9	47.8	15.1	3.2	6.4	43.0	n.a.	27.5	45.7	40.7	22.7	26.2
2012	32.1	54.4	11.7	7.5	8.7	51.3	n.a.	41.0	45.6	42.1	21.5	27.2
2013	31.9	55.9	10.8	7.5	8.7	50.9	n.a.	40.1	44.7	42.1	22.1	27.2
2014	30.3	57.5	11.0	4.1	8.7	51.5	n.a.	40.1	44.9	42.1	21.9	27.2
2015	32.1	56.4	11.9	4.1	8.7	51.3	n.a.	35.0	33.7	37.1	23.3	25.0
2016	27.6	62.1	15.5	5.1	3.3	49.3	n.a.	35.7	32.7	40.7	25.9	26.2
2017	26.8	58.1	16.1	5.1	3.3	48.7	n.a.	36.2	35.1	40.0	24.3	26.2
2018	26.9	58.5	14.7	5.1	3.3	48.6	n.a.	36.2	34.2	40.1	24.3	25.9
2019	28.2	60.1	14.5	5.1	2.0	48.0	n.a.	40.6	34.4	38.9	24.3	26.0
2020	28.2	58.7	13.5	3.1	2.0	48.2	n.a.	40.6	34.0	47.6	24.7	26.2
2021	28.0	59.2	12.0	3.1	2.0	48.2	n.a.	40.6	33.0	48.2	25.0	25.9
2022	36.4	60.8	14.6	0.9	2.7	64.2	n.a.	48.4	26.2	52.7	28.5	29.8

（注）　産業名の下にあるカッコ内の数値は、2020年基準の輸入物価データにおける各産業のウエートを表す。
（出所）　日本銀行ウェブサイトより作成。

具においても表4－4－Bの機械機器と比べて円建て比率が低下している。

ここまで、1998年4月の外為法改正前後の建値通貨選択について、公表データに基づいて確認してきた。対世界輸出および対世界輸入の建値通貨選択は、外為法改正の前後で一様に大きく変化したのではなく、産業ごとで変化の度合いのばらつきが大きいことが確認された。しかし、1998年外為法改正によって企業の建値通貨選択と為替リスク管理の選択肢が大きく広がったことは間違いない。以下では、1999年以降、日本の主要産業が貿易建値通貨選択をどのように変化させてきたのかに焦点を当てながら、企業インタビュー調査とアンケート調査の結果に基づいて、日本企業の通貨戦略の実態に迫っていく。

(2) 電機メーカーの通貨戦略

第1回目の日本企業に対するインタビュー調査は、2007年9月から2008年12月にかけて合計22社に対して実施した。その中に大手電機メーカーと電子部品メーカーが計10社含まれている。これら企業へのインタビューを通じて、大手電機メーカーの大半は日本からドル建てで輸出を行っていることが確認された。このドル建て輸出比率の高さは、日本銀行が公表する表4－5の数値とおおむね整合的である。電機メーカーの建値通貨選択と為替リスク管理について特徴的な点を以下にあげていく。

現地法人向け輸出（企業内貿易）における建値通貨選択

第一に、日本の本社企業は、その輸出の大半が海外の現地法人向け（つまり企業内貿易）であり、自社の現地法人に為替リスクを負わせないことを基本方針としている。現地法人には為替リスクを管理する十分な体制が整っていないと考えて、この基本方針を採用している企業が多く見られた。図３－３－Ｂで示したように、本社企業は現地法人向けの輸出において輸入国通貨を建値通貨として選択し、為替リスクを本社に集中させる。ただし、これは輸入国通貨が国際的に取引されるハードカレンシーである場合に観察される建値通貨選択行動である。

輸入国が新興国や途上国であり、同国通貨が為替管理の下で自由に取引できない場合は、図３－４－Ａで示したように、日本から当該国への輸出において円、ドル、ユーロなどのハードカレンシーが使用される。ハードカレンシーの中でどの通貨を選ぶかについては、①完成品の最終輸出先はどこか、②現地法人にとって現地通貨との為替リスクをヘッジしやすい通貨はどれか、という二点で建値通貨が決まる。これについては、以下で改めて説明する。

独立企業向け輸出における建値通貨選択

第二に、日本本社から資本関係のない独立企業向けに輸出が行われる場合、建値通貨選択は本社企業と輸入国企業との間の力関係、つまり交渉力の優劣によって決まる。本社企業としては、資本関係のない取引先に輸出するときはできる限り為替リスクを負担したくない。円建てで輸出を行うことは、為替変動リスクを回避するための第一の選択肢である。

ただし、輸出先市場で競合他社との厳しい価格競争を行う場合は、輸入国通貨建てで取引するPTM行動を戦略的に選ぶことになる。もし輸入相手国が新興国や途上国である場合、特に同国が為替管理を導入している場合は、相手国通貨ではなく、ドル建てでの輸出を選択する。

このように海外現地法人向け（企業内貿易）か、資本関係のない取引先向け（企業間貿易）かによって、本社企業の建値通貨選択は大きく異なり得る。なお、輸出する財の特性や業界内の取引慣行によっては、特定の通貨が建値通貨として選ばれる。半導体等の電子部品、コンピューター関連機器、家電などは世界的にドル建て取引を行うことが業界の慣行になっているため、電機産業の貿易建値通貨選択ではドルが選ばれる傾向が強いといえる。

最終輸出先と三角貿易

海外現地法人向け輸出における建値通貨決定要因が、①完成品の最終輸出先はどこか、②現地法人にとって現地通貨との為替リスクをヘッジしやすい通貨はどれか、の二つであることはすでに指摘した。要因①については多くの企業が、完成品の最終輸出先が米国であることが多いため、最終財の輸出に至るまでの生産連鎖（中間財の貿易）においてもドル建てが選択されることを指摘した。図3－4－Bで示したように、中国から米国への最終財輸出がドル建てで行われることを前提として、この最終財輸出に至るまでの過程をすべてドル建てで取引することで、本社企業が為替リスクを負うことになる。なお、図３－４－Ｂでは中国の現地企業が米国に輸出する事例を示しているが、中国の現地企業の代わりに、日系現地法人が最終財を米国に輸出するケースを考えると理解しやすいだろう。

要因②については、先進国向けの企業内輸出の場合、同国通貨がハードカレンシーであることが多く、輸入国の通貨建てで取引することに大きな障害はない。他方で新興国や途上国向けの企業内貿易の場合、同諸国の大半は厳格な為替管理を行っている。このとき現地通貨建て取引は行わず、円やドルなどのハードカレンシーを建値通貨として用いる。

現地法人の調達・販売がドル建てで行われている場合、本社からの輸出もドル建てで行うほうが、現地法人が輸出入代金の受取りと支払いを相殺（マリー）しやすくなる。実際にアジアでドルが多く使われているため、日本本社からの輸出もドル建てを選択することが多くなっている。ただし、アジアの現地法人が他の日本企業のアジア所在現地法人と取引する場合、日系現地法人同士の取引は円で行われることも多い。

アジアで活動する日系現地法人は、本社企業との取引や海外との輸出入を円やドルで行っているとしても、現地での調達や支払いも一定程度行っているため、現地通貨に対するエクスポージャーが発生する。日系現地法人にとっては、この現地通貨に対する為替リスクをどうやって回避するかという課題は残る。結局、必要に応じて現地通貨とハードカレンシーを交換せざるを得ず、邦銀の現地支店等に依頼して為替取引を行うことになる。

キャッシュプーリングとグローバル・トレジャリーセンター

グループ企業向け輸出をドル建てに統一している電機メーカーの中には、北米、欧州、アジアなどの主要地域に金融子会社として機能する地域統括拠点を置き、各地域の現地法人が同拠点に共通のプーリング口座を持つ「キャッシュプーリング」を導入している企業もある。これは為替リスク管理体制の第3類型（表4－1）に相当する。各地域内で現地法人がプーリング口座を通じて資金融通を行い、グループ内の資金効率を高めることが目的である。それぞれの地域統括拠点（金融子会社）が、域内の債権債務を自らのプーリング口座に集中させ、ネッティングを通じて域内の債権債務を相殺する。地域統括拠点は相殺後の最終的な差額分を本社の財務部に集約する。こうして本社がグループ全体の資金管理を行っている。

第4類型のグローバル・トレジャリーセンター（グローバルな為替管理統括会社）とは、このキャッシュプーリング・システムをさらに推し進めた仕組みである（表4－1）。グローバルな為替管理統括会社を設置し、各地域の統括拠点だけでなく本社も含めて、グローバルベースでネッティングを行う仕組みである。

ドル建て取引を基本とし、さらに輸出と輸入を同水準で均衡させることで、入金と出金のバランスをとり、為替リスクを最大限に削減する。各地域において通貨規制のある国から為替のオペレーションが自由な国へと集中化を図り、リスク管理のノウハウを蓄積した地域統括拠点でリスクヘッジを行う。各拠点が為替エクスポージャーを極力削減した後、残ったエクスポージャーを為替管理統括会社に集中させてヘッジを行っている。

ただし、グローバル・トレジャリーセンターはグループ全体での為替リスク管理を最大限に効率化した仕組みであるとしても、この形態の為替リスク管理を追及している企業は少ない。実際に、インタビュー調査対象企業の中でも、グローバル・トレジャリーセンターを設けている企業はごく少数であったことを強調しておきたい。

リインボイス

日本企業へのインタビューから得られた情報の中で、最も興味深い通貨戦略として、「リインボイス」がある。大手電機メーカーへのインタビューで最初にリインボイスに関する情報を得たが、その後のインタビュー調査を通じて、他の産業でもこのリインボイスが積極的に活用されていることが確認された。この取引は図4－7に示すような仕組みである。

図4－7は、アジア（たとえばマレーシア）に所在する日系現地法人が生産した財を、北米（たとえば米国）に所在する同じグループの日系現地法人に輸出したケースを示している。ここで「物流」上は生産された財がマレーシアから米国に直接輸送される。しかし、「商流」上は日本の本社企業を経由する取引を行う。つまり、日本本社が一度マレーシアから財を購入し、同財を本社が米国の現地法人に販売する。この商流上の取引は、最終輸出（販売）先が米国である場合、すべてドル建てで取引される。この本社経由の商流上の取引がリインボイスと呼ばれている。(11)

図4−7　アジア現地法人から北米向け輸出のリインボイス

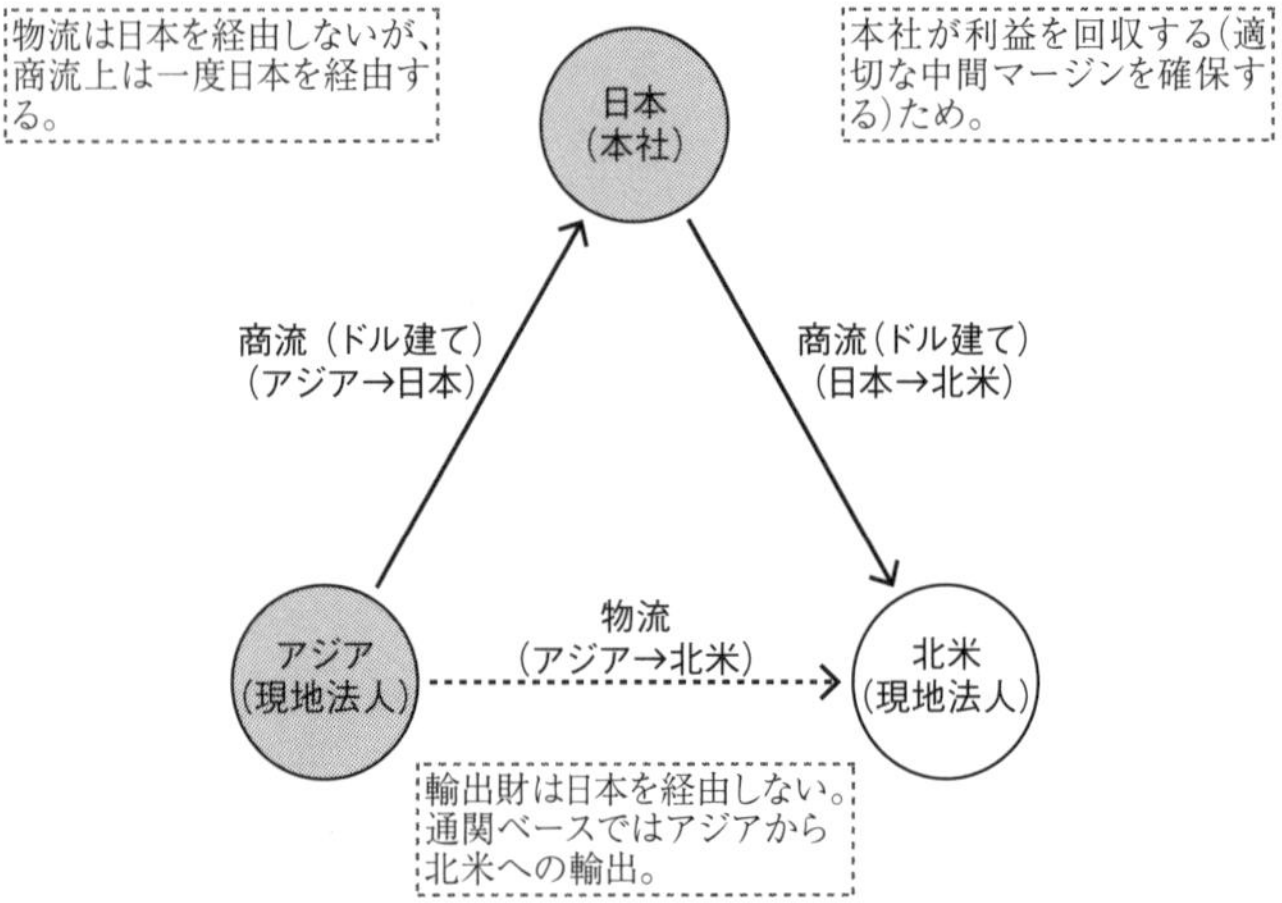
物流は日本を経由しないが、商流上は一度日本を経由する。
本社が利益を回収する（適切な中間マージンを確保する）ため。
日本
（本社）
商流（ドル建て）
（アジア→日本）
商流（ドル建て）
（日本→北米）
物流
（アジア→北米）
アジア
（現地法人）
北米
（現地法人）
輸出財は日本を経由しない。通関ベースではアジアから北米への輸出。

なぜ物流に沿って取引をするのではなく、商流上、日本の本社を経由することが必要なのだろうか。インタビュー調査では、多くの企業が「本社が利益を回収するため」であると回答した。日本企業の多くは自社の技術が海外に渡ることを防ぐため、日本国内に研究開発拠点を設けて、積極的な研究開発（R&D）投資を行っている。R&Dの費用を負担する本社はリインボイスを通じて利益を回収することで、R&D投資コストなどを賄っている。

また、図4−7の状況では、日本本社はマレーシアからの調達に伴う支払いと、米国への販売による受取りを相殺（ネッティング）することによって効率的に決済することができる。ただし、次の電子部品メーカーにおいて詳しく述べるように、リインボイスはもう少し複雑かつ効率的な取引として活用されている。

(3)　電子部品メーカーの通貨戦略(12)

日本企業の業績悪化の要因

電子部品メーカーへのインタビュー調査を通じて、日本本社企業からの輸出の大半が海外現地法人向けの輸出であり、ドル建て取引が基本であることが確認された。

電子部品の中でも汎用製品の場合は、その製品特性から差別化が難しいため、厳しい価格競争に晒される。アジアには台湾、韓国の企業など多数の競合相手がおり、これら企業がドル建てで取引していること、さらに買い手である顧客も世界中の電子部品製造企業と取引をしていることから、価格競争も非常に厳しい。為替レートが大きく変動したとしても、それを理由に輸出財の価格を引き上げるのは容易ではない。

日本企業も汎用製品だけを生産していたわけではない。以前は付加価値の高いカスタム品を生産して、輸入相手に対する価格交渉力を高めていた。そもそもカスタム製品は開発に年月を要することが一般的であり、相手企業のエンジニアと協力して開発し、その輸入相手の顧客企業は日本の電機メーカーであることが多かった。最終的な顧客がアジアで事業活動をする日本のメーカーである限り、価格交渉力の高さによって、日本から円建てで輸出することも可能であった。

しかし、２０００年代に入ると日本の大手電機メーカーの業績は悪化した。電子部品企業の海外現地法人にとって、現地の取引先は日系大手電機メーカーの現地法人であることが多かったが、取引先としての日系電機メーカーのウエートが低下するのに伴い、電子部品企業は日系メーカー以外の顧客に販路を広げざるを得なくなった。スマートフォンの世界シェアを見れば容易に想像できるように、顧客の中心はアップルやサムスンなどの海外メーカーにシフトした。これらグローバル企業はドル建てでの取引を要求する。カスタム品のウエートが下がり、汎用品が主流となった日本の電子部品企業は、ドル建て取引を選択せざるを得なくなった。

海外の顧客がドル建て取引を要求する以上、日本の本社から海外現地法人である販売会社への輸出はドル建てで行わざるを得ない。ドル以外の通貨で（たとえば円で）取引をすると、販売会社が為替リスクを負うことになるからである。海外現地法人が生産子会社である場合も同様であり、生産子会社の顧客がドル建ての取引を求めれば、日本の本社から生産子会社への部品等の輸出もドル建て取引を行うほうが、生産子会社にとってメリットが大きい。こうして本社から海外現地法人への輸出をドル建てで行い、為替変動に伴うリスクは本社が負担するようになった。

海外生産ネットワーク下のリインボイス

これまで述べたように、本社企業は現地法人との取引において自らが為替リスクを負担しようとする。この本社への為替リスク集約を徹底させる仕組みが、先に述べた「リインボイス」である。電子部品メーカーの生産ネットワークにおいて、このリインボイスがどのように機能しているかを図4－8に基づいて説明しよう。

図4−8　日本・アジア・米国間のリインボイス：電子部品メーカーの事例

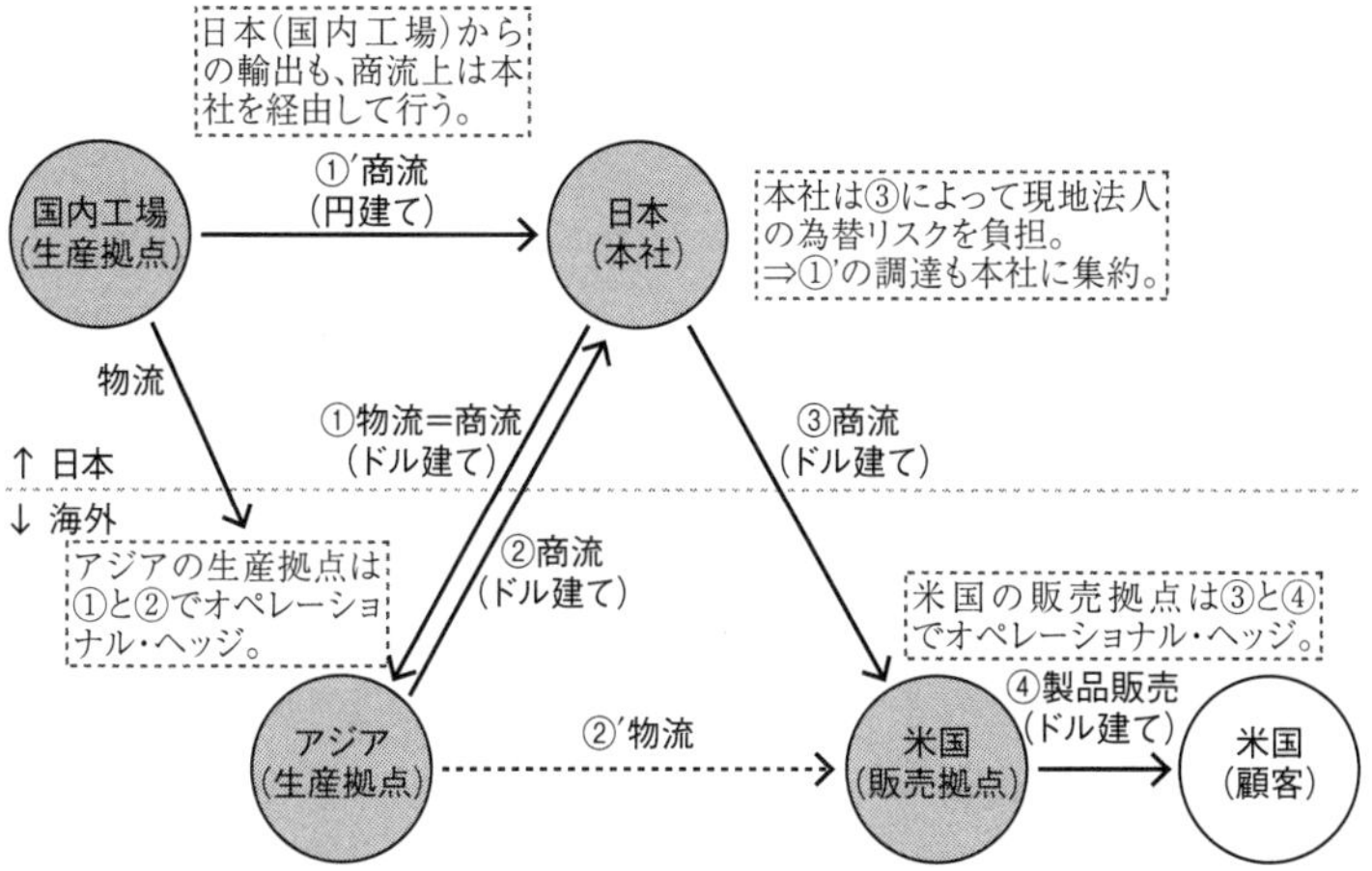

図4－8は、日本から海外（アジアの）生産拠点（工場）に部品が輸出され、海外工場によって生産された製品が最終消費地に向けて海外販売拠点に輸出される過程で、リインボイスがどのように機能しているかを説明したものである。

本社企業は海外の工場（生産子会社）向けに部品等をドル建てで輸出する（①）。海外の工場は加工して生産した完成品を海外のグループ企業（販売会社）に輸出し（②'）、販売会社から海外顧客に販売する（④）。ここで、リインボイスを徹底する企業は、海外の工場に対して商流上は「本社に販売する」よう義務づける（②）。図中の点線の矢印が示すように、物流上は海外の工場から販売会社へ完成品が輸出されるが（②'）、商流上は一度本社に販売し（②）、本社が海外の販売会社に販売する（③）。この商流のすべてをドル建てで取引することで、海外の生産子会社は為替リスクから解放され、本社は海外の工場との間の売り（①）と買い（②）を相殺する、すなわちオペレーショナル・ヘッジを行うことができる。

海外の販売会社がドル建てで顧客に販売する限り（④）、本社からの調達（③）と顧客への販売（④）の両方ともドル建て取引になるため、オペレーショナル・ヘッジによって海外の販売会社は為替リスクから解放される。最終的に、本社が海外の販売会社向け輸出（③）から生じるドル建て売上げの為替リスクを負担することで、為替リスクが本社に集中する仕組みとなっている。

ここまで、日本の本社企業から海外の工場向けに輸出を行うケース（図4－8の①）について説明してきたが、必ずしも本社企業から輸出するとは限らず、日本国内の自社工場から海外の工場に直接輸出することも当然考えられる。

ただし、物流としては国内の工場からの輸出であっても、商流上は日本の本社を経由して海外工場に販売される。つまり国内工場から本社企業が財を購入し（①′）、それを海外の工場に本社が販売する（①）という商流にすることで、上記のオペレーショナル・ヘッジが有効に働く。本社と国内工場との取引が円で行われる限り、この国内取引は為替レート変動の影響を受けない。

(4) 輸出競争力が高い企業の通貨戦略

貿易建値通貨に関する過去の研究では、差別化された財を輸出する場合に輸出国通貨建てで取引される傾向があることが理論的に示されていた。[13] ここで述べる「差別化された財」とは、一般に輸出競争力が高い財とみなすことができるだろう。先行研究では、当該財が世界市場で大きな販売シェアを占めている場合、あるいは当該財の圧倒的な性能や品質によって競合他社より競争上優位にある場合に、差別化された財とみなされている（清水・伊藤・鯉渕・佐藤［2021］第2章）。

日本の本社企業へのインタビューでは、この輸出競争力と貿易建値通貨選択の関係について質問を行った。多くの企業がドルを中心とする外貨建て輸出を行っていると回答するなか、一部の企業はすべての輸出で円建て取引を行っていると回答した。その数少ない企業の一つが東京エレクトロンである(14)。

東京エレクトロンは日本の代表的な半導体製造装置メーカーであり、世界の四大メーカーの一社として数えられている。世界市場における販売シェアの高さによって、日本からの輸出は円建てで行うことを基本としている(15)。世界市場におけるシェアの高さに加えて、半導体製造装置という財の特殊性も輸出競争力の源泉となっている。まず半導体製造装置の購入は、同装置を輸入する海外企業にとって設備投資に等しい。受注から出荷までに約半年を要し、据え付けにも1～2カ月がかかる。同装置の使い方は顧客側の習熟度によるところが大きく、たとえ同じ装置を使って生産しても、製品の出来が異なってくる。半導体製造装置をいったん導入すると、他の装置への切り替えが難しくなる。こうした特性が輸出競争力、あるいは輸入企業に対する交渉力を高める働きをしている。

輸出競争力以外にも、円建てで輸出を行うことを基本とする企業には次のような特徴がある。図4-9を見てみよう。第一の特徴として、生産コストの大半が円で発生している。外貨建て輸出比

図4−9　輸出競争力のある企業の生産・販売構造と建値通貨選択

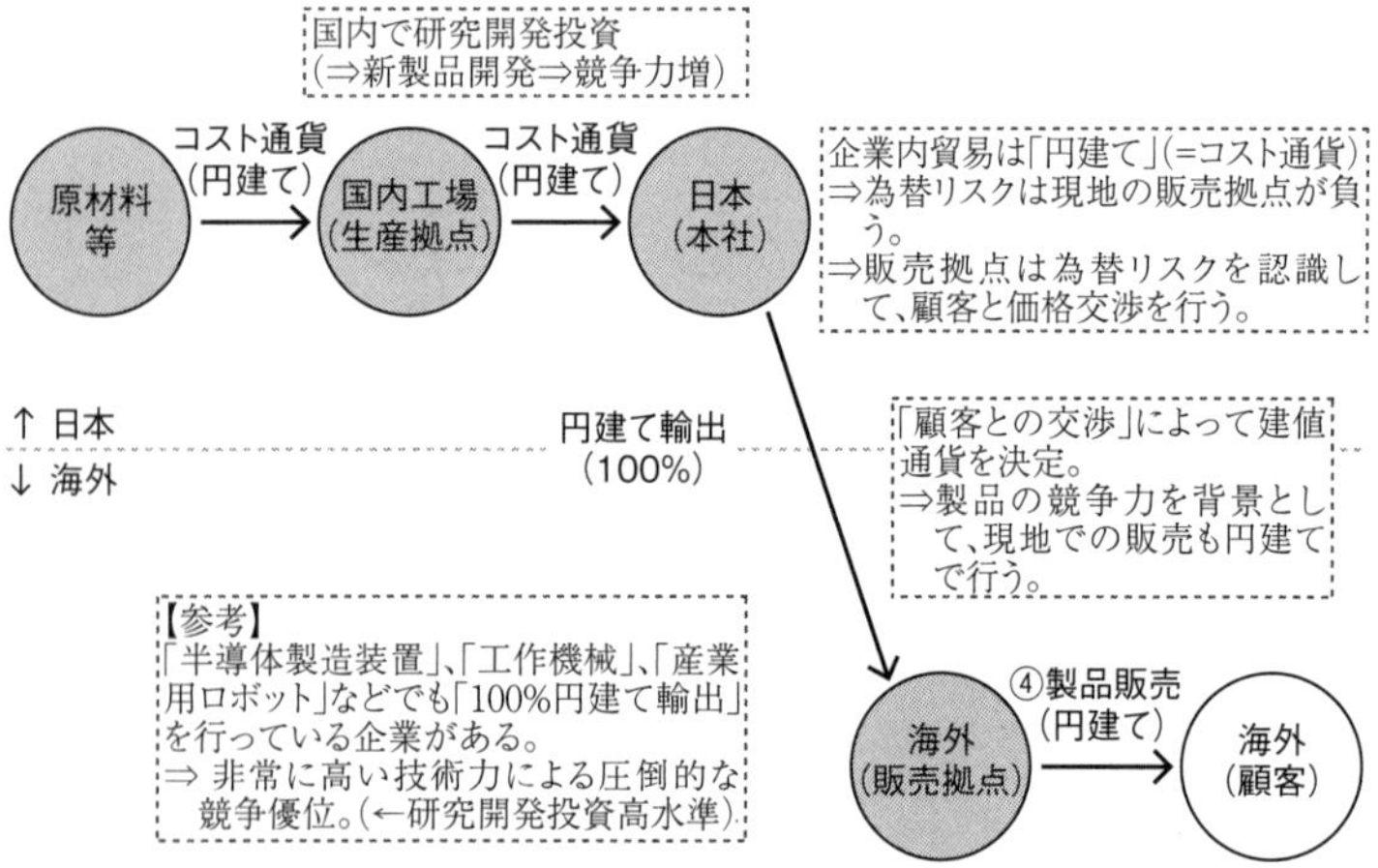
国内で研究開発投資
(⇒新製品開発⇒競争力増)
原材料等
コスト通貨
(円建て)
国内工場
(生産拠点)
コスト通貨
(円建て)
日本
(本社)
企業内貿易は「円建て」(=コスト通貨)
⇒為替リスクは現地の販売拠点が負う。
⇒販売拠点は為替リスクを認識して、顧客と価格交渉を行う。
↑ 日本
↓ 海外
円建て輸出
(100%)
「顧客との交渉」によって建値通貨を決定。
⇒製品の競争力を背景として、現地での販売も円建てで行う。
【参考】
「半導体製造装置」、「工作機械」、「産業用ロボット」などでも「100%円建て輸出」を行っている企業がある。
⇒ 非常に高い技術力による圧倒的な競争優位。(←研究開発投資高水準)
海外
(販売拠点)
④製品販売
(円建て)
海外
(顧客)

率が高い企業でも、生産に必要な資材の多くを国内で（つまり円建てで）調達している企業は多いが、円建て輸出を基本とする企業ほど、「コスト通貨＝円」であることを強調する傾向にあった。

第二の特徴は、生産はすべて日本国内で行っている点である。円建て輸出を行う企業は、自社の製品競争力を高めるために積極的な研究開発投資をすべて国内で行う傾向がある。これは海外に技術が奪われないようにする目的もあるが、海外での生産は行わない。図4−9には、輸入相手国に現地法人（販売拠点）があるケースを記載しているが、国によっては現地法人（中国の場合は合弁会社）での製造を経なければ、同国での販売を認めないケースもある。その場合には、日本国内で生産をほとんど完了し、現地では組み立てるのみの工程で出荷できる「ノックダウン方式」で半完成品等の輸出を行っている。

第三の特徴として、生産・販売の連鎖が外貨建て輸出を行う企業と大きく異なっている。生産はすべて日本国内で行い、必ずしも海外の現地法人向けに輸出するわけではない。海外顧客に直接輸出を行い、輸入相手国である現地に販売拠点（販売子会社）を置かない企業もある。図4－9は輸入国に販売拠点があるケースを示しているが、この販売拠点向けの輸出も円建てで行う。販売拠点は円建てで日本から輸入した財を現地の顧客に販売するが、製品競争力の高さに基づいて現地での販売も円建てで行っている。この生産・販売構造は、大手電機メーカーや電子部品メーカーの事例と大きく異なっている。

なお、電子部品メーカーの中には、高い製品競争力を背景として、すべて国内で生産し、海外の販売拠点に円建てで輸出することを基本とする企業も存在した。しかし当該企業も生産拠点の一部を海外にシフトさせる過程で、リインボイスを導入し、外貨建て（ドル建て）輸出のウエートを引き上げざるを得なくなった。加えて、大手電機メーカーの凋落によって、取引相手がアップルなどのグローバル企業に替わってしまい、ドル建て取引のウエートが上昇したという事情も影響して、外貨建て輸出比率が上昇している。

(5)　自動車メーカーの通貨戦略⑯

自動車メーカーの貿易建値通貨選択

大手電機メーカーや電子部品メーカーと同様に、自動車メーカーも海外での現地生産を積極的に進めている。ただし、自動車メーカーの現地生産の目的は、電機メーカーや電子部品メーカーとは大きく異なる。大手電機や電子部品のメーカーでは、中国を中心とするアジア域内の生産分業が活発に行われ、最終的に組立加工された製品の多くが北米や欧州などの海外に輸出される。

これに対して、自動車メーカーの多くは「市場に近い」ところで生産する。北米や欧州市場等、完成車の需要が大きいところに生産・販売拠点を構築し、現地生産を積極的に進めている。特に北米市場では各国の自動車メーカーとの厳しい競争に晒されており、米国向け輸出もドル建てで取引せざるを得ない。

また、日本の自動車メーカーは完全に現地生産に特化しているわけではない。日本国内で生産した完成車の一定割合を海外向けに輸出している企業が多い。この日本からの完成車輸出が先進国向けであれば、ドル、ユーロなどの輸入相手国通貨で取引される傾向が強い。つまり日本企業は現地での販売価格を為替変動にかかわらず安定させるPTM行動を採用している。

日本の自動車メーカーはアジアへも積極的に進出し、現地での生産・販売活動を展開しているが、そこでの貿易建値通貨選択と為替変動リスクへの対処はどのように行っているだろうか。表4－7はアジアに所在する輸送用機器産業の現地法人（生産拠点）が日本との貿易においてどの通貨を貿易建値通貨として使用しているかを示している。

この表は日本本社企業の貿易建値通貨選択のデータではなく、アジア所在の日系現地法人（生産拠点）の建値通貨選択に関するアンケート調査を通じて入手したデータである。アジア所在の生産

表4－7　アジア所在日系現地法人（生産拠点）の貿易建値通貨選択

(1)　電気機器産業のアジア所在現地法人の貿易建値通貨選択

（%）

	円	米ドル	ユーロ	人民元	現地通貨	その他
<日本からの輸入>						
2018	28.3	48.6	0.2	8.9	13.8	0.2
2014	41.9	45.9	0.0	5.1	7.0	0.1
2010	40.2	56.3	0.0	0.8	1.6	1.0
<日本向け輸出>						
2018	23.5	60.8	0.2	7.9	7.6	0.0
2014	33.9	52.7	0.0	9.2	4.2	0.0
2010	34.4	63.2	0.4	0.0	2.0	0.0

(2)　輸送機器産業のアジア所在現地法人の貿易建値通貨選択

（%）

	円	米ドル	ユーロ	人民元	現地通貨	その他
<日本からの輸入>						
2018	62.5	14.1	0.3	0.0	17.9	5.3
2014	49.9	39.7	0.0	2.5	7.9	0.0
2010	70.8	24.7	0.0	0.0	4.5	0.0
<日本向け輸出>						
2018	41.1	21.7	0.7	0.0	31.9	4.5
2014	40.3	45.3	0.0	0.0	10.0	4.5
2010	75.2	21.4	0.0	0.0	3.4	0.0

（注）　日系現地法人企業へのアンケート調査（2010年度、2014年度、2018年度実施）の結果に基づいて作成。
（出所）　伊藤・鯉渕・佐藤・清水・吉見（2019）より作成。

拠点現地法人が日本との間の貿易でどの通貨を貿易建値通貨として使用しているかを的確に捉えるデータである。輸送用機器産業に絞ると、2010年度調査時点で日本からの輸入の70・8％、日本向け輸出の75・2％が円建てで取引されており、日本とアジアとの間で最も使われている通貨が円であることがわかる（表4－7－⑵）。

これは、1998年3月時点で日本の輸送用機器産業の対東南アジア輸出および輸入のデータ（表4－4）と整合的な結果である。2010年度調査以降、円建て比率はやや低下し、さらに調査年度によって回答結果にばらつきがあるが、2018年度調査時点でも日本からの輸入の62・5％、日本向け輸出の41・1％が円建てで取引されている。また、2018年度調査において現地通貨建て比率が輸出と輸入の両方ともドル建て比率を上回るほどの伸びをみせている。この円建て貿易比率の高さと、近年のアジア現地通貨建て貿易比率の上昇をどのように理解すればよいだろうか。

自動車メーカーにとって、現地のサプライヤーから部品等を現地通貨建てで調達し、現地の顧客に現地通貨建てで完成車を販売することができれば、為替変動のリスクを負うことがなくなる。しかし、新興国や途上国に進出した当初は、現地メーカーからの部品供給体制が整わない場合が多い。その場合はグローバルに活動するメガサプライヤーに部品供給を頼らざるを得なくなるが、それらサプライヤーから現地通貨建てで部品調達をできるとは限らない。むしろメガサプライヤーからはドル建てで部品調達を行うことが多いであろう。また、日本本社に部品等の供給を頼ることも選択肢となるが、本社からの輸出がどの通貨で取引されるかは本社の戦略による。

為替変動リスクを利益マージンでカバーする

本社の為替リスク管理の観点では、できれば円建てで輸出を行いたいが、輸出相手が販売拠点の現地法人であれば為替リスクを販売拠点に負わせることはしない。しかし、現地の生産拠点向けに本社が中間財を輸出する場合は、完成車の現地市場での競争力が鍵となる。

現地市場において生産拠点の完成車が他社メーカーよりも格段に競争力が高い場合、現地生産拠点向けに部品等の中間財輸出を円建てで行っても、現地生産拠点は一定の利益マージンを現地市場で回収できるであろう。欧米市場での厳しい競争と比べると、当時のアジア市場で日系自動車メーカーは為替変動リスクを利益マージンでカバーできたと考えられ、日本からの輸出も円建てが大きかったと考えられる。実際に、インタビュー調査の対象企業からも、１９８０年代から90年代には日本から円建てで輸出を行っていたと回答する企業が複数あった。

近年、アジアでは特にタイを中心に自動車関連の産業集積が進み、現地のサポーティングインダストリーが成長を遂げている。タイ国内で部品供給体制が整うことで、現地でのバーツ建て部品調達が拡大し、バーツ建てで完成車を販売する状況となっている。タイで生産された完成車がタイの周辺国へとバーツ建てで輸出・販売されるようになり、現地法人からのバーツ建て取引の要求が強くなると、日本本社企業もバーツ建てで現地法人向けの輸出を行うようになる。こうして表４－７が示すように、アジア現地通貨建ての比率が上昇したと解釈できる。

日本の自動車メーカーはリインボイスも積極的に行っている。上記のタイの例を続けると、タイ国内の生産現地法人がＡＳＥＡＮ域内諸国に完成車や主要部品を輸出する場合、商流上は一度日本の本社企業に販売し、本社が輸入側のＡＳＥＡＮ諸国に販売するというリインボイスを行う。こうすることで、日本国内で研究開発投資を行っている本社は利益を回収することができる。このとき、本社企業がバーツ建てでタイの現地法人から仕入れ、ＡＳＥＡＮ諸国に現地通貨建てで販売することで、為替リスクを本社に集中させる役割も果たすとともに、日本とアジアの現地法人との間で現地通貨建て取引を促進する結果となっている。表４－７でアジア現地通貨建て比率が近年急速に増えているのは、上記のような要因からである。

自動車メーカーの為替リスク管理

現地法人の海外での生産販売活動が活発化するなか、本社企業はグループ全体でどのように為替リスク管理を行っているのだろうか。引き続き日本の自動車メーカーの事例で考えてみよう。

タイで現地のサプライヤーが成長し、現地での部品供給体制が整ったケースについてはすでに考察した。現地で部品等の中間財がすべてバーツ建てで供給され、販売もすべて現地市場で、川上から川下までバーツ建てで取引を行うことができれば、生産の現地化を通じて為替リスクを回避できることになる。しかし、実際には生産販売の範囲が国境を越えて広がっていく。タイで生産された完成車だけでなく部品等がＡＳＥＡＮ域内の生産拠点、あるいは世界の生産拠点に供給され、リージョナルな、そしてさらにグローバルな取引が拡大していくと、バーツと各生産拠点の通貨、あるいはドルとの間の為替変動リスクに晒されることになる。

先に考察した例では、本社を通じたリインボイスによって、本社が海外現地法人の為替リスクを集約する状況について説明した。日本企業の中には、為替リスク管理体制の第３類型のように地域統括会社を設けて、リージョナルな為替リスク管理を行っている企業もある。たとえば日本の本社企業に加えて、北米、南米、欧州、中国、その他アジアに世界全体を区分して地域統括会社を置き、地域ごとに統括会社が債権債務を集約して為替リスクを管理する。このような体制の下で、地域統括会社を通じたリインボイスを行う企業もある。最終的に域内で為替リスク管理を完結できない場合、地域統括会社間の資金フローは本社が一括して管理し、為替変動リスクに対処するという仕組みをとる企業もある。

具体的に例をあげて説明しよう。アジア域内に地域統括会社を設立した本社企業が、地域統括会社を経由してアジア域内貿易のリインボイスを行っているケースについて考える。このケースで地域統括会社を商流上の仲介拠点とする目的は、必ずしも利益の回収ではない。地域における為替リスクを地域統括会社に集約し、効率的にグループ内の貿易決済を行うことが主要な目的である。

たとえばシンガポールに統括会社を置き、アジア各国の現地法人との取引はすべて現地通貨建てで取引させる。現地法人には現地通貨での取引を徹底させ、本社や地域統括会社が設定する社内レートでの取引を保証する。こうすることでアジア各国の現地法人は為替リスクを負うことはなくなり、地域統括会社が域内のすべての為替リスクを集約する。これはアジアに地域統括会社を配置し、同統括会社を経由したリインボイスを行うことで、アジア域内の企業内貿易における現地通貨建て取引を促進する典型例である。

日本企業がアジアに生産・販売拠点を展開し、日本―アジア間の生産連鎖が一段と深まるなか、アジア域内取引でどの通貨を建値通貨として選択し、どのように為替リスクを管理するかがますます重要になっている。アジアに地域統括会社を設けて効率的な為替リスク管理に取り組むことは有効な手段の一つといえるだろう。

日本企業がアジアでのリージョナルな為替リスク管理をいかに進めるか、マリーやネッティング等の効率的な決済方法を採用し、為替リスクの低減やコスト削減にいかに取り組むかが、日本企業にとって重要な課題であるといえよう。

4 為替の壁をどこまで乗り越えたのか

本章では、グローバルに生産・販売体制を構築している日本の大企業を考察の対象とし、これら企業がどのような通貨戦略を採用して、為替変動リスクへの耐久力を高めているかについて検討してきた。

考察の対象とした日本の大企業は、グローバルな生産・販売体制を構築し、企業内貿易を活発に行っている。日本の大企業が輸出を行う場合、その輸出の大半は海外の現地法人に対する取引である。この企業内貿易の拡大を前提として、日本企業は建値通貨選択と為替リスク管理の体制構築を進めてきた。特に、アジア向け投資を積極的に進めた結果、日本を含むアジア域内の生産ネットワークが大きく発展したが、そのような経済環境に対応した為替リスク管理手法の一つがリインボイスである。

リインボイスでは建値通貨を一つにして取引を行う傾向があるが、このリインボイスに関わる商流は、日本の税関統計では捕捉されない。近年の貿易建値通貨選択や為替パススルーに関する最先端の研究では、分析対象国の税関データが使用されていることを第3章第1節において指摘した。しかし、リインボイスに関わる建値通貨選択行動や為替リスク管理については税関データに基づいた実証研究で直接的に明らかにすることはできない。企業インタビュー調査とアンケート調査の大きな利点は、税関データからは捕捉できない企業の通貨戦略を解明することができる点にある。

このリインボイスは、グローバルに生産ネットワークを構築している日本企業にとって有効な通貨戦略といえるだろう。ただし、日本本社企業向けのアンケート調査結果によると、大企業の中でもリインボイスを使っている企業は全体の３分の１程度である。伊藤・鯉渕・佐藤・清水（２０１８）は、大企業の中でも特に売上高の多い企業でリインボイスを使用する割合が高いというアンケート調査結果を報告している。この調査結果は、売上高が大きく、海外に生産・販売網を張り巡らせている企業ほど、リインボイスを使うメリットが大きいことを示唆している。

さらに、米欧アジアなどの主要地域に地域統括拠点を構築することで、より効率的にグループ内の為替リスク管理を行う企業もある。また、より少数ではあるが、グローバル・トレジャリーセンターを構築して、為替リスク管理の最大限の効率化を図っている企業もある。

これに対して、世界市場で圧倒的な輸出競争力を有する企業は、円建てでの輸出を行い、為替リスクを回避している。これら企業の特徴として、生産コストは円建てで発生し、生産や研究開発投資も日本国内で行っている。海外に生産ネットワークを築いていない企業ほど、資本関係のない独立企業向けの輸出が中心であるため、円建て取引を選好することのメリットは大きい。しかし、輸入相手に対する強い交渉力を可能にするような、競争力を持った製品を輸出しているかどうかが鍵になる。海外に多数の競合企業がいるなかで円建て取引を行うために、いかに輸出競争力を高めることができるかが問われることになる。

輸出企業が為替リスクを回避するための手段として、円建て取引を促進するよう提案されることがあるが、実際に輸出企業が円建て取引を進めることは容易ではない。企業が海外市場で強い競争力を持つためには中長期的な視野で研究開発投資を積極的に行う必要がある。短期的な処方箋として円建て輸出を提案するのは現実的ではない。

本章の考察の対象に加えられなかったのが中小企業の通貨戦略である。第3章でも言及したが、この研究は鯉渕・後藤・早川・吉見（２０２１）を除いてほとんど行われていない。今後の研究に委ねるほかないが、中小企業の場合、海外に現地法人を多数展開し、生産・販売ネットワークをグローバルに構築している企業は少ないだろう。むしろ国内で生産し、資本関係のない海外の独立企業向けに輸出を行う企業のほうが多数であると考えられる。それら企業にとって、円建てで輸出を行うことは為替リスク管理の有効な手段である。

第３章で指摘したように、実際に中小企業の輸出における円建て比率は７割を超えていた。しかし、これは中小企業の輸出競争力の高さを反映しているわけでは必ずしもないだろう。日本の商社を通じて輸出を行っているため、円建てでの取引とカウントされているケースも多い。また、為替リスクヘッジの手段を持たず、円建てで輸出せざるを得ないケースも考えられる。この後者の場合、輸入企業とどのような契約を交わして円建てで輸出を行っているのかを明らかにすることによって、中小企業の為替リスク管理の課題を浮き彫りにできると思われる。

ここまで、日本企業の視点から通貨戦略を考えてきたが、マクロの視点から日本全体で為替リスクをどのように管理できているかを考えてみよう。その考察の手掛かりとなるのが、第２章で示した表２－３の建値通貨別貿易収支である。日本が貿易黒字を計上していた２０１７年と比較すると、２０２２年の巨額の貿易収支赤字の原因が石油・石炭・天然ガスの大幅な赤字にあることは明らかである。同産業では基本的にドル建てで取引されるため、２０２２年の外貨建て貿易赤字も大幅に膨れ上がった。

しかし、ここで注目したいのは、日本の輸出の３分の２を占める三つの機械産業（一般機械、電気・電子機器、輸送用機器）である。一般機械は円建て輸出比率が高く、円建てと外貨建ての両方で貿易収支は黒字を計上している。電気・電子機器では輸出額と輸入額がほぼ拮抗しており、この傾向は2017年と2022年のどちらの年でも観察される。2022年の建値通貨別貿易収支は円建てで黒字、外貨建てで赤字であるが、そもそも同産業の貿易収支はほぼバランスしており、外貨建ての貿易赤字額が相対的に小さい。つまり、電気・電子機器産業全体でみた場合はオペレーショナル・ヘッジがかなりの程度達成できているといえるだろう。

より注目すべきは、輸送用機器の貿易収支の不均衡である。同産業は圧倒的な輸出超過であり、輸入額が非常に少ない。貿易収支は円建てと外貨建ての両方とも黒字であるが、外貨建ての貿易黒字額のほうが格段に大きい。つまり、輸送用機器産業の為替エクスポージャーは非常に大きいことがわかる。円安局面では多額の為替差益を享受できるが、逆に円高が進むと巨額の為替差損が発生する貿易構造となっている。

佐藤（2023）は上記三産業に属する各企業の株価と為替レートを用いて、Two-Factor モデルによる個別企業の為替エクスポージャーを推定し、三つの産業それぞれに対して為替エクスポージャー決定要因のパネル推定を行った。[17] 電気・電子産業では、企業の海外売上高比率の増加によって為替エクスポージャーが有意に低下するという、先行研究とは異なる推定結果を得た。これは輸出額と輸入額がほぼバランスしており、オペレーショナル・ヘッジが機能しているという電気・電子産業の特徴を反映した結果だと解釈できるだろう。

対照的に、輸送用機器産業では、輸出企業の海外売上高比率の増加が為替エクスポージャーを有意に増加させるという、先行研究と整合的な結果が得られた。これは輸出額が輸入額を大幅に上回り、巨額の外貨建て貿易黒字を抱えている輸送用機器産業の状況を的確に捉えているといえるだろう。

以上の考察から、日本企業は為替の壁を乗り越えたといえるだろうか。輸送用機器産業では、大幅な輸出超過（産業レベルでの多額の貿易収支黒字）と外貨建て輸出比率の高さを背景として、産業全体でみた為替エクスポージャーが大きい。個々の企業も同様に為替エクスポージャーが大きければ、為替の壁を乗り越えたといえないことは明らかである。電気・電子機器産業の場合は、産業全体でみると輸出額と輸入額がほぼバランスしており、オペレーショナル・ヘッジが一定程度機能している。表２－３が示すように、輸出と輸入の外貨建て比率は２０２２年で10ポイント程度の差があるが、２０１７年時点では比率の差がわずか３ポイントであった。輸出と輸入の建値通貨比率の差が縮まれば、オペレーショナル・ヘッジが十分に機能して、為替リスクを最小化できる可能性がある。

残された検討課題は、近年のアジア現地通貨建て取引の拡大である。第３章の表３－２と表３－３で指摘したように、日本のアジア向け輸出において、近年アジア現地通貨建て取引が顕著に増加している。その典型例が人民元建て取引とバーツ建て取引である。日本企業がアジア現地通貨建て取引を拡大しつつあることについてはまだ考察していなかった。次の第５章で、日系現地法人の建値通貨選択と為替リスク管理について検討するが、そこでアジア現地通貨建て取引の拡大についても論じることにする。

BOX 4－1　実質輸出指数と輸出数量指数[18]

本章第1節の前半部分で取り上げた「日本の実質輸出」と「日本の輸出数量」のちがいについて若干の考察を行っておきたい。日本経済新聞の記事では、2010年頃から為替感応度が急低下しているにもかかわらず、実質輸出指数は上昇傾向にあると主張していた[19]。実際に図B－4－1を見ると、日本の実質輸出指数は2012年11月の92・8を底に、2018年1月の116・6まで一貫して上昇トレンドにあり、リーマン・ショック前のピークである113・1（2008年3月）を上回っている。しかし、企業の実感に近いのは輸出数量指数であろう。日本の輸出数量指数をみると、リーマン・ショック後のピークは円高期の2011年2月（105・7）であり、その後100を上回ったのは2012年2月（100・1）の一度だけである。2022年12月時点で、実質輸出指数は114・2であるのに対して、輸出数量指数は83・6まで低下しており、両者の開きが一段と大きくなっている。日本の輸出の伸びを考える場合、どちらの輸出指数を使うかによって、まったく異なる解釈を導くことになる。

なぜ実質輸出指数と輸出数量指数の動きはこれほどちがうのだろうか。自動車の輸出を具体例として考えてみよう。名目輸出額は、輸出単価に輸出数量を乗じて計算される。輸出数量（台数）が変わらなくても輸出単価が上昇すれば、自動車の名目輸出額は増加する。当然だが、輸出数量は名目輸出額を輸出単価で除して求められる。

図B－4－1　日本の実質輸出指数、輸出数量指数、円の対ドル名目為替レート

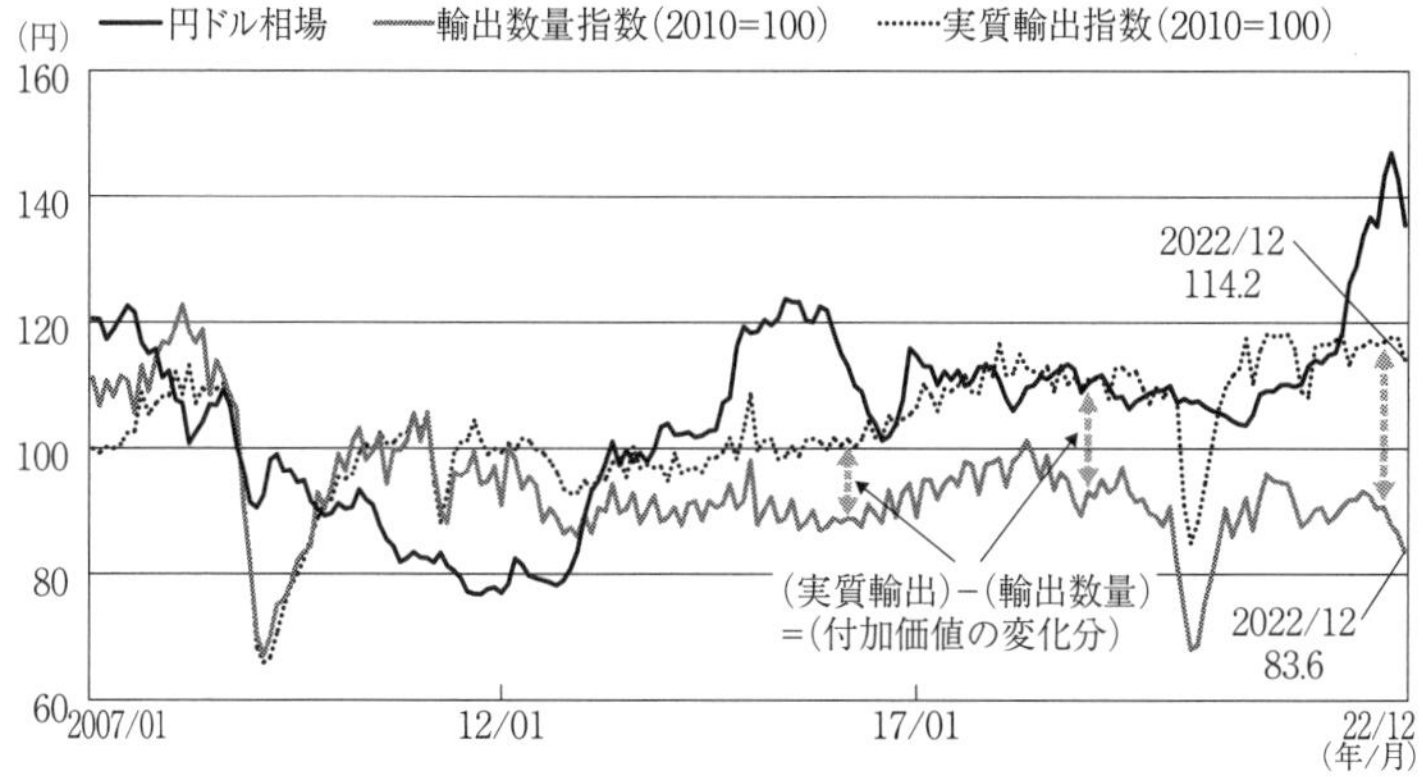

（注）　2007年1月～ 22年12月の月次データ。実質輸出指数は季節調整済みの系列を取得。輸出数量指数はEViews 13のCensus X-12によって季節調整を行った。いずれの指数も2010年=100で基準化。

（出所）IMF, International Financial Statistics, Online（円の対ドル名目為替レート）、財務省貿易統計（輸出数量指数）、日本銀行ウェブサイト（実質輸出指数）よりデータ取得。

(A)　輸出数量＝名目輸出額÷輸出単価

これに対して、実質輸出は名目輸出額を「輸出物価」で除して求められる。

(B)　実質輸出＝名目輸出額÷輸出物価

輸出物価は「同じ品質の財の価格がどう変化しているか」を示す目的で作成されている。仮に自動車の輸出単価の上昇が完全に品質向上（高付加価値化・高機能化）によって生じたと仮定しよう。この輸出単価の変化は次の関係式で表すことができる。

①新しい輸出単価＝②当初の輸出単価
＋③輸出単価上昇分（＝品質向上分）

上記の関係式は、輸出単価が上昇して、新しい輸出単価（①）になっても、「③輸出単価上昇分」が完全に品質向上分に見合っている限り、輸出物価は当初の輸出単価（②）の水準にとどまって変化（上昇）しないことを示している。つまり、輸出単価の上昇が完全に品質向上によるものである場合、輸出単価は上昇する（①になる）が、輸出物価は変化しない（②のままである）。

以上の想定の下で輸出単価（①）が上昇したが、輸出数量は一定であったと仮定しよう。(A)式に従えば、名目輸出額と輸出単価の両方とも上昇するが、輸出数量は一定のままである。他方で、(B)式に従えば、名目輸出額が増加しても輸出物価が上昇しないため、実質輸出が増加することになる。

たとえば日本銀行『経済・物価情勢の展望』（2017年1月）は、自動車の輸出単価の上昇を付加価値の高いSUV車の輸出ウエートの増加によって説明している。ここで、輸出単価の上昇がSUV車の品質向上によって完全に説明される場合、輸出物価は上昇しない。図B-4-1で実質輸出指数が輸出数量指数を大きく上回って上昇しているのは、実質輸出が輸出財の品質（付加価値）の変化を捉える指標だからである。輸出数量自体は明確な上方トレンドが観察されず、おおむね横ばいに推移していると言ってよい。2022年に入ってからは、むしろ低下傾向にある。

筆者は、日本銀行が公表する実質輸出指数や他の物価指数が役に立たないといっているわけでは決してない。どの輸出指数であっても、その特徴を十分に理解し、目的に合った使用を心掛けるべきである。今回は輸出数量指数を使うほうが、実態をより適切に捉えているといえるだろう。なお、日本経済新聞の記事は輸出感応度の推計結果についても言及している。当然であるが、どちらの輸出指数を使用するかによって、輸出感応度の推計結果もまったく異なるものとなることを指摘しておきたい。

BOX 4－2　日本銀行公表の貿易建値通貨比率

日本銀行の貿易建値通貨比率のデータを時系列で観察すると、特定の時期に建値通貨比率が大幅な上昇もしくは低下を示している。その主要な理由は、基準年変更に伴う産業分類等の変更にあると考えられる。

表4－5と表4－6において、1999年12月から2001年12月までは1995年基準のデータであり、2002年12月から2006年12月までは2000年基準のデータである。この二つの基準年の間で建値通貨比率の大きなちがいが生じており、たとえば表4－5－Aにおいて輸送用機器の円建て比率は2001年12月の9・0％から2002年12月には22・5％へと急上昇している。こうした大幅な上昇もしくは低下は、一般機械と電気・電子機器でも観察される。

もう一つの大きな変化は2005年基準から2010年基準への移行時点で起きている。表4－5－Aの輸送用機器の輸出では、2011年12月の19・8％から2012年12月の32・3

％へと大きく上昇している。一般機械などの他の産業でも同様に大幅な上昇もしくは低下を示している。同様の傾向は表４－６の日本の輸入における建値通貨比率のデータでも観察される。ただし、２０１２年12月以降、２０２２年12月のデータまでは建値通貨比率の大幅な上昇や低下は起きていない。

【第４章　注】

（１）エコノフォーカス「日本の製造業 為替の壁破る」『日本経済新聞』２０１８年6月25日〈朝刊〉。
（２）企業インタビュー調査とアンケート調査にご協力くださった企業の方々に記して謝意を表したい。これら調査の詳細については、第3章のＢＯＸ３－２を参照されたい。
（３）この外為法改正については、財務省のウェブサイト（https://www.mof.go.jp/policy/international_policy/gaitame_kawase/gaitame/hensen.html）を参照した。なお、後述する１９９８年の外為法改正に際して、題名から「管理」が削除され、「外国為替及び外国貿易法」に変更された。
（４）以下の記述はトーマツ（２００７）、伊藤ほか（２００８）に依拠している。
（５）必ずしも現地通貨がマイナー通貨である必要はなく、現地法人が先進国に所在する場合であってもこの第2類型に含まれることがあり得る。
（６）もちろんこのケースでも現地法人は現地の従業員への給与支払い等、現地通貨建てのコストが発生するため、一定の為替リスクを負うことになる。
（７）鯉渕・後藤・早川・吉見（２０２１）が実施した中小企業向けのアンケート調査結果によると、中小企業は通貨オプションをまったく使用していない。
（８）為替取引に伴う不祥事（不正取引）が新聞等でたびたび報道されている。企業がこうした不正を防止するために、為替担当者の裁量の余地をなくす目的で１００％ヘッジを社内方針としているという意見もあった。
（９）日本銀行の貿易建値通貨のデータは、輸出物価指数と輸入物価指数を作成する過程で情報収集されている。輸出物価指数は輸出品の通関段階における船積み時点の価格が調査されており、輸入物価指数は輸入品の通関段階における荷降ろし時点の価格が調査されている。輸出および輸入の建値通貨選択の実態を反映して、円ベースと契約通貨ベースの二つの指数が作成されている。２０２０年基準データの調査価格の数は、輸出物価指数が１１９５、輸入物価指数が１３４７である。詳細については、日本銀行のウェブサイトに掲載されている「企業物価指数（２０２０年基準）の概要」を参照。

(10)　この表4－4－Aと表4－5との間で見られる水準の差は、税関申告統計に基づく旧通産省データと、１９９９年時点で調査対象品目が限定的であった日本銀行データとの間の捕捉率（カバレッジ）のちがいを反映していると考えられる。表4－5の１９９９年12月のデータは１９９５年基準の物価指数データ作成において収集された建値通貨の情報に基づいている。この１９９５年基準のデータでは、輸出物価指数作成における調査品目（採用品目）数は２０９、輸出総額に対するカバレッジは58・6％であり、輸入物価指数作成における調査品目数は２４７、輸入総額に対するカバレッジは74・9％であった（日本銀行調査統計局「平成7年（１９９５年）基準　卸売物価指数の解説（改訂・増補版）」１９９９年10月）。

(11)　このリインボイスの場合、通関ベースではマレーシアから米国に財が輸出されており、日本を経由することはない。あくまでも所有権が一度日本の本社に移り（マレーシアの現地法人から日本本社への販売）、その後、日本の本社から米国の現地法人に所有権が移る（日本本社から米国の現地法人への販売）となる。同財が日本の税関を通過することはない。

(12)　電子部品メーカーの通貨戦略に関する以下の記述は、清水・伊藤・鯉渕・佐藤（２０２１）の第4章に基づいている。

(13)　McKinnon（1979）, Giovannini（1988）, Friberg（1998）, Bacchetta and van Wincoop（2005）を参照。

(14)　インタビューの対象企業の中で、東京エレクトロンからは社名を明らかにすることをお許し頂いた。記して謝意を表したい。なお、東京エレクトロンの通貨戦略については、清水・伊藤・鯉渕・佐藤（２０２１）の第2章において詳細に論じている。

(15)　インタビュー対象企業の中で「すべて」もしくは「１００％」円建てで輸出していると回答した企業も、例外的な取引（外貨建てで取引せざるを得ないケース）があることを認めている。本書では、例外的な取引があるとしても、当該企業が円建てでの輸出を基本とすることを表明している場合、「すべて（１００％）」円建てで輸出していると述べている。

(16)　自動車メーカーの通貨戦略に関する以下の記述は、清水・伊藤・鯉渕・佐藤（２０２１）の第4章の内容に依拠している。

(17)　このような日本企業の為替エクスポージャーの研究として、Ito et al.（2013a, 2013b, 2016a）、清水・佐藤（２０１９）などがある。

(18)　このＢＯＸ４－１は佐藤（２０１９）に基づいている。

(19)　エコノフォーカス「日本の製造業　為替の壁破る」『日本経済新聞』２０１８年6月25日〈朝刊〉。

第5章　国際生産ネットワークと日系海外現地法人の建値通貨選択――アジア現地通貨建て取引は拡大するのか

２０１０年前後から「人民元の国際化」が大きな注目を集めるようになった。中国政府は２００９年７月から人民元建て貿易決済を導入し、それを契機に人民元建て取引が大幅に増加した（関根［2023］）。中国の貿易総額に対する人民元建て貿易額の比率は２００９年時点でほぼゼロであったが、２０１５年には約30％の水準まで上昇した[1]。

貿易面での人民元建て取引の増加を受けて、人民元の国際化に関する研究が数多く発表された[2]。しかし、人民元の国際化が注目を集めていたにもかかわらず、筆者が２００７年以降行ってきた日本企業に対するインタビュー調査では、日本の主要企業は人民元建て取引に対して非常に消極的な姿勢を見せた。

まず、２００７年から２００８年にかけて実施した第1回目のインタビュー調査において、人民元建て取引に積極的な姿勢を見せた企業はなかった。中国政府が人民元建て貿易の促進に動き出したのが２００９年からであるので、２００７年から２００８年のインタビュー調査における日本企業の反応は当然といえる。しかし、２０１３年に実施した第2回目のインタビュー調査においても、人民元建て取引を増やしたいと回答した企業はほとんどなかった。「中国でもすべてドル建てで取引している」「現時点でアジア通貨建ての取引はない」という回答がほとんどであった。つまり、日本を代表する企業は２０１０年代前半において人民元建て取引をほとんど行っていなかったことを示唆している。

また、人民元建て取引を行わない理由として、「人民元決済をするメリットはない。人民元を受け取っても使えないので、現在は人民元で取引するつもりはない」「人民元建て取引をしたいという現地法人からの要望はない。日系顧客も人民元建て取引を求めてこない。米ドル建て取引を行うことで何も問題ない」という回答を得た。

潮目が変わったと感じるようになったのは２０１０年代後半からである。２０１７年に実施した第3回のインタビュー調査において、複数の企業が「社内の貿易取引通貨の選択肢に人民元を加えた」と回答するようになった。ただし、現地の関連会社が依然として人民元ではなくドル建て取引を選好するなどの理由から、人民元建て取引はあまり伸びていないと回答する企業が多く見られた。それでも、日本からの輸出全体に占める人民元建て取引のシェアを具体的に回答する企業が明らかに増えた。

その後、２０１７年度に実施した日本本社企業向けの第3回アンケート調査と、２０１８年度に実施した日系海外現地法人向けの第3回アンケート調査では、中国との貿易において人民元建て取引が顕著な伸びをみせていることが確認されるようになった。本章では、最新の第4回日系海外現地法人向けアンケート調査（2022年度実施）の結果に基づき、特に日本と中国もしくはアジア諸国との間の企業内貿易において、人民元建てもしくはアジア現地通貨建ての取引がどこまで進展しているかを明らかにする。

1　日系海外現地法人の調達・販売行動

(1)　本章の特徴

本章の内容は、過去4回にわたって日本企業の海外現地法人向けに実施した、貿易建値通貨と為替リスク管理に関する詳細な調査結果から得られた情報に基づいている。

第一に、現代の日本の輸出のかなりの部分が企業内貿易で占められていることを、第3章と第4章で指摘した。日本の大企業の輸出総額のかなりの部分は、日本に所在する本社企業や関連会社から海外の現地法人（生産拠点および販売拠点）向けに輸出されている。

企業の価格設定行動、すなわち為替レートのパススルーに関する過去の研究では、輸出企業が自らと資本関係のない海外の輸入企業や顧客向けに輸出を行うことを想定して分析を行っていた。しかし、企業内貿易の場合は、海外に所在するグループ企業（現地法人）に対して輸出を行う。日本から海外現地法人に輸出したとしても、グループ企業全体としてみた場合、現地法人への輸出によって取引が完了するわけではない。その次の段階の取引として、海外の現地法人がどこに（どの国に）、どの通貨で価格設定を行って輸出・販売しているのか。この点を分析することが重要になる。

第二に、グローバルに生産・販売ネットワークを張り巡らせた日本企業は、海外のグループ企業との連結決算に基づいて利潤最大化行動を行っていると想定するべきであろう。企業内貿易を前提とする限り、日本から海外現地法人に対して為替変動リスクを押しつける行動はとらないだろう。むしろ、相対的に為替リスク管理を容易に行える本社企業が、現地法人の為替リスク負担を軽減させる価格設定行動をとることを、第4章で詳細に検討した。ただし、海外現地法人は日本からだけでなく、現地市場や所在国以外の国からも財の輸入・調達や輸出・販売を行っている。

日系現地法人がこうした財の輸入・調達と輸出・販売においてどのような価格設定行動や建値通貨選択を行っているかを示すデータは、筆者が参画しているＲＩＥＴＩ研究プロジェクトの一連の研究成果を除いてほとんど存在しない。近年の国際経済問題を分析する上で、国際生産ネットワークや国際価値連鎖（Global Value Chains：ＧＶＣｓ）の影響を考慮することは必須となっている。本章は日本企業の国際的な生産・販売ネットワークにおいて貿易建値通貨がどのように選択されているかについて、日系海外現地法人のデータに基づいて考察することで、ほかでは得られない貴重な情報を提供する。

ＲＩＥＴＩの研究プロジェクトとして第1回目の日系海外現地法人向けアンケート調査を実施したのは２０１０年度であり、２００９年度における日系海外現地法人の建値通貨選択と為替リスク管理の現状として公表した（伊藤・鯉渕・佐藤・清水［2011］）。その後も４年ごとに日系海外現地法人を対象とするアンケート調査を続けてきた（伊藤・鯉渕・佐藤・清水［2015］；伊藤・鯉渕・佐藤・清水・吉見［2019］）。

本章では２０２２年度に実施した第４回目のアンケート調査の結果（２０２１年度実績）も含めた考察を行っており（伊藤・鯉渕・佐藤・清水・吉見［2023b］）、過去約14年にわたる日系海外現地法人の貿易建値通貨選択と為替リスク管理の実態を明らかにする。

第三に、アジア諸国で拡大しつつある現地通貨建て取引を、日系現地法人の観点から分析している。２０１７年12月にマレーシア、インドネシア、タイはＬＣＳＦ（Local Currency Settlement Framework）をスタートさせ、域内諸国間の財・サービス取引における現地通貨の利用を促進する取組みを開始している[3]。実際に、本書の第３章と第４章において、日本国内からアジア諸国への輸出においてアジア通貨建て取引が増加傾向にあることを指摘した。本章では、アジア諸国に進出している日系現地法人を対象としたアンケート調査に基づき、アジア諸国で活動する海外現地法人がどのような貿易建値通貨選択や為替リスク管理を行っているか、特にアジア現地通貨建て取引を増やしているか否かについて、日本企業の視点から検討する。

(2) 日系海外現地法人の調達・販売の現状

まず、日本の製造業企業の海外現地法人の活動状況を確認することから始めよう。

図5−1−A　日本の製造業現地法人の輸入・調達先の状況(2021年度)

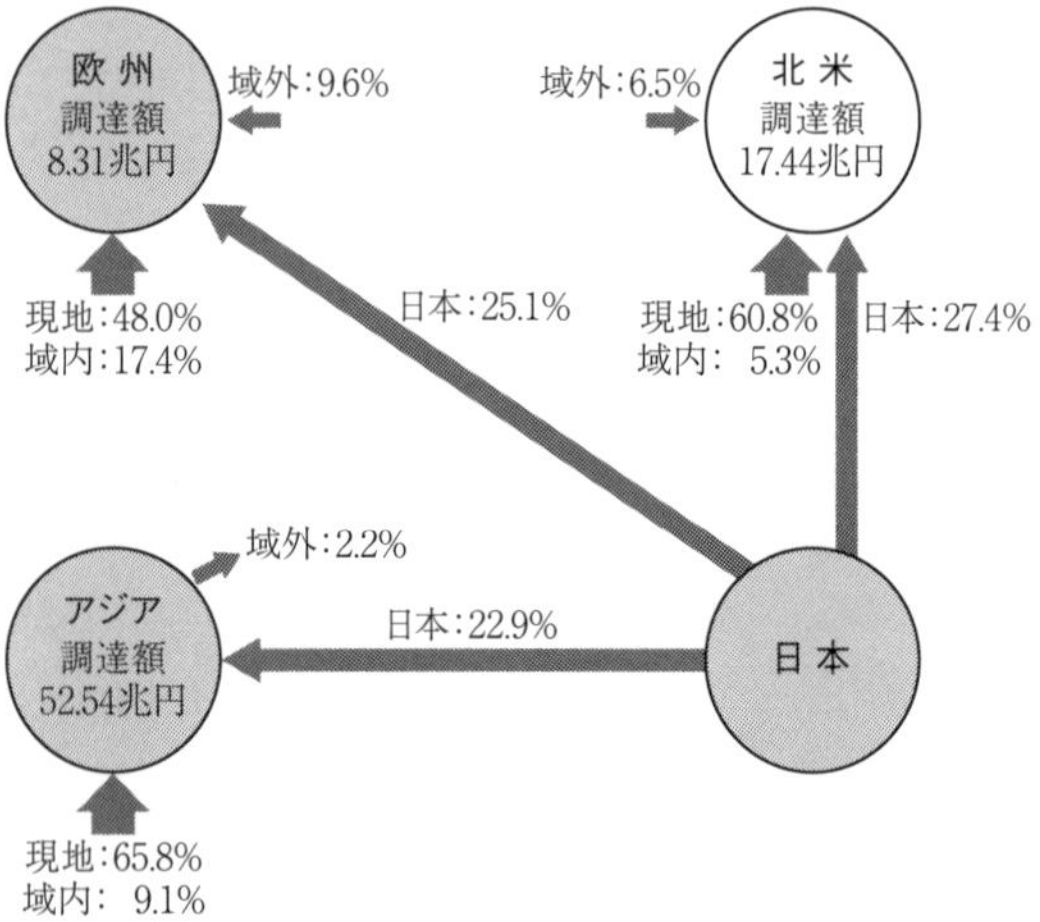

図5−1−B　日本の製造業現地法人の輸出・販売先の状況(2021年度)

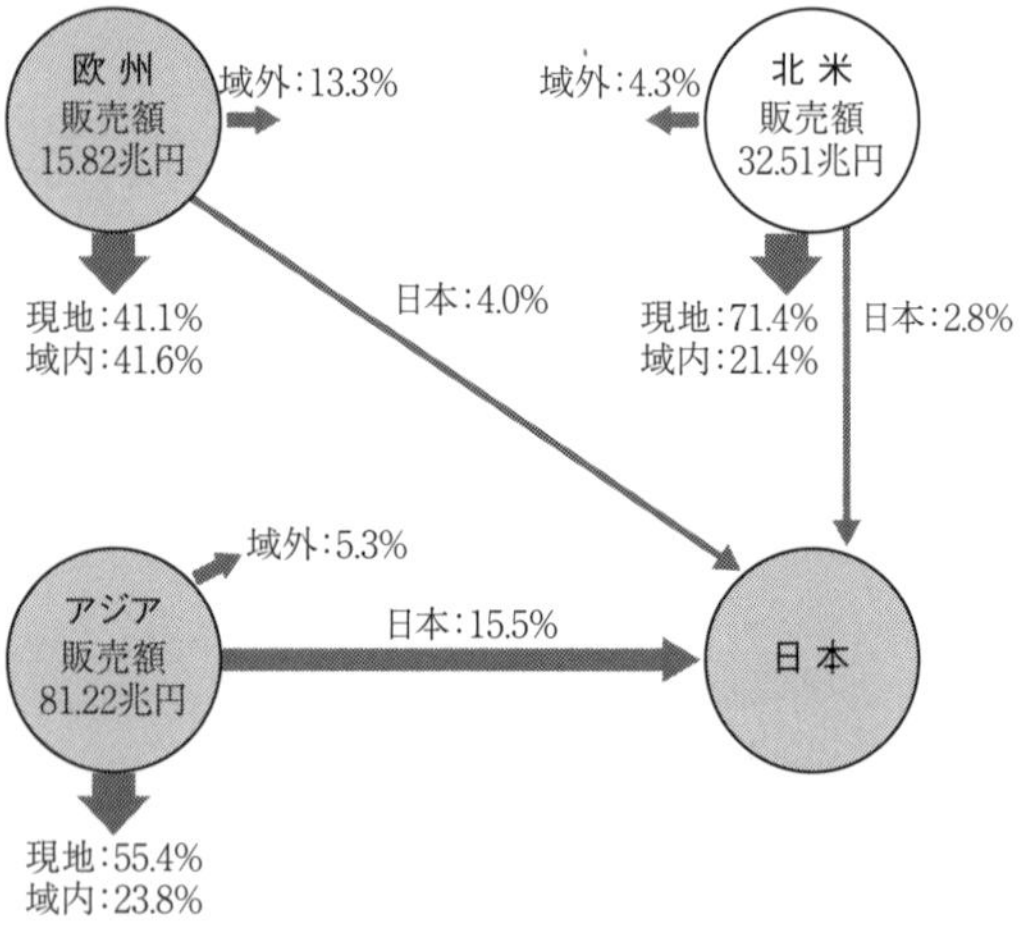

(出所)　『第52回 海外事業活動基本調査(2021年度実績、2022年7月1日調査)』経済産業省(2023年5月)より筆者作成。

図５－１－Ａと図５－１－Ｂは、経済産業省が実施している包括的な調査に基づく情報であり、主要３地域（アジア、北米、欧州）における日本の製造業現地法人の輸入・調達と輸出・販売の現状（２０２１年度実績）をそれぞれ示している。[4] この主要３地域の中で日本企業が最も活発に活動しているのはアジア地域である。たとえば財の輸入・調達額で測ると、アジアは北米の３・０倍、欧州の６・３倍の規模であり（図５－１－Ａ）、輸出・販売額で測っても、アジアは北米の２・５倍、欧州の５・１倍の規模である（図５－１－Ｂ）。日本企業にとって、アジアでの生産販売活動が非常に重要な役割を果たしていることが確認できる。

なお、現地法人数を用いて日本の海外現地法人の活動状況を測ると、２０２１年度の日系海外現地法人は世界全体で２万５３２５社であり、そのうち北米に３２０１社、アジアに１万７１３６社、欧州に２８１２社が進出している。[5]

日系現地法人は日本から中間財等をどの程度輸入しているのだろうか。図５－１－Ａによると、主要３地域で活動する日系現地法人は輸入・調達額全体の20％以上を日本から輸入している。日本以外からの輸入・調達では現地からの調達が最大であり、アジアと北米では６割以上を現地で調達している。欧州はＥＵ域内での経済統合が進んでおり、現地と域内での調達を合計すると65％の調達率となる。

より注目すべきは、日系現地法人の輸出・販売行動が地域別に大きく異なる点である。図５－１－Ｂが示すように、北米では輸出・販売の約93％が現地および域内の市場向けであり、日本向けに

表5－1　日本の製造業現地法人の輸入・調達と輸出・販売先の状況（2021年度）

(1)　財調達のルート：輸入・調達の合計額に占めるシェア

	回答企業（件数）	a.日本からの輸入(%)	b.現地からの調達(%)	c.海外からの輸入(%)
アジア全体	**324**	**34.2**	**46.6**	**19.2**
中国	92	33.5	59.0	7.5
ASEAN-6	**174**	**32.9**	**43.5**	**23.6**
北米地域	**105**	**38.2**	**43.5**	**18.3**
米国	94	38.7	44.0	17.3
ヨーロッパ地域	**76**	**33.2**	**32.0**	**34.8**
ユーロ圏	48	30.7	35.3	34.0
英国	10	23.8	28.8	47.4
太洋州	**11**	**24.3**	**27.1**	**48.6**
南米	**16**	**22.7**	**44.5**	**32.8**
中東・アフリカ	**2**	**9.0**	**57.5**	**33.5**

(2)　財販売のルート：輸出・販売の合計額に占めるシェア

	回答企業（件数）	a.日本向け輸出(%)	b.現地への販売(%)	c.海外向け輸出(%)
アジア全体	**293**	**27.7**	**52.2**	**20.1**
中国	83	37.7	51.8	10.4
ASEAN-6	**159**	**22.7**	**52.5**	**24.8**
北米地域	**96**	**7.1**	**80.4**	**12.5**
米国	88	7.6	80.1	12.3
ヨーロッパ地域	**73**	**4.6**	**52.9**	**42.5**
ユーロ圏	44	7.4	52.2	40.4
英国	9	0.0	39.8	60.2
太洋州	**9**	**0.1**	**71.7**	**28.2**
南米	**15**	**7.1**	**80.3**	**12.5**
中東・アフリカ	**2**	**0.0**	**15.0**	**85.0**

（注）　2022年度「日本企業の海外現地法人に対するインボイス通貨選択アンケート調査」のデータに基づいて算出。2022年度調査（2021年度実績）の数値。
（出所）　伊藤・鯉渕・佐藤・清水・吉見（2023b）より筆者作成。

輸出するのはわずか２・８％にすぎない。欧州では現地と域内市場の占めるシェアが82・７％にとどまっているが、残りのかなりの部分（13・３％）が日本を除く域外諸国に輸出されており、日本向け輸出は４・０％にすぎない。これに対して、アジア所在の日系現地法人は輸出・販売総額の15・５％を日本に向けて輸出している。アジアで活発な事業活動を行っている日系現地法人は、日本とアジアの間の貿易を牽引していると言ってよいだろう。

表５－１は２０２２年度にＲＩＥＴＩで実施した日系海外現地法人に対するアンケート調査の結果に基づき、製造業現地法人の輸入・調達と輸出・販売の状況をまとめたものである。２０２２年度調査は回答率が低いため、図５－１－Ａおよび図５－１－Ｂと比較すると正確性で劣ることに留意する必要がある。

財調達（輸入）のルートをみると、表５－１の日本からの輸入・調達の比率がやや高く出ているが、図５－１－Ａとおおむね同じ傾向を示している。日本向け輸出についても同様で、表５－１において日本向け輸出比率が図５－１－Ｂと比べて高くなっている。以下では日系海外現地法人に対するアンケート調査結果に基づいて考察を進めるが、本章の対象とする日系海外現地法人調査のほうが、経済産業省調査と比べて日本との輸出入の比率が高いことに留意してほしい。

本章では、アジア所在日系現地法人の日本との貿易における建値通貨選択に特に注目するが、その理由は上記のような日系現地法人によるアジアでの活発な生産販売活動にある。アジアで発展する生産ネットワークにおいて、日系現地法人がどのような建値通貨選択を行っているか、以下で確認していこう。

2　日系製造業現地法人の建値通貨選択

(1)　日系製造業現地法人の建値通貨選択：地域別

日系製造業現地法人の中間財輸入・調達における建値通貨選択

図5－2－Aは、図5－1－Aで示した海外現地法人の輸入・調達経路においてどの建値通貨が使用されているかを、ＲＩＥＴＩ日系海外現地法人向けアンケート調査の結果（2021年度実績値）に基づいて示したものである。製造業現地法人の建値通貨選択の特徴は次の通りである。

第一に、アジア所在製造業現地法人の日本からの中間財輸入では、円建て比率とドル建て比率がほぼ拮抗しており、それぞれ40・9％と41・9％を占めている。注目すべきは人民元建て比率（5・2％）とアジア現地通貨建て比率（10・2％）の高さである。本章の冒頭で述べたように、2000年代後半まで日本の大企業は人民元の使用に非常に消極的であったことを踏まえると、人民元を含むアジア通貨が全体で15％を超えるシェアを占めていることは注目に値する。

他方で、北米や欧州など先進国の日本からの中間財輸入では、円建て比率がさらに低くなる。円建て比率は、欧州所在現地法人の調達では35・4％、北米所在現地法人の調達では12・8％にすぎない。北米所在現地法人は日本からの輸入の79・6％をドル建てで行っており、北米現地通貨（カ

図5－2－A　日系製造業現地法人の現地、日本、海外からの中間財調達・輸入における建値通貨選択（2021年度）

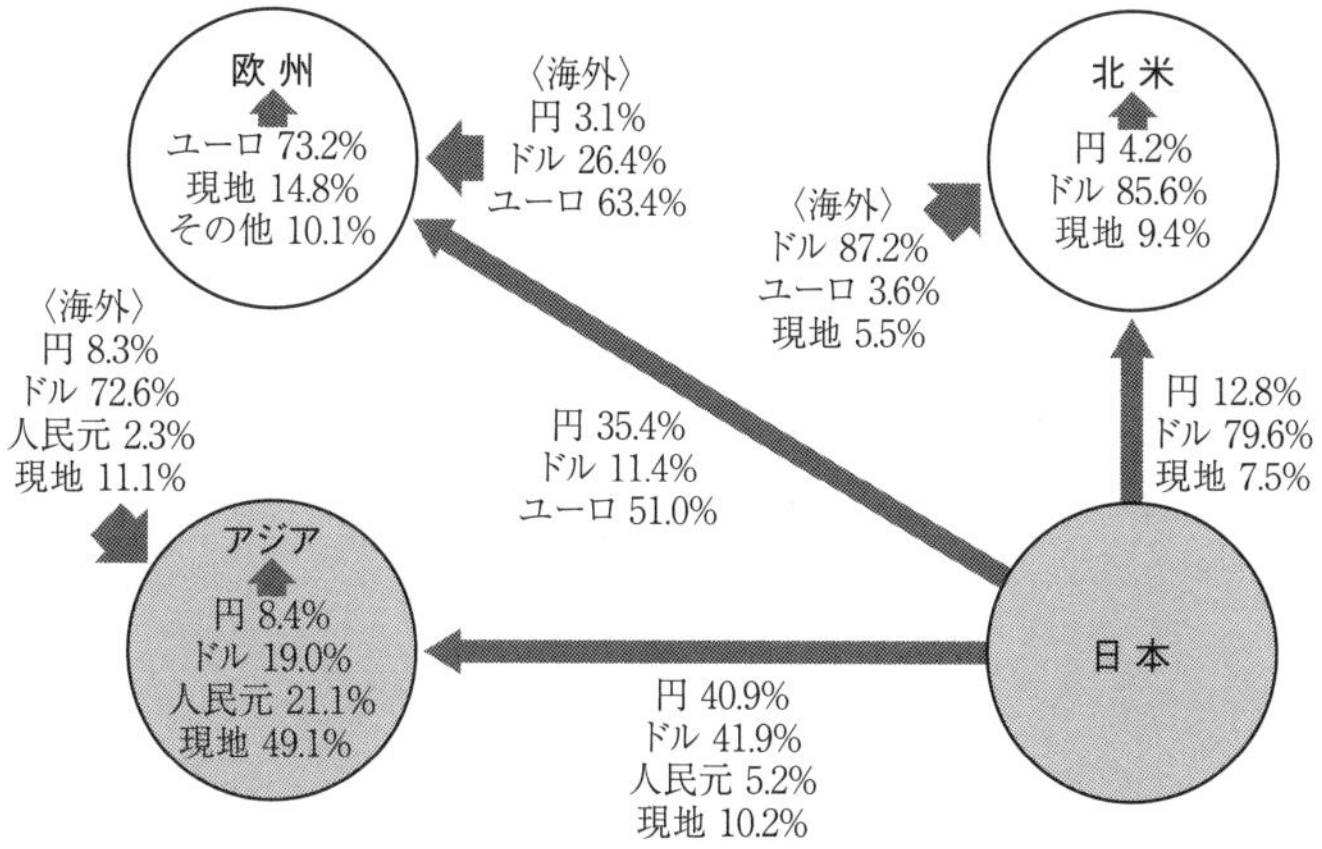

（注）　2022年度「日本企業の海外現地法人に対するインボイス通貨選択アンケート調査」のデータに基づいて算出。2022年度調査（2021年度実績）の数値。「現地」は現地通貨建て比率を意味する。
各地域を示す円形の中の数値は当該地域の現地からの調達における建値通貨の比率を示す。日本から各地域に向かう矢印の数値は、日本からの中間財輸入における建値通貨の比率を示す。それ以外の短い矢印は、各地域の海外からの輸入（域内の他国からの輸入も含む）における建値通貨比率を示す。
（出所）　伊藤・鯉渕・佐藤・清水・吉見（2023b）より筆者作成。

ナダドルとメキシコペソ）も加えると、87・1％が北米諸国通貨建てで輸入されている。

この日系製造業現地法人の建値通貨選択は、第3章で示した日本の全輸出・全輸入における建値通貨選択とも整合的である。図3－1は日本の地域・国別輸出の建値通貨選択を示していたが、対米国輸出の建値通貨比率は図5－2－Aの結果とほぼ一致している。図3－1の対EU輸出の建値通貨選択も同様に図5－2－Aの欧州所在現地法人の輸入における建値通貨選択と整合的である。

やや異なるのは、アジア所在現地法人の日本からの輸入における現地通貨建て比率である。図3－1によると、

2021年時点で日本のアジア向け輸出の円建て比率とドル建て比率を合計すると92・4％になる。それ以外の通貨がすべてアジア現地通貨であると仮定しても、アジア通貨建て比率は7・6％にすぎない。図5－2－Aは、アジア所在現地法人の日本からの輸入のほうがアジア通貨建て比率がかなり高いことを示唆している。

第二に、現地市場（現地法人の所在国内）で中間財を調達する際に、北米や欧州と比較して、アジアでは現地通貨建て比率がかなり低い。北米ではドルと現地通貨を合計すると95・0％、欧州ではユーロと現地通貨を合計すると88％に達するが、アジアでは人民元を含む現地通貨建て比率が70・2％にすぎない。アジアでの現地調達にもかかわらず、ドルもしくは円での調達が合計で27・4％に達している。

第三に、アジア所在製造業現地法人が海外から中間財を調達する場合、ドル建てでの取引が72・6％を占めており、圧倒的に高い。しかし、注目すべきは人民元を含むアジア現地通貨建てでの中間財輸入も全体の13・4％を占めている点である。

ここで「海外からの中間財輸入」とは、日系製造業現地法人が所在する国以外から中間財を輸入することと定義される。つまり、アジア所在現地法人にとって、海外からの中間財輸入にはアジア域内貿易も含まれている。図5－2－Aにおけるアジア現地通貨建て比率の高さは、アジア域内貿易で現地通貨建て取引が進んでいることを示唆していると考えられる。

日系製造業現地法人の生産財輸出・販売における建値通貨選択

図5－2－Bは主要3地域に所在する日系製造業現地法人が日本に生産財を輸出するときの建値通貨選択を示している。第4章で述べたように，海外現地法人は本社を経由して輸出を行う傾向が強い。アジアから日本への輸出が最終製品を日本市場で販売する目的で行ったものであっても，一度本社を経由して（あるいは関連のグループ企業を経由して）日本国内の市場で販売されると考えてよい。つまり，海外現地法人が日本に輸出する場合は，その大半が企業内貿易であると考えてよいだろう。

アジア所在現地法人から日本への輸出において注目すべきは，円建て比率（30・6％）よりもドル建て比率（47・6％）が高いことに加えて，人民元を含むアジア現地通貨建て比率が合計で21・7％に達している点である。アジア所在現地法人から日本への企業内輸出においてアジア現地通貨がかなりの程度使用されていることは注目に値する。

北米所在現地法人から日本への輸出ではドル建て比率が87・8％と圧倒的に高い。同様に欧州所在現地法人から日本への輸出でもユーロ建て比率が84・9％と非常に高いが，これは図3－2(c)で示した日本のEUからの輸入における建値通貨選択と大きく異なっている。

第3章で，日本がEUから輸入する場合は円建てでの輸入が6割を占めており，その理由をEU諸国の輸出業者によるPTM行動にあると解釈していた。つまり，先進国間の貿易では輸入国の通貨で建値をつけることにより，輸入国市場での販売価格を安定させることを狙った価格設定行動を

**図5－2－B　日系製造業現地法人の現地、日本、海外への
生産財販売・輸出における建値通貨選択（2021年度）**

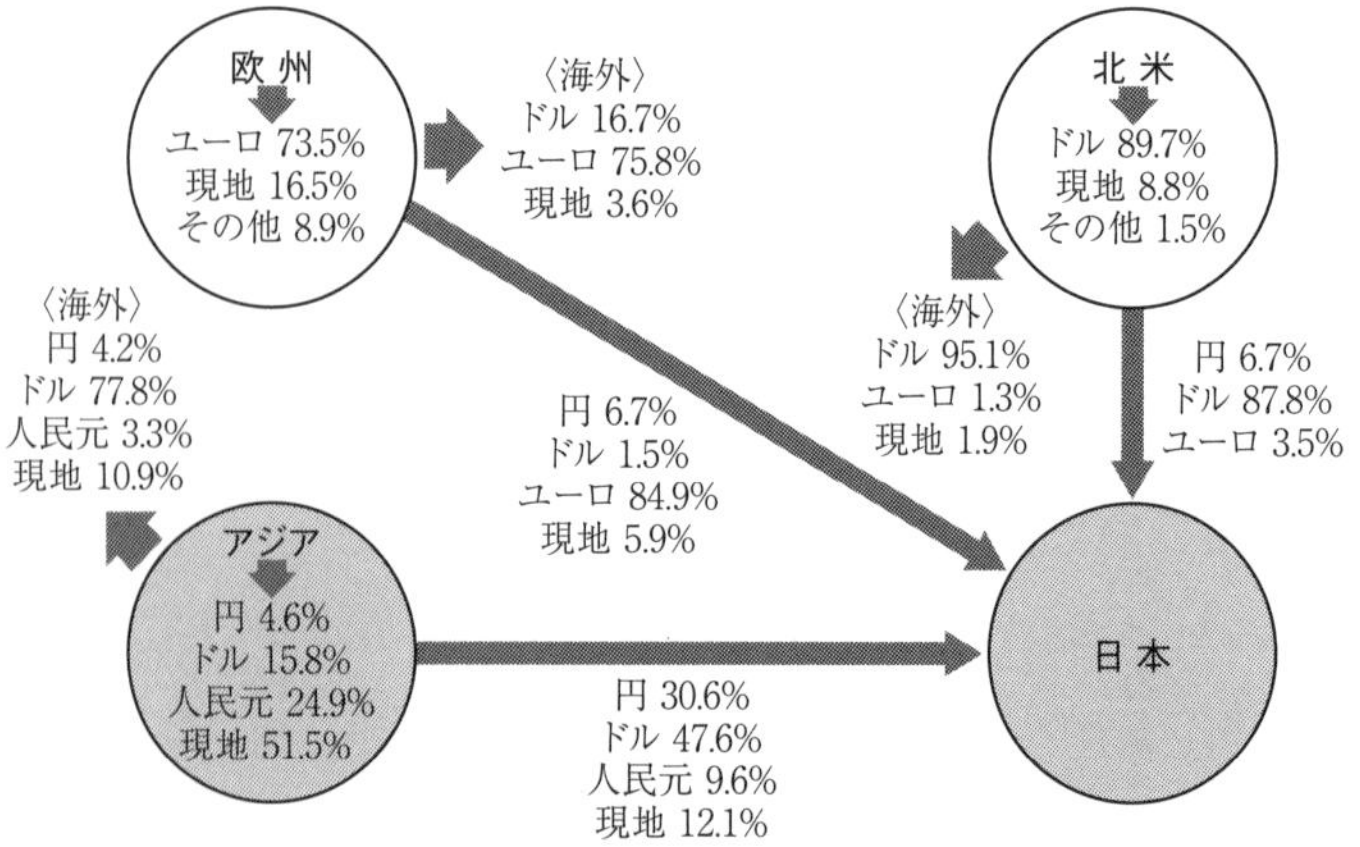

（注）　2022年度「日本企業の海外現地法人に対するインボイス通貨選択アンケート調査」のデータに基づいて算出。2022年度調査（2021年度実績）の数値。「現地」は現地通貨建て比率を意味する。
各地域を示す円形の中の数値は当該地域の現地向け販売における建値通貨の比率を示す。各地域から日本に向かう矢印の数値は、日本向け生産財輸出における建値通貨の比率を示す。それ以外の短い矢印は、各地域の海外向け輸出（域内の他国向け輸出も含む）における建値通貨比率を示す。
（出所）　伊藤・鯉渕・佐藤・清水・吉見（2023b）より筆者作成。

とる傾向があると指摘していた。図5－2－Bはこの傾向とまったく異なる通貨選択であることを示している。本社企業がユーロ建てで輸入し、欧州の現地法人に為替リスクを負わせないことを選択していると解釈できるだろう[6]。

日系製造業現地法人の海外への輸出においても、輸入と同様に、北米ではドル建て輸出比率が95・1％と圧倒的に高く、欧州でも75・8％がユーロ建てで輸出されている。アジアの場合はドル建て輸出が77・8％を占めて最大であり、円はわずか4・2％の比率にとどまっている。ここでも注目すべきは、人民元建てを含むアジア現地通貨建て比率の高さであり、海外諸国向け輸出の14・2％がアジア通貨建てで行

われている。これは、アジア域内貿易において現地通貨建て取引が増加していることを示唆している。

最後に現地市場への販売における建値通貨をみてみよう。北米、欧州ともに現地通貨建て（北米ではドルと現地通貨、欧州ではユーロと現地通貨）が9割以上を占めているが、アジア所在現地法人の場合は現地通貨建てでの販売が76・4％にとどまっている。アジアではドル建ておよび円建てでの販売が合計で20・4％に達している。現地での取引でありながらドルや円での販売を行うのは、顧客の一定割合が自社のグループ企業や米系企業などであることを示唆している。

(2)　中国、ASEAN6における日系製造業現地法人の建値通貨選択

これまでアジア地域全体に所在する日系製造業現地法人の建値通貨選択の集計値を考察してきた。ここからは中国とＡＳＥＡＮ６（シンガポール、マレーシア、インドネシア、フィリピン、タイ、ベトナム）に所在する日系現地法人に焦点を当てて、現地法人の建値通貨選択がどのように変化してきたかを考えてみよう。建値通貨選択の時系列の変化として、２０１０年度調査から２０２２年度調査までの４カ年（２００９年度、２０１３年度、２０１７年度、２０２１年度）の建値通貨選択を考察する。

中国所在日系製造業現地法人の建値通貨選択

図5－3は中国に所在する日系製造業現地法人が日本との貿易において、そして海外諸国との貿易においてどの通貨建てで取引を行っているかを示している。

まず日本からの中間財調達における建値通貨選択をみると、円とドルが最も多く使われており、両者の建値通貨比率は拮抗している。ただし、円とドルの比率は2009年度から低下傾向にあり、その低下分を埋め合わせるように人民元建て比率が上昇している。特に2009年度（3・8％）から2017年度（24・0％）にかけての人民元建て比率の上昇が顕著であり、2021年度はやや人民元建て比率が低下しているが、それでも19・2％という高い水準にある。

2021年度に人民元の使用が低下してしまったのか否かの判断は難しい。2021年度はまだ新型コロナウィルス感染拡大の影響から脱却できていない時期である。また2022年度に実施した第4回アンケート調査（2021年度実績）の回答率は6・2％と、かなり低い。

さらに、6・2％の回答率であっても、回答企業はすべての質問項目に回答しているわけではない。図5－3が示すように、2021年度の回答企業数は他の年度と比べても少ない。これらの事情が2021年度の数値に影響している可能性があるが、この点については以下でさらに考察する。

次に、中国所在現地法人の日本向け輸出をみてみよう。2009年度時点では日本向け輸出全体の98・6％が円とドルで取引されていた。人民元建て取引はわずか0・8％にすぎなかったが、2013年度には13・9％に、そして2017年度には31・3％へと人民元建て比率が急増している

図5－3　中国所在生産現地法人の貿易建値通貨選択：対日貿易と対海外諸国貿易

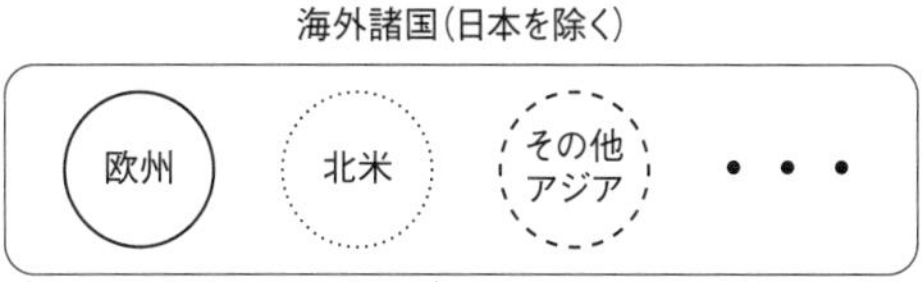

B2　中国所在現地法人の海外向け輸出（%）

年	円	米ドル	人民元	現地	その他	回答数
2021	2.3	72.5	15.4	3.5	6.3	28
2017	12.7	66.9	14.3	1.3	4.9	75
2013	7.3	79.6	5.2	1.9	6.1	54
2009	8.4	76.5	2.3	1.4	11.4	68

B1　中国所在現地法人の海外からの中間財輸入（%）

年	円	米ドル	人民元	現地	その他	回答数
2021	11.5	70.8	4.6	5.4	7.8	28
2017	23.6	42.8	26.4	1.1	6.1	88
2013	8.9	84.2	3.6	0.0	3.2	34
2009	4.0	77.5	3.8	0.5	14.1	49

A2　中国所在現地法人の日本向け輸出（%）

年	円	米ドル	人民元	現地	その他	回答数
2021	20.3	46.3	29.9	3.4	0.0	58
2017	36.9	30.8	31.3	1.0	0.0	101
2013	39.3	45.4	13.9	1.4	0.0	71
2009	47.8	50.8	0.8	0.0	0.7	93

A1　中国所在現地法人の日本からの中間財輸入（%）

年	円	米ドル	人民元	現地	その他	回答数
2021	39.1	39.0	19.2	1.4	1.4	74
2017	44.3	28.3	24.0	2.1	1.3	122
2013	43.9	44.5	10.4	1.2	0.0	82
2009	48.1	47.7	3.8	0.0	0.5	110

（注）　日系海外現地法人向けアンケート調査の詳細についてはBOX3-2を参照。「現地」は現地通貨建て比率を意味する。
（出所）　伊藤・鯉渕・佐藤・清水(2011, 2015)、伊藤・鯉渕・佐藤・清水・吉見(2019, 2023b)より筆者作成。

（図5－3）。この人民元建て比率の増加に伴い、円とドルの比率が低下しているが、2021年度の実績で見ると、円建て比率が20・3％、ドル建て比率が46・3％となっている。円建て比率の低下が顕著であり、人民元建て比率の29・9％を大きく下回っているが、先に述べたように2021年度の結果は慎重に解釈する必要がある。

中国所在現地法人の海外諸国との貿易を見ると、2009年度から2017年度にかけて輸出、輸入の両方で人民元建て比率が顕著に上昇している（図5－3）。特に海外諸国からの中間財輸入では2017年度に人民元建て比率が26・4％に達しているが、2021年度には4・6％へと急落している。このような不安定な建値通貨比率の推移は、前述の通り回答企業数の少なさが影響している可能性がある。海外からの輸入においては2021年度の回答企業数（28社）は2017年度の回答企業数（88社）の3分の1にすぎない。なお、海外との輸出入ではドル建て比率が常に最大となっている。

ASEAN6所在日系製造業現地法人の建値通貨選択

次にASEAN6における日系製造業現地法人の建値通貨選択の変化をみてみよう。図5－4はASEAN6の現地法人が日本との貿易だけでなく海外諸国との貿易においても現地通貨建て取引の比率を高めていることを示している。日本からの中間財調達では円とドルの比率がほぼ拮抗しているが、2017年度にアジア現地通貨建て比率は16・4％へと急上昇した。ASEAN6所在現

図5－4　ASEAN6所在生産現地法人の貿易建値通貨選択：対日貿易と対海外諸国貿易

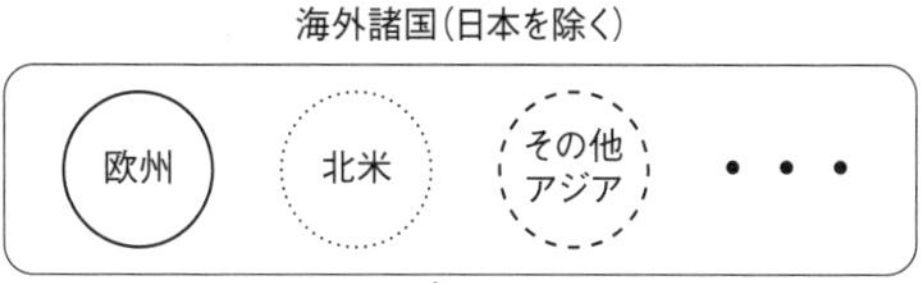

B2　ASEAN6所在現地法人の海外向け輸出（%）

年	円	米ドル	人民元	現地	その他	回答数
2021	3.8	81.3	0.3	10.8	3.8	104
2017	8.7	67.3	0.7	19.1	4.2	148
2013	5.9	80.5	0.0	7.4	6.2	133
2009	9.1	77.2	0.0	7.6	6.0	208

B1　ASEAN6所在現地法人の海外からの中間財輸入（%）

年	円	米ドル	人民元	現地	その他	回答数
2021	8.9	73.5	1.2	9.7	6.5	117
2017	8.9	71.1	0.7	13.7	5.6	168
2013	6.1	80.7	0.0	5.3	7.9	141
2009	6.6	79.4	0.1	5.6	8.3	191

A2　ASEAN6所在現地法人の日本向け輸出（%）

年	円	米ドル	人民元	現地	その他	回答数
2021	34.3	50.2	0.0	15.3	0.2	98
2017	26.5	49.1	0.0	20.4	4.0	160
2013	35.8	56.2	0.0	7.2	0.8	113
2009	43.8	46.8	0.0	9.3	0.0	177

A1　ASEAN6所在現地法人の日本からの中間財輸入（%）

年	円	米ドル	人民元	現地	その他	回答数
2021	41.4	42.5	0.1	13.6	2.3	152
2017	41.6	40.3	0.0	16.4	1.7	207
2013	49.0	47.0	0.0	2.7	1.3	159
2009	53.5	39.5	0.0	6.1	0.8	243

（注）　日系海外現地法人向けアンケート調査の詳細についてはBOX3-2を参照。「現地」は現地通貨建て比率を意味する。
（出所）　伊藤・鯉渕・佐藤・清水（2011, 2015）、伊藤・鯉渕・佐藤・清水・吉見（2019, 2023b）より筆者作成。

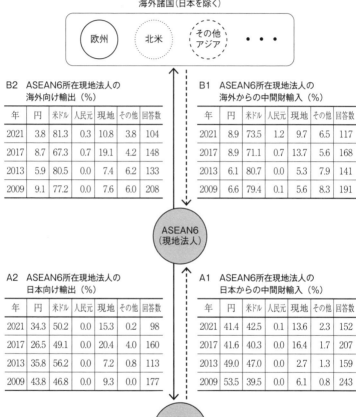

地法人から日本に対する輸出ではドル建て取引が約半分を占めており、2017年度にアジア現地通貨建て輸出比率が20・4％へと上昇したことに伴い、円建て輸出比率が低下している。ただし、2017年度から2021年度にかけてアジア現地通貨建て輸出比率はやや減少しており、人民元建て比率と同様に2021年度の調査結果は慎重に解釈する必要がある。

注目すべきはASEAN6の海外諸国との貿易において人民元がほとんど使用されていない点である。2021年度においても、人民元建て比率は海外からの輸入の1・2％、海外向け輸出の0・3％を占めているにすぎない。ASEAN6の海外との輸出入では、その相手国として中国も含まれる。中国経済の発展に伴い、アジア諸国に対する人民元の影響力が高まっている可能性が考えられるが、図5－4が示すように、人民元建て比率は非常に低い。これは、アジア諸国間の取引において人民元がほとんど使用されていないことを示唆している。

(3) アジア現地通貨建て取引は低迷しているのか

図5－3と図5－4が示すように、人民元建ておよびアジア現地通貨建て取引は2017年度から2021年度にかけて比率を下げている。これは日系製造業現地法人がアジア通貨の使用を低下させている可能性があることを示唆している。

まず表5－2－Aを見てみよう。2022年度に実施した日系海外現地法人アンケート調査では新規の質問項目として、「前回（4年前）のアンケート調査時点と比較して、人民元建て（もしくは

表5−2　人民元およびアジア現地通貨建て取引の増減（4年前との比較）

5−2−A　人民元建て取引とアジア通貨建て取引の変化

（調査項目）4年前に実施したアンケート調査のときと比較して、人民元およびアジア現地通貨建て取引はどう変化したか。

	人民元		アジア現地通貨	
	件数	シェア	件数	シェア
1.増加	41	48.2	61	31.3
2.横ばい	31	36.5	117	60.0
3.減少	13	15.3	17	8.7
合計	85	100.0	195	100.0

5−2−B　どのアジア通貨建て取引が増加したか（複数回答）

通貨名	件数	シェア
タイバーツ	19	31.1
韓国ウォン	2	3.3
香港ドル	0	0.0
台湾ドル	5	8.2
シンガポールドル	8	13.1
マレーシアリンギット	5	8.2
インドネシアルピア	15	24.6
フィリピンペソ	3	4.9
インドルピー	1	1.6
ベドナムドン	7	11.5
その他	3	4.9

（注）　表5−2−Ａでアジア現地通貨に関して「1. 増加」と回答した61社に対して、「アジア現地通貨の中でどの通貨建て取引が増加したか（複数回答可）」を質問した結果。

5−2−C　増加したアジア現地通貨建て取引の内訳（複数回答）

	人民元建て		アジア現地通貨建て	
	件数	シェア	件数	シェア
現地での販売	29	70.7	41	67.2
現地調達の支払い	22	53.7	34	55.7
日本（本社）からの輸入	11	26.8	14	23.0
日本以外の国からの輸入	4	9.8	5	8.2
日本（本社）向けの輸出	10	24.4	9	14.8
日本以外の国への輸出	2	4.9	7	11.5
その他	0	0.0	2	3.3

（注）　表5−2−Ａで人民元およびアジア現地通貨に関して「1. 増加」と回答した41社と61社に対して、「どのような取引において人民元もしくはアジア現地通貨が増加したか（複数回答可）」を質問した結果。
（出所）　伊藤・鯉渕・佐藤・清水・吉見（2023b）および2022年度「日本企業の海外現地法人に対するインボイス通貨選択アンケート調査」のデータに基づいて筆者作成。

アジア現地通貨建て）取引を増やしているか」という質問を行った。その結果をまとめたのが表5－2－Aである。この質問項目に対する回答数はあまり多くないが、人民元建て取引が増加したと回答した企業が全体の48・2％と約半分に達している。横ばいと回答した企業は36・5％であるのに対して、減少したと回答した企業は15・3％にとどまっている。前回の2018年度調査と比較すると、人民元建て取引は全体として増加傾向にあると解釈できるだろう。

他方で、アジア現地通貨建て取引の場合は2018年度調査時点と比較して横ばいと回答した企業が全体の60％を占めている。これはアジア通貨建て取引が伸びていないことを窺《うかが》わせるが、残りの40％の中で増加したと回答した企業が31・3％を占めているのに対して、減少したと回答した企業は8・7％にすぎない。これらの点を考慮すると、アジア現地通貨建て取引も増加傾向にあると解釈してよいだろう。

アジア現地通貨建て取引が増加傾向にあるとはいえ、実際にどの通貨建ての取引が増えているのだろうか。表5－2－Bは、表5－2－Aで「増加した」と回答した企業に対して「どのアジア通貨が増えているか」を質問した結果をまとめている。この質問に対しては複数回答を認めており、企業によっては二つ以上の通貨を答えている場合もある。表5－2－Bによればタイバーツ建て取引が最も増加しており、次いで増加しているのはインドネシアルピアである。これら二つの通貨以外で10％を超えているのはシンガポールドルとベトナムドンである。

これに対して香港ドル建て取引を増やしたという企業はなく、インドルピーを増やしたと回答した企業は1社のみである。アジア現地通貨建て取引が増えているといっても、通貨によってばらつきが大きいが、アジア通貨の中ではＡＳＥＡＮ諸国通貨建て取引の伸びが顕著であることが確認できる。

表５－２－Ｃはどのような取引においてアジア通貨の使用が増えたのかを示している。人民元とアジア現地通貨の使用が最も増えたのは、現地での販売と調達においてであり、50％~70％のシェアに達している。次いでアジア通貨の使用が増えたのは日本に対する輸出と輸入においてであるが、そのシェアは15％~20％台後半である。

日本以外の国との輸出入では、アジア通貨建て取引はあまり伸びていない。つまり、人民元やアジア現地通貨建ての取引が最も増えているのは現地市場での調達・販売においてであり、必ずしも海外諸国との貿易で建値通貨としての利用が増えているわけではない。ただし、日本との貿易においては人民元建てやアジア現地通貨建て取引に一定の増加がみられるが、これは図５－３および図５－４で示した日本との貿易における人民元およびアジア現地通貨建て比率の上昇とも整合的な結果である。

(4) 日系製造業現地法人の業種別建値通貨選択：主要機械産業

アジア所在製造業現地法人の業種別建値通貨選択

ここまで、製造業現地法人の建値通貨選択を時系列かつ取引相手国・地域別に考察してきた。こ

表5－3　アジア所在製造業現地法人の日本との輸出入における建値通貨比率の業種別シェア（%）（2009年度、2021年度）

表5－3－A　アジア所在現地法人の日本からの輸入における建値通貨比率の業種別シェア

（%）

	産業分類	回答企業（件数）	a.円建て	b.米ドル建て	c.ユーロ建て	d.中国元建て	e.現地通貨建て	f.その他通貨建て
日本からの輸入（2021年度）	機械	44	54.5	29.2	1.8	4.5	9.0	1.0
	電気機器	43	30.2	42.0	0.0	14.6	13.3	0.0
	輸送機器	35	55.5	32.7	0.1	0.0	7.7	4.0
	全産業合計	**276**	**40.9**	**41.9**	**0.4**	**5.2**	**10.2**	**1.5**
日本からの輸入（2009年度）	機械	44	65.3	27.4	2.3	2.4	2.5	0.1
	電気機器	98	40.2	56.3	0.0	0.8	1.6	1.0
	輸送機器	55	70.8	24.7	0.0	0.0	4.5	0.0
	全産業合計	**394**	**53.0**	**41.2**	**0.4**	**1.1**	**3.9**	**0.5**

表5－3－B　アジア所在現地法人の日本向け輸出における建値通貨比率の業種別シェア

（%）

	産業分類	回答企業（件数）	a.円建て	b.米ドル建て	c.ユーロ建て	d.中国元建て	e.現地通貨建て	f.その他通貨建て
日本向け輸出（2021年度）	機械	31	45.4	32.4	0.0	3.2	19.0	0.0
	電気機器	32	30.3	39.7	0.5	17.6	11.5	0.5
	輸送機器	19	51.6	35.2	0.0	4.7	8.4	0.0
	全産業合計	**181**	**30.6**	**47.6**	**0.1**	**9.6**	**12.1**	**0.1**
日本向け輸出（2009年度）	機械	37	49.3	39.3	0.7	0.0	10.7	0.0
	電気機器	91	34.4	63.2	0.4	0.0	2.0	0.0
	輸送機器	29	75.2	21.4	0.0	0.0	3.4	0.0
	全産業合計	**299**	**45.9**	**48.3**	**0.2**	**0.2**	**5.4**	**0.0**

（注）　2022年度「日本企業の海外現地法人に対するインボイス通貨選択アンケート調査」のデータに基づいて2021年度のデータ算出。2009年度の数値に、伊藤・鯉渕・佐藤・清水（2011）より引用。
（出所）　伊藤・鯉渕・佐藤・清水（2011）、伊藤・鯉渕・佐藤・清水・吉見（2023b）より筆者作成。

こからは製造業現地法人の建値通貨選択が業種別でどのように異なるのかをみてみよう。表５－３はアジア所在現地法人の日本からの中間財輸入および日本への生産財輸出における建値通貨選択を、アジア域内の生産・販売ネットワークを牽引する三つの主要機械産業（機械、電気機器、輸送機器）に焦点を当てて示したものである。また２００９年度（２０１０年度実施の第１回海外現地法人アンケート調査）から２０２１年度（２０２２年度実施の第４回海外現地法人アンケート調査）にかけて建値通貨選択が産業別でどのように変化してきたかも示している。なお、表５－３の「全産業合計」は上記の三つの産業だけでなく、すべての産業の合計を示していることに注意されたい。

まずアジア所在製造業現地法人の日本からの中間財輸入についてみると、２００９年度時点では、主要機械産業が人民元建てであるいはアジア現地通貨建てで日本から中間財を輸入する比率はわずか数パーセントであった（表５－３－A）。しかし２０２１年度になると、人民元建ておよびアジア現地通貨建て比率が顕著に上昇し、特に電気機器産業の伸びが著しい。この傾向はアジア所在製造業現地法人の日本向け輸出で特に顕著であり、２００９年度時点で主要機械産業は人民元建て輸出をまったく行っていなかったが、２０２１年度は特に電気機器産業において日本向け輸出の17・6％が人民元建てで取引されている（表５－３－B）。産業ごとにばらつきはあるものの、２００９年度から２０２１年度にかけて主要機械産業における人民元およびアジア現地通貨建て貿易の増加は明らかであり、特に電気機器産業において大きく増加している。

次に、表５－４によってアジア所在現地法人の海外諸国との貿易における建値通貨選択をみてみ

表5－4　アジア所在製造業現地法人の海外諸国との輸出入における建値通貨比率の業種別シェア（%）
（2009年度、2021年度）

表5－4－A　アジア所在現地法人の海外からの輸入における建値通貨比率の業種別シェア

（%）

	産業分類	回答企業（件数）	a.円建て	b.米ドル建て	c.ユーロ建て	d.中国元建て	e.現地通貨建て	f.その他通貨建て
海外からの輸入（2021年度）	機械	21	20.0	58.1	10.2	1.0	6.6	4.0
	電気機器	27	7.8	78.8	1.1	1.1	7.8	3.4
	輸送機器	29	12.8	65.8	0.0	4.0	13.6	3.8
	全産業合計	**179**	**8.3**	**72.6**	**2.1**	**2.3**	**11.1**	**3.5**
海外からの輸入（2009年度）	機械	27	8.5	70.7	14.4	0.7	3.5	2.2
	電気機器	69	4.4	87.8	1.4	0.1	2.8	3.6
	輸送機器	27	12.4	61.8	13.6	0.0	11.6	0.7
	全産業合計	**263**	**6.0**	**79.6**	**5.9**	**0.9**	**4.5**	**3.3**

表5－4－B　アジア所在現地法人の海外向け輸出における建値通貨比率の業種別シェア

（%）

	産業分類	回答企業（件数）	a.円建て	b.米ドル建て	c.ユーロ建て	d.中国元建て	e.現地通貨建て	f.その他通貨建て
海外向け輸出（2021年度）	機械	19	10.7	61.5	5.3	0.1	17.2	5.3
	電気機器	23	9.7	77.1	0.0	8.7	4.6	0.0
	輸送機器	26	2.0	81.2	0.4	1.2	13.6	1.6
	全産業合計	**161**	**4.2**	**77.8**	**1.7**	**3.3**	**10.9**	**2.1**
海外向け輸出（2009年度）	機械	30	8.6	75.6	3.8	0.7	6.0	5.3
	電気機器	73	8.1	83.2	3.1	0.0	3.4	2.2
	輸送機器	38	15.9	65.3	5.4	1.2	11.3	0.8
	全産業合計	**307**	**8.4**	**77.3**	**3.4**	**0.8**	**6.6**	**3.5**

（注）　2022年度「日本企業の海外現地法人に対するインボイス通貨選択アンケート調査」のデータに基づいて2021年度のデータ算出。2009年度の数値に、伊藤・鯉渕・佐藤・清水(2011)より引用。
（出所）　伊藤・鯉渕・佐藤・清水(2011)、伊藤・鯉渕・佐藤・清水・吉見(2023b)より筆者作成。

よう。アジア現地通貨建て取引は2009年度から2021年度にかけて大きく増加しているが、人民元建て取引の伸びは低水準にとどまっている。その理由として考えられるのは、ASEAN域内貿易において現地通貨建て取引が増加している可能性である。

アンケート調査における「海外諸国向け輸出（輸入）」とは、現地法人が所在する国とそれ以外の国との間の輸出（輸入）と定義されている。前出図5－1－Bが示すように、アジアの製造業現地法人は域外諸国に輸出する割合が非常に少なく（5・3％）、域内諸国向け輸出のほうが格段に大きい（23・8％）。つまり、アジア域内貿易が活発に行われるなか、日系現地法人はアジア諸国間（特にASEAN諸国間）の貿易で徐々に現地通貨建ての取引を増やしていると考えられる。

中国所在製造業現地法人の業種別建値通貨選択

表5－5は中国に所在する日系製造業現地法人に絞って、2021年度における日本との貿易および海外諸国との貿易の建値通貨選択を業種別にまとめたものである。

まず日本との輸出入における人民元建て取引をみると、業種間に大きなばらつきはあるが、電気機器産業の日本からの中間財輸入と日本向けの生産財輸出の人民元建て比率が非常に高い。輸入は52・2％、輸出は46・8％に達している。

日系製造業現地法人は、人民元を含むアジア通貨建て取引を日本との貿易において増加させている。日本の本社企業の視点では、アジア現地市場で自社の現地法人が現地通貨建て取引を拡大させ

表5－5　中国所在製造業現地法人の日本および海外諸国との輸出入における建値通貨比率の業種別シェア（%）（2021年度）

表5－5－A　中国所在現地法人の日本との輸出入における建値通貨比率の業種別シェア

（%）

	産業分類	回答企業（件数）	a.円建て	b.米ドル建て	c.ユーロ建て	d.中国元建て	e.現地通貨建て	f.その他通貨建て
日本からの輸入（2021年度）	機械	17	39.7	48.8	0.0	11.5	0.0	0.0
	電気機器	12	31.2	16.7	0.0	52.2	0.0	0.0
	輸送機器	4	75.0	25.0	0.0	0.0	0.0	0.0
	全産業合計	**74**	**39.1**	**39.0**	**0.0**	**19.2**	**1.4**	**1.4**
日本向け輸出（2021年度）	機械	14	28.3	64.6	0.0	7.1	0.0	0.0
	電気機器	12	27.8	17.1	0.0	46.8	8.3	0.0
	輸送機器	2	5.0	50.0	0.0	45.0	0.0	0.0
	全産業合計	**58**	**20.3**	**46.3**	**0.0**	**29.9**	**3.4**	**0.0**

表5－5－B　中国所在現地法人の海外との輸出入における建値通貨比率の業種別シェア

（%）

	産業分類	回答企業（件数）	a.円建て	b.米ドル建て	c.ユーロ建て	d.中国元建て	e.現地通貨建て	f.その他通貨建て
海外からの輸入（2021年度）	機械	5	20.0	61.0	19.0	0.0	0.0	0.0
	電気機器	5	32.4	47.4	2.0	0.0	0.0	18.2
	輸送機器	2	0.0	50.0	0.0	50.0	0.0	0.0
	全産業合計	**28**	**11.5**	**70.8**	**4.5**	**4.6**	**5.4**	**3.3**
海外向け輸出（2021年度）	機械	6	0.8	97.5	1.7	0.0	0.0	0.0
	電気機器	4	0.0	50.0	0.0	50.0	0.0	0.0
	輸送機器	2	0.0	82.5	0.5	0.0	17.0	0.0
	全産業合計	**28**	**2.3**	**72.5**	**2.7**	**15.4**	**3.5**	**3.6**

（注）　2022年度「日本企業の海外現地法人に対するインボイス通貨選択アンケート調査」のデータに基づいて2021年度のデータ算出。
（出所）　伊藤・鯉渕・佐藤・清水・吉見（2023b）より筆者作成。

ていることを受けて、日本（本社）とアジア（現地）との間の貿易でアジア通貨建て取引を増やし、現地法人の為替リスクを軽減する行動をとっていると解釈できる。

(5) 企業内貿易はアジア通貨建て取引を促進するのか

表5－6はアジア全体、中国、ASEAN6の3地域に所在する日系製造業現地法人が、日本との貿易においてどの通貨建てで取引を行っているかを「企業内貿易」と「その他の貿易」に分けて示している。ここで企業内貿易とは日本の本社企業との貿易と関連企業との貿易を合計したものである。その他の貿易とは「企業間貿易」と呼ばれることもあり、資本関係のない他の企業との貿易を指している。本章では企業間貿易とは呼ばず、「企業内貿易」と「その他の貿易」という呼び方をする。

なお、この表5－6を作成するときに用いたデータは、これまで本章で用いてきたデータと性格が異なる点に注意が必要である。この点については本章末のBOXで詳しく説明を行っているので参照されたい。

まず表5－6の日本からの中間財輸入における人民元建て比率およびアジア現地通貨建て比率を、企業内貿易とその他の貿易で比較してみよう。アジア所在現地法人では、人民元建て輸入比率が企業内貿易では5・2%、その他の貿易では2・6%であり、両者には2倍の開きがある。アジア現地通貨建て輸入比率では企業内貿易が10・9%、その他の貿易では3・9%であり、両者の開きは

表5－6　アジア、中国、ASEAN6所在製造業現地法人の建値通貨選択：企業内貿易とその他の貿易

日本からの輸入	アジア		中国		ASEAN6	
	回答数	シェア(%)	回答数	シェア(%)	回答数	シェア(%)
1. 企業内貿易（本社・関連会社からの輸入）						
1. 円	169	43.8	39	37.5	97	46.6
2. 米ドル	151	39.1	39	37.5	81	38.9
3. ユーロ	1	0.3	0	0.0	1	0.5
4. 中国元	20	5.2	20	19.2	0	0.0
5. 現地通貨	42	10.9	5	4.8	28	13.5
6. その他	3	0.8	1	1.0	1	0.5
合計	386	100.0	104	100.0	208	100.0
2. その他の貿易（総合商社・その他企業からの輸入）						
1. 円	36	46.8	5	50.0	25	45.5
2. 米ドル	35	45.5	4	40.0	25	45.5
3. ユーロ	0	0.0	0	0.0	0	0.0
4. 中国元	2	2.6	1	10.0	1	1.8
5. 現地通貨	3	3.9	0	0.0	3	5.5
6. その他	1	1.3	0	0.0	1	1.8
合計	77	100.0	10	100.0	55	100.0
3. 合計：日本からの輸入						
1. 円	205	44.3	44	38.6	122	46.4
2. 米ドル	186	40.2	43	37.7	106	40.3
3. ユーロ	1	0.2	0	0.0	1	0.4
4. 中国元	22	4.8	21	18.4	1	0.4
5. 現地通貨	45	9.7	5	4.4	31	11.8
6. その他	4	0.9	1	0.9	2	0.8
合計	463	100.0	114	100.0	263	100.0

日本向け輸出	アジア		中国		ASEAN6	
	回答数	シェア(%)	回答数	シェア(%)	回答数	シェア(%)
1. 企業内貿易（本社・関連会社向け輸出）						
1. 円	69	29.5	16	19.8	38	30.9
2. 米ドル	111	47.4	39	48.1	62	50.4
3. ユーロ	0	0.0	0	0.0	0	0.0
4. 中国元	22	9.4	22	27.2	0	0.0
5. 現地通貨	29	12.4	3	3.7	21	17.1
6. その他	3	1.3	1	1.2	2	1.6
合計	234	100.0	81	100.0	123	100.0
2. その他の貿易（総合商社・その他企業向け輸出）						
1. 円	9	31.0	1	12.5	6	35.3
2. 米ドル	17	58.6	5	62.5	10	58.8
3. ユーロ	0	0.0	0	0.0	0	0.0
4. 中国元	2	6.9	2	25.0	0	0.0
5. 現地通貨	1	3.4	0	0.0	1	5.9
6. その他	0	0.0	0	0.0	0	0.0
合計	29	100.0	8	100.0	17	100.0
3. 合計：日本向け輸出						
1. 円	78	29.7	17	19.1	44	31.4
2. 米ドル	128	48.7	44	49.4	72	51.4
3. ユーロ	0	0.0	0	0.0	0	0.0
4. 中国元	24	9.1	24	27.0	0	0.0
5. 現地通貨	30	11.4	3	3.4	22	15.7
6. その他	3	1.1	1	1.1	2	1.4
合計	263	100.0	89	100.0	140	100.0

（注）　2022年度「日本企業の海外現地法人に対するインボイス通貨選択アンケート調査」のデータに基づいて2021年度のデータ算出。
（出所）　伊藤・鯉渕・佐藤・清水・吉見（2023b）より筆者作成。

さらに大きくなる。これは日本の本社企業が海外現地法人の為替リスク負担を軽減するために、日本からアジアの現地法人への中間財輸出（現地法人から見れば日本からの中間財輸入）において現地通貨建て取引を増やしていると解釈できる。

同様の比較を中国所在現地法人で行うと、企業内貿易における人民元建て比率は19・２％、その他の貿易での人民元建て比率は10・０％であり、ほぼ同じ傾向がみられる。(7) ＡＳＥＡＮ６所在現地法人でも、企業内貿易の現地通貨建て比率は13・５％、その他の貿易における現地通貨建て比率は５・５％である。

次に、アジア所在現地法人の日本向け輸出についてみてみよう。現地通貨建て輸出比率は企業内貿易で12・４％であるのに対して、その他の貿易では３・４％にすぎない。他方で人民元建て輸出比率をみると、企業内貿易では９・４％であるが、その他の貿易では６・９％となり、両者の差がやや小さくなる。ただし、これは企業内貿易とその他の貿易で回答数に大きな開きがあること、特にその他の貿易の回答数が非常に少ないことが理由だと考えられる。

中国所在現地法人の日本向け輸出の場合、企業内貿易では27・２％が人民元建てであるが、その他の貿易でも人民元建てが25・０％に達している。(8) しかし、そもそもその他の貿易の回答数は企業内貿易の回答数の10分の１以下であり、その他の貿易で人民元建て取引を行っていると回答したのは２社にすぎない。回答企業数が少ない場合は、その数値を慎重に解釈する必要があるだろう。

なお、ＡＳＥＡＮ６所在現地法人の場合、現地通貨建て輸出比率が企業内貿易では17・１％、その他の貿易では5・9%であり、日本の本社企業が現地通貨建て取引を選好して自社の現地法人の為替リスクを軽減する行動が明確に示されている。

最後に、改めてアジア所在製造業現地法人が日本との間で輸出・輸入を行う場合、企業内貿易がどの程度のシェアを占めているかを確認しておこう。表5－6は財の取引ごとの回答に基づいて作成されており、回答数の単純平均でシェアを計算している。この表5－6に基づいて計算すると、アジア所在現地法人の場合、日本からの中間財輸入全体（回答数463件）の83・3%が企業内貿易を通じた輸入（回答数386件）である。日本向けの生産財輸出では全体（回答数263件）の89・0%が企業内貿易を通じた輸出（回答数234件）である。アジア所在現地法人と日本との貿易の大半は企業内貿易であることが確認できる。

3　日系販売現地法人の建値通貨選択

これまでは生産拠点として活動する日系製造業現地法人に焦点を当てて考察を行ってきた。日系現地法人の中には生産活動を行わず、販売拠点として活動する現地法人もある。本章では、この販売拠点として活動する日系現地法人を「販売現地法人」と呼び、その輸入・調達と輸出・販売における建値通貨選択の実態を明らかにする。

販売現地法人は、自ら財を調達し、その財を自身の顧客や取引先に販売する。財の調達や販売に

表5－7　アジア所在販売現地法人の輸入・調達と輸出・販売における建値通貨選択（2021年度）

(1) 日本からの輸入と輸出･販売		a.円	b.米ドル	c.ユーロ	d.中国元	e.現地通貨	f.その他通貨	合計
日本からの輸入	全輸入（シェア）	44.5	41.7	0.0	3.9	8.8	1.1	100.0
	件数	207	194	0	18	41	5	465
輸出･販売の仕向け先	全輸出･販売(シェア)	14.8	34.0	0.2	14.6	32.0	4.3	100.0
	件数	69	158	1	68	149	20	465
	1.現地市場(シェア)	12.1	25.9	0.0	19.3	39.2	3.5	100.0
	件数	42	90	0	67	136	12	347
	2.域内諸国(シェア)	26.5	51.5	0.0	1.5	8.8	11.8	100.0
	件数	18	35	0	1	6	8	68
	3.域外諸国(シェア)	18.0	66.0	2.0	0.0	14.0	0.0	100.0
	件数	9	33	1	0	7	0	50
(2) 現地からの調達と輸出･販売		a.円	b.米ドル	c.ユーロ	d.中国元	e.現地通貨	f.その他通貨	合計
現地からの調達	全調達（シェア）	2.0	14.2	0.2	27.3	55.2	1.1	100.0
	件数	9	63	1	121	245	5	444
輸出･販売の仕向け先	全輸出･販売(シェア)	8.1	26.7	0.2	18.6	42.4	4.0	100.0
	件数	36	119	1	83	189	18	446
	1.現地市場(シェア)	6.2	15.2	0.0	25.1	50.2	3.4	100.0
	件数	20	49	0	81	162	11	323
	2.域内諸国(シェア)	15.8	52.6	0.0	1.8	21.1	8.8	100.0
	件数	9	30	0	1	12	5	57
	3.域外諸国(シェア)	10.6	60.6	1.5	1.5	22.7	3.0	100.0
	件数	7	40	1	1	15	2	66
(3) 海外からの輸入と輸出･販売		a.円	b.米ドル	c.ユーロ	d.中国元	e.現地通貨	f.その他通貨	合計
海外からの輸入	全輸入（シェア）	5.6	78.2	5.6	2.8	5.6	2.1	100.0
	件数	16	222	16	8	16	6	284
輸出･販売の仕向け先	全輸出･販売(シェア)	4.2	48.6	1.4	5.6	37.5	2.8	100.0
	件数	12	140	4	16	108	8	288
	1.現地市場(シェア)	3.4	30.2	0.6	8.9	54.7	2.2	100.0
	件数	6	54	1	16	98	4	179
	2.域内諸国(シェア)	6.5	80.6	1.6	0.0	4.8	6.5	100.0
	件数	4	50	1	0	3	4	62
	3.域外諸国(シェア)	4.3	76.6	4.3	0.0	14.9	0.0	100.0
	件数	2	36	2	0	7	0	47

（注）　2022年度「日本企業の海外現地法人に対するインボイス通貨選択アンケート調査」のデータに基づいて2021年度のデータ算出。

（出所）　伊藤･鯉渕･佐藤･清水･吉見（2023b）より筆者作成。

伴うコスト等を含めて、一定の利益マージンを上乗せして価格づけを行い、調達した財を販売している。調達する財はどの通貨建てで調達されているのか。この財の販売先はどの国・地域なのか。販売するときの建値通貨は何か。これらの情報を収集することができれば、財の輸入・調達から輸出・販売までの一連の取引の中で選択される建値通貨を特定し、販売現地法人が為替リスクをどの程度負担しているのかを明らかにすることができる。

表5－7は、アンケート調査を通じて入手した、①販売現地法人が取り扱う財の上位3品目は何か、②当該財をどの国・地域から輸入・調達しているのか、③その財をどの国・地域に輸出・販売しているのか、④財の輸入・調達（②）と輸出・販売（③）においてどの通貨が建値通貨として選ばれているのか、という情報に基づいて作成されている。表5－7はアジアに所在する販売現地法人に対象を絞り、日本、現地市場、そして海外諸国の三つの輸入・調達ルートから、財がどの国・地域への輸出・販売につながっているのかを明らかにしたものである。

(1) 日本からの財の輸入と輸出・販売における建値通貨選択

まず(1)日本からの輸入と輸出・販売をみてみよう。太線の四角で囲まれた部分は日本からの輸入の建値通貨選択と、同財の輸出・販売における建値通貨選択の情報を示している。これらは各財の取引ベースで情報を収集しており、取引件数の合計の情報と建値通貨ごとの取引件数の情報を使って、各通貨建て取引の比率を計算している。日本からの輸入で最も使われている通貨は円であり、全体の44・５％が円建てで輸入されている。次いで使われているのがドルであり，41・７％を占めている。人民元とアジア現地通貨を合計すると12・７％がアジア諸国の通貨で輸入されている。次に，輸出・販売における建値通貨をみると，人民元建てが14・６％，アジア現地通貨建てが32・０％，合計すると46・６％の輸出・販売がアジア諸国の通貨で取引されている。アジア諸国通貨での輸入が全体の12・７％であるのに対して，アジア諸国通貨での輸出・販売が46・６％であることは，アジア通貨建ての取引でミスマッチが大きく，アジア諸国に所在する販売現地法人が大きな為替リスクを負っていることを示唆している。

表５－７によれば，円建て取引は輸入で44・５％であるのに対して，輸出・販売では14・８％にとどまっており，両者のミスマッチがかなり大きい。アジア通貨建て取引で生じているミスマッチの大半は円建て取引のミスマッチで説明できてしまう。これはアジア諸国に所在する日系販売現地法人が円建ての債務（支払い）とアジア通貨建ての債権（受取り）を多く抱えており，円とアジア通貨との間の為替変動リスクを負っていることを示唆している。

人民元建てでの輸出・販売の仕向け先をみると，そのほとんど（68件中の67件）が現地市場（中国）での販売である。またアジア現地通貨建ての輸出・販売の仕向け先は91％（１４９件中の１３６件）が現地市場での販売である。つまり，日系販売現地法人がアジア諸国の通貨建て取引を行うのは，その大半が現地市場での販売のためである。アジア域内への輸出や域外諸国への輸出では人民元はほとんど使われず，他のアジア現地通貨は域内諸国向け輸出で全体の８・８％，域外諸国向け輸出では14％で使われているのみである。これは日本を除くアジア域内貿易および海外諸国との貿易で人民元の使用は非常に限られたものであり、他のアジア通貨のほうが多く使用されていることを示している。

域内諸国向け輸出と域外諸国向け輸出で最も使われているのはドル建て取引であり、域内諸国向け輸出では全体の51・5％、域外諸国向け輸出ではドルの使用が66％に達している。円建て取引は域内諸国向け輸出では26・5％、域外諸国向け輸出では18％を占めており、アジア現地通貨建て取引よりも多く用いられている。

ただし、この取引の主体となっているのがアジア所在の日系現地法人であることを考慮すると、円建て取引が一定程度使用されるのは当然かもしれない。むしろ、日系現地法人が域内・域外諸国向け輸出の半分以上をドル建てで取引しているという事実は、第三国間貿易におけるドル建て取引の優位性を裏づけるものである。

(2) 現地市場からの財の調達と輸出・販売における建値通貨選択

表5－7の(2)現地からの調達と輸出・販売をみてみよう。現地市場からの調達で最も使われている通貨は人民元と他のアジア通貨である。人民元建ての調達は全体の27・3％、他のアジア通貨での調達は全体の55・2％に達しており、アジア通貨全体で82・5％のシェアを占めている。

次に輸出・販売における建値通貨選択をみると、人民元と他のアジア通貨がそれぞれ約10％ポイントほどシェアを落としているが、輸出・販売の61％はアジア通貨建てで取引されている。このアジア通貨建てで調達した財の大半が現地市場に販売されていることは、日本からの財の輸入の時とほぼ同じである。人民元建て販売のほとんど（83件中の81件）は現地市場向けであり、域内輸出と域外輸出では人民元が使われるのはごくわずかである。

他のアジア通貨建て販売の場合は、全体の85・７％が現地市場での販売で使われている。人民元とは大きく異なり、他のアジア通貨建て取引は域内輸出と域外輸出でもそれぞれ全体の21・１％、22・７％のシェアを占めている。ここでも日本を除くアジア域内貿易および海外諸国との貿易が人民元建てで行われるケースは非常に少ないことが確認できる。他のアジア通貨のほうが域内外で使われていることは注目に値する。

なお、域内・域外諸国向けの販売で最も使用される通貨はここでもドルであり、域内諸国向け輸出は全体の52・６％、域外諸国向け輸出では全体の60・６％がドル建てで取引されている。円建て取引は域内諸国向け輸出で全体の15・８％、域外諸国向け輸出では全体の10・６％にとどまっており、アジア現地通貨のほうが円よりも多く用いられている。

(3)　海外からの財の輸入と輸出・販売における建値通貨選択

アジア所在の販売現地法人が海外から財を輸入する場合、ドル建てでの輸入が最大のシェアを占めている。表５－７によると、ドル建て輸入のシェアは全体の78・２％を占めている。

これに対して、調達した財の輸出・販売における建値通貨選択をみると、アジア現地通貨建てのシェアが37・5％に達している。なお、人民元建てのシェアは５・６％にとどまっている。このアジア現地通貨建てのシェアが上昇している理由は現地市場での販売シェアが大きいからである。現地販売全体の54・７％が人民元を除くアジア現地通貨建てで占められている。

現地販売においてもドル建てのシェアは30・２％を占めている。域内諸国向け輸出ではドルが全体の80・６％、域外諸国向け輸出ではドルのシェアは76・６％であり、海外との取引でドルが最も多く使われていることが確認できる。

海外からの財の輸入ではドル建て取引のシェアが高く、調達した財の輸出・販売ではアジア通貨建て取引のシェアがドルに次いで二番目に高くなる。これは日系販売現地法人がドル建てでの債務（支払い）と現地通貨建てでの債権（受取り）を多く抱えており、両者の間のミスマッチが生じていることを示唆している。

4　日系海外現地法人の為替リスク管理と現地通貨建て取引の今後

(1)　日系現地法人の為替リスク管理

現地法人の為替リスク管理体制

これまでの考察から明らかなように、アジア所在日系販売現地法人は日本から財を輸入するときの円建て比率が高く、同財を現地市場で販売するときはアジア通貨建てでの販売が大きい。日本に対する円建てでの債務（支払い）と現地販売を通じたアジア通貨建てでの債権（受取り）を多く抱えており、両通貨建て取引の間にミスマッチが生じている。アジアで活動する日系販売現地法人はこの円とアジア通貨との間の為替変動リスクに晒されている。

日系現地法人はどのように為替リスク管理を行っているのだろうか。表５－８はアジアに所在する日系現地法人に対象を絞って、どのような為替リスク管理体制を採用しているかをまとめたものである。

まず、太線の四角で囲んだ「現地法人全体」の数値を見てみよう。回答件数として最も多かったのは、「為替リスク管理は現地法人が主体となり、裁量的に行う」であった。アジア所在日系現地法人の41・４％が自らの判断で裁量的に為替リスク管理を行っている。次いで多かったのが「為替リスク管理は本社の指示に従う。現地法人に裁量はない」（30・９％）、そして「主に本社や地域統括会社の指示で行うが、部分的に現地法人の裁量で行う」（26・３％）であった。後者の部分的な裁量まで含めると、自らの判断で為替リスク管理を行う日系現地法人が全体の３分の２以上を占めるに至っている。

表５－８は、日系現地法人を「1．生産拠点」「2．販売拠点」「3．生産・販売拠点」「4．その他」の四つに分類し、拠点別の為替リスク管理体制を示している。第一に、生産拠点は本社の指示に従う傾向が強く、40％以上が完全に（自らの裁量はなく）本社の指示に従っている。第二に、販

表5－8　アジア所在日系現地法人の為替リスク管理体制（2021年度）

		現地法人全体	1. 生産拠点	2. 販売拠点	3. 生産・販売拠点	4. その他
(1)為替リスク管理は本社の指示に従う。現地法人に裁量はない。		30.9	40.4	26.8	27.9	25.0
		(147)	(46)	(51)	(41)	(4)
(2)為替リスク管理は地域の統括会社が主に行う。現地法人に裁量はない。		1.5	1.8	2.1	0.7	0.0
		(7)	(2)	(4)	(1)	(0)
(3)主に本社や地域統括会社の指示で行うが、部分的に現地法人の裁量で行う。		26.3	23.7	32.1	20.4	31.3
		(125)	(27)	(61)	(30)	(5)
(4)為替リスク管理は現地法人が主体となり、裁量的に行う。		41.4	34.2	38.9	51.0	43.8
		(197)	(39)	(74)	(75)	(7)
合　計		100.0	100.0	100.0	100.0	100.0
		(476)	(114)	(190)	(147)	(16)

（注）　2022年度「日本企業の海外現地法人に対するインボイス通貨選択アンケート調査」のデータに基づいて算出。2022年度調査（2021年度実績）の数値。
上段の数値は1～4の拠点別の為替リスク管理体制のシェア（%）。下段のカッコ内の数値は回答数。生産拠点からその他までの4つを足し合わせても、現地法人全体の回答数に一致するとは限らない。アンケート調査において為替リスク管理体制について回答しても、自社が生産拠点か販売拠点かについて回答していない企業があるため。なお、この後者の回答をした企業数の合計に基づいて1～4の拠点別のシェアを計算している。

（出所）　伊藤・鯉渕・佐藤・清水・吉見（2023b）およびアンケート調査データに基づき筆者作成。

売拠点として活動する現地法人は自らの裁量で為替リスク管理を行う傾向が強い。部分的に自社の裁量が認められるケースも含めると、販売拠点の71％が裁量的に為替リスク管理を行っている。この傾向は、生産・販売拠点として活動する現地法人でも同様であり、全体の51％は主体的に為替リスク管理を行っている。部分的な裁量も含めると生産・販売拠点の71・４％が自ら為替リスク管理を行っている。

現地法人の為替取引

それではアジアで活動する日系現地法人はどのような為替取引を行っているのだろうか。表５－９－Ａは直物為替取引、先物為替予約取引、為替スワップ取引を行っている現地法人の割合を示したものである。なお、ここでは表５－８のように拠点別に区別せず、現地法人全体の数値を示している。

まず直物為替取引は日系現地法人全体の62・７％が行っている。直物為替取引の中で最大のシェアを占めているのは「現地通貨とドル」の取引であり、「現地通貨と円」の取引もシェアはやや小さいが、活発に行われている。

次に先物為替予約取引をみると、全体の78・９％が取引を行っていない。つまり、先物為替予約取引を行っているのは全体の21・１％の現地法人のみである。アジア諸国の多くは先物取引において実需原則の制約があり、為替リスクヘッジの自由度が高いとはいえないことが影響していると考

表5−9　アジア所在日系現地法人の為替リスク管理手法（2021年度）

表5−9−A　為替取引の種類と通貨の組合せ（複数回答）

	現地通貨対ドル	現地通貨対円	その他	取引なし	合計
(1) 直物為替取引					
件数	230	196	31	177	474
シェア(%)	48.5	41.4	6.5	37.3	100.0
(2) 先物為替予約取引					
件数	72	53	12	374	474
シェア(%)	15.2	11.2	2.5	78.9	100.0
(3) 資金調達・運用目的の為替スワップ取引					
件数	30	23	1	434	474
シェア(%)	6.3	4.9	0.2	91.6	100.0

表5−9−B　マリー&ネッティングによる為替リスク管理実施の有無

(1) マリー&ネッティング

	行っている	行っていない	合計
件数	65	408	473
シェア（%）	13.7	86.3	100.0

(2) マリー&ネッティングによるエクスポージャーの通貨（複数回答）

	米ドル	円	その他
件数	53	30	10
シェア（%）	81.5	46.2	15.4

（注）　2022年度「日本企業の海外現地法人に対するインボイス通貨選択アンケート調査」のデータに基づいて算出。2022年度調査（2021年度実績）の数値。拠点別に分けず、アジア所在現地法人全体の数値を掲載。
（出所）　伊藤・鯉渕・佐藤・清水・吉見（2023b）およびアンケート調査データに基づき筆者作成。

えられる。先物為替予約取引においても「現地通貨とドル」の取引が最大であり、次いで「現地通貨と円」の取引も大きい。表５－９－Ａには為替スワップ取引の情報も掲載されているが、アジア所在現地法人の91・６％は為替スワップを行っていない。

また、表５－９－Ｂが示すように、マリーもしくはネッティングを用いて為替リスク管理を行っている日系現地法人は全体の13・７％にとどまっている。このマリーもしくはネッティングの対象となる通貨はドルが最大（81・５％）であり、次いで円が46・２％である。マリーとネッティングの対象となる通貨は、ほぼドルと円で占められている。

(2)　その他の為替リスク管理手法

表５－９が示すように、アジア所在日系現地法人は先物為替予約、マリー、ネッティングなどのヘッジ手段をあまり使うことができていない。日系現地法人はほかにどのような手段で為替リスクを回避しているのだろうか。

表５－10は先物為替予約、マリー、ネッティング以外で日系現地法人がどのような為替リスク管理手法を用いているかを、アンケート調査によって明らかにしたものである。表５－８と同様に、表５－10もアジア所在の日系現地法人に絞って調査結果をまとめている。アジアで活動する日系現地法人全体の数値に加えて、「１．生産拠点」「２．販売拠点」「３．生産・販売拠点」「４．その他」の四つに分類し、拠点別の為替リスク管理手法の情報を提示している。

表5−10　アジア所在日系現地法人のその他の為替リスク管理手法（2021年度）

	現地法人全体	1. 生産拠点	2. 販売拠点	3. 生産・販売拠点	4. その他
(1) 現地通貨の売上げに対して現地通貨建ての借入れをする	13.2	15.9	10.6	14.4	12.5
	(62)	(18)	(20)	(21)	(2)
(2) ドルの売上げに対してドルの借入れを行う	8.5	11.5	7.4	6.8	18.8
	(40)	(13)	(14)	(10)	(3)
(3) 現地で原材料の仕入れで使う通貨と製品の販売で使う通貨を同一にする	33.3	31.9	29.8	39.7	25.0
	(157)	(36)	(56)	(58)	(4)
(4) 本社からの仕入れと本社向け販売を円で統一する	15.1	12.4	12.8	19.9	18.8
	(71)	(14)	(24)	(29)	(3)
(5) 本社からの仕入れと本社向け販売をドルで統一する	20.0	29.2	16.0	15.8	37.5
	(94)	(33)	(30)	(23)	(6)
(6) 為替変動を販売価格に反映させる	34.8	24.8	43.6	34.9	6.3
	(164)	(28)	(82)	(51)	(1)
(7) その他	10.8	11.5	11.2	9.6	12.5
	(51)	(13)	(21)	(14)	(2)
合　計	100.0	100.0	100.0	100.0	100.0
	(471)	(113)	(188)	(146)	(16)

（注）　2022年度「日本企業の海外現地法人に対するインボイス通貨選択アンケート調査」のデータに基づいて算出。2022年度調査（2021年度実績）の数値。
上段の数値は1～4の拠点別の為替リスク管理手法のシェア（%）。下段のカッコ内の数値は回答数。生産拠点からその他までの4つを足し合わせても、現地法人全体の回答数に一致するとは限らない。アンケート調査において為替リスク管理手法について回答しても、自社が生産拠点か販売拠点かについて回答していない企業があるため。なお、この後者の回答をした企業数の合計に基づいて1～4の拠点別のシェアを計算している。

（出所）　伊藤・鯉渕・佐藤・清水・吉見（2023b）およびアンケート調査データに基づき筆者作成。

まず太線の四角で囲んだ部分はアジア所在の日系現地法人全体の結果をまとめている。現地法人全体が最も使用している為替リスク管理手法は「(3)　現地で原材料の仕入れで使う通貨と製品の販売で使う通貨を同一にする」（33・３％）、そして「(6)　為替変動を販売価格に反映させる」（34・８％）である。この二つは生産拠点、販売拠点にかかわらず、高いシェアを占めているが、生産を行わない販売拠点でも(3)のシェアが29・８％と高いのは、原材料の仕入れではなく、「財の調達（仕入れ）」と読み替えると理解できるだろう。

販売拠点にとって最も重要な手段は(6)の為替変動の販売価格への反映（転嫁）である（43・６％）。これは為替レートのパススルーを意味している。生産を行わない販売拠点には原価低減による生産コスト削減などの手段はない。パススルー率を高めて調達価格の上昇分を販売価格に転嫁する手法が最も重要な為替リスク回避の手段となっている。

それ以外の手法として、(1)や(2)のように売上げの建値通貨と同じ通貨で借入れを行うというナチュラル・ヘッジの手法を用いる現地法人はあまり多くない。他方で、(5)の「本社からの仕入れと本社向けの販売をドルで統一する」という手法はオペレーショナル・ヘッジに該当するが、アジアの生産拠点で多く用いられている（29・２％）。第４章で論じたように、リインボイスを行う日本企業がこの(5)の手法でグループ全体の為替リスクを管理していると考えられる。

ただし、(4)の「本社からの仕入れと本社向けの販売を円で統一する」という手法は生産・販売拠点で19・９％とやや多く使われているものの、その他の拠点ではそれほど使われていない。これはアジア諸国にとって円がドルほど建値通貨として使用されていないことを反映していると考えられる。

(3) アジアで現地通貨建て取引は拡大するのか

本章では、2022年度に実施した第4回日系海外現地法人向けアンケート調査に基づく最新の結果を用いて、中国や他のアジア諸国に展開する日系海外現地法人が、現地市場、日本、そして海外諸国との貿易においてどのように建値通貨を選択しているのか、人民元建てもしくはアジア現地通貨建ての取引をどの程度行っているのかについて検討を行った。

アジアで活動する日系現地法人は、特に2010年代後半から人民元やアジア現地通貨建ての取引を増やしてきた。しかし、人民元建て取引は日系現地法人と日本本社との間で増加しているものの、アジア域内貿易ではあまり使用されていないことが明らかになった。

近年、米国と中国の対立は厳しさを増し、サプライチェーンの分断が指摘されている。他方で中国は、ウクライナ侵攻後の経済制裁に苦しむロシアとの貿易を拡大し、人民元建て取引を増やしているといわれている。(9) たしかに、人民元はロシアや中東諸国などで使われていると報道されているが、戦争等を契機とした一時的な伸びでは、通貨の国際化は進展しない。当該国間で生産・販売ネットワークが構築され、貿易・投資が活発に行われない限り、人民元建て取引が安定的に拡大するとは考えにくい。

他方で、最新のアンケート調査結果によって、ＡＳＥＡＮ域内で日系現地法人が現地通貨建て取引を拡大させていることが明らかになった。これは人民元建て取引では観察されない傾向である。ＡＳＥＡＮではＬＣＳＦのような現地通貨建て取引を促進する政策もとられており、今後さらにＡＳＥＡＮを中心としてアジア現地通貨建て取引が進展する可能性がある(10)。

日系現地法人がアジアで現地通貨建て取引を増やしているのは、アジア経済の発展を背景として、現地市場での事業活動の拡大に伴い、現地通貨建てでの取引のニーズが高まっているからである。アジア現地通貨建て取引が進むと、現地通貨でのキャッシュポジションが積み上がっていく。このアジア現地通貨に対するエクスポージャーの増加にどう対処していくかが、日本企業にとっての課題である。

ＢＯＸ５－１　アンケート調査に基づく建値通貨比率のデータの注意点

本章では貿易建値通貨選択のデータを数多く紹介しているが、表５－６と表５－７を作成するときに用いたデータ（Ａ）は、本章の他の図表（図５－２－Ａ、図５－２－Ｂ、図５－３、図５－４、表５－３、表５－４、表５－５）を作成するときに用いたデータ（Ｂ）と性格が異なる。いずれも日系海外現地法人アンケート調査から得た情報に基づいて作成しているが、Ｂのデータを収集するにあたっては、調査対象企業が当該国（たとえば日本）向けの輸出においてどの通貨建てで取引しているか、その建値通貨の比率を質問し、情報を得ている。日本向けに輸出している財は複数あるかもしれないし、それぞれの財の輸出で建値通貨が異なるかもしれないが、ここではそれらを集計した結果、平均して円建て、ドル建て、アジア通貨建て等の比率がそれぞれどの程度かに関する情報を収集している。

これに対してAでは、個々の財の取引における建値通貨選択の情報を収集している。具体的には、調査対象企業（現地法人）に対して、たとえば日本からの中間投入財として輸入する財の上位3品目について質問し、①その財の名称、②どの国から輸入・調達したのか（この例では日本）、③取引相手は本社企業か、関連企業か、それとも資本関係のない他の企業か、という「ルート別」の情報の3点についての回答を入手した。これは中間投入財の輸入・調達の例だが、現地法人の輸出・販売についても同様の質問を行い、取引される財（上位3品目）の建値通貨等の詳細な情報を入手している。

なお、表5－6と表5－7では、回答件数に基づいて各建値通貨の比率を単純平均で算出している。本来であれば個々の財の取引額を考慮し、加重平均によって建値通貨比率を算出すべきだが、本アンケート調査（特にAのデータ）で加重平均値を計算するのは極めて難しいため、すべて単純平均値を用いている。

【第5章　注】

（1）関根（２０２３）の図3を参照。

（2）日本語の文献は数多く発表されているが、英語論文の中ではIto and Kawai（2016）, Ito（2017）, Sato and Shimizu（2018）が参考になる。

（3）ＬＣＳＦについてはSato（2019）, 清水・伊藤・鯉渕・佐藤（２０２１）第5章などを参照。

（4）この図５－１－Ａと図５－１－Ｂは、筆者が関わるＲＩＥＴＩ日系海外現地法人向けアンケート調査結果ではなく、経済産業省が公表する第52回『海外事業活動基本調査（２０２１年度実績、２０２２年7月1日調査）』（２０２３年5月）から得た数値である。経済産業省の同調査によると、有効回答企業数は本社企業７１５２社、海外現地法人2万５３２５社であり、非常に包括的な調査結果である。ただし、同調査は、海外現地法人に直接アンケートを行っているのではなく、本社企業にアンケートを送付し、海外現地法人の情報を収集している。実際に同調査によると、本社企業へのアンケート発送数は1万２４1社（有効発送数は９９９２社）、回収数は７４７５社、回収率は74・８％である。これに対して、筆者が関わるＲＩＥＴＩプロジェクトの海外現地法人向けアンケート調査は、現地法人に直接アンケート調査票を送付し、Ｗｅｂ上で調査への回答を回収する方法を採用している。

（5）以上の数値は、第52回『海外事業活動基本調査（２０２１年度実績、２０２２年7月1日調査）』経済産業省（２０２３年5月）より入手した。

（6）図５－２－Ｂと図３－２(c)では欧州から日本への輸出における建値通貨選択行動が大きく異なるが、図５－１－Ｂおよび表５－１が示すように、欧州に所在する日系現地法人が日本に輸出するのはごくわずかである。欧州から日本への輸出において、日系製造業現地法人は主要な役割を果たしていないことを考慮すると、図５－２－Ｂと図３－２(c)の間で建値通貨比率が大きく異なることも理解できるであろう。

（7）表５－６において、中国所在現地法人の日本からの企業内輸入では、人民元建てが19・２％であることに加えて、現地通貨建てが４・８％である。中国と日本の間の貿易で「現地通貨」は人民元を指す。アンケート調査では、この場合に現地通貨ではなく人民元を選ぶように指示していたが、その指示に従わない回答企業が複数あった。これを人民元建てに含めると、日本からの輸入の人民元建て比率は企業内貿易で24・０％へと上昇する。

（8）中国の日本向けの企業内輸出において現地の通貨建て比率も人民元建てに含めると、人民元建て比率は30・９％へと上昇する。

（9）たとえば「人民元の通貨取引量、世界5位に浮上　ロシアが拡大」（『日本経済新聞』電子版，２０２２年10月27日）、「ロシア『脱ドル・ユーロ』進む　制裁受け決済９割→５割」（『日本経済新聞』電子版，２０２３年2月23日）などを参照。

（10）本章では、アジア通貨建て取引の進展に関わる制度面についての考察は行っていないが、それについては赤羽（２０２１）、富澤（２０２３）が詳細に検討している。

終　章　円の実力と日本企業の通貨戦略の課題

1　円安と日本の貿易収支

先進国の中で、日本ほど為替レートの大幅な変動を経験した国はないだろう。特に2000年代後半からは、歴史的ともいえる円高と二度の急速な円安局面を経験した。過去に日本企業が苦しんできたのは、円高への対応である。しかし、今では円安進行への対処が重要な戦略課題となった。

2011年3月の東日本大震災を契機として、日本経済は貿易収支の赤字を計上するようになった。特に、2022年は円安が劇的に進み、同年10月には一時1ドル＝151円台に達した。また、ロシアのウクライナ侵攻により一次産品価格が世界的に高騰した。日本の貿易収支赤字が急速に増加したのは、原油・資源価格の高騰と、歴史的円安が重なったからである。

本書が考察の対象としたのは2022年末までであるが、この終章では、2023年9月までの変化についても言及しておきたい。2022年11月以降、それまでの急速な円安がストップし、徐々に円高へと向かった。2023年1月には1ドル＝130円を割り込むまで円高が進んだことにより、貿易収支赤字も徐々に縮小することが期待されたが、2023年9月現在も、日本の貿易収支赤字拡大に対する懸念が消えない。再び1ドル＝140円台後半まで円安が進み、150円に迫る勢いである。原油価格も2022年11月から徐々に低下し、1バレル＝70ドル前後の水準まで下落したが、2023年8月から再び原油価格は上昇し、同年9月中旬から1バレル＝90ドル台を推移している。[1]第2章で論じたように、日本の貿易収支赤字の最大の要因は、原油等の資源エネルギー価格上昇による輸入額の大幅な増加にある。表2－1が示すように、原油価格が1バレル＝50～60ドル程度で落ち着いている経済状況下であれば、貿易収支がこれほど巨額の赤字に陥ることはなかった。東日本大震災後、すでに13年以上が経過しているが、日本のクリーンエネルギーへの転換は遅々として進まず、原発の再稼働も大きく立ち遅れたままである。原油価格が高止まりする限り、貿易収支の赤字を食い止めることは難しい。

2022年の貿易収支赤字が巨額になったにもかかわらず、同年の経常収支は依然として大きな黒字を維持した。第一次所得収支が貿易収支赤字の絶対額をはるかに上回る巨額の黒字を計上したからである。この第一次所得収支に対して、その黒字額ほど日本への資金還流は起きていないという指摘がある。[2]第一次所得収支のかなりの部分が日本に還流しないため、経常収支が黒字であっても貿易収支赤字による円売りを十分にカバーするほどの円買いが生まれず、円高が起こりにくい構造になっていると指摘されている。

第一次所得収支の黒字額のすべてが日本に還流されていないという指摘は正しい。筆者が行った企業インタビュー調査によれば、海外現地法人から利子・配当として本社にどの程度資金を還流させるかは企業によって異なる。現地法人に余剰資金を持たせず、配当としてできる限り還流させる企業もあれば、現地法人に対して、たとえば1年分の設備投資計画の資金やそれ以外の余剰資金の保有を認めている企業もある。地域統括拠点に域内の為替リスクを集約している企業の中には、同統括拠点（たとえば、アジア域内ではシンガポールに配置した統括拠点）に一定程度の余剰資金を持たせて、域内の現地法人間の資金過不足の調整を任せている企業もある。

こうした資金還流の程度のちがいは、各企業の生産・販売構造のちがいを反映している。各企業は自らの生産・販売ネットワークに基づいて、グループ企業内で最適な為替リスク管理を徹底している。その結果として、海外現地法人から本社企業への配当をどの程度還流させるかのちがいが生まれている。なお、現地法人からの配当の多くは現地法人が所在する国の通貨、あるいはドルで還流している。(3) これを円転して本社に資金が還流しているが、円安局面では本社に還流する資金の円換算額が増加することになる。

ただし、第一次所得収支の黒字がすべて日本に還流しないことをもって、近年の円安進行をすべて説明できるわけではない。それは、あくまでも円安を引き起こす一つの要因にすぎない。この点のみを強調しすぎることには慎重であるべきだ。むしろ2023年に入っても米国の景気が底堅く、日米の金利差が拡大を続けてきたこと、そしてその差が容易に縮まらないことが、現在の大幅な円安が続く主な要因だと考えるべきだろう。

2　円の実力と日本企業の建値通貨戦略

(1)　実質実効為替レートと円の実力

円の実力が低下したと言われ始めたのは、円安進行とともに円の実質実効為替レートが1970年代初頭の水準まで低下（減価）したからである。しかし、実質実効為替レートの減価は、円の実力というよりも、日本経済の実力が低下したことを反映していると解釈すべきである。日本の国内物価（消費者物価）が低迷を続けたため、物価上昇を経験している海外諸国との間で物価上昇率に大きな格差が生じている。それに1ドル＝150円を超えるほどの円安進行が加わったため、円の実質実効為替レートが大幅に減価した。

第1章で示したように、実質実効為替レートは、名目実効為替レートと国内外の物価比の二つに分解できる。図1－5が示すように、1970年から現在まで、名目実効為替レートは円の対ドル名目為替レートとほぼ同じ動きをしており、1970年代の水準まで減価しているような事態は起きていない。

ここで実効為替レートではなく、円の対ドル名目為替レートを用いて具体的に考えてみよう。2022年10月の1ドル＝150円前後の水準は、円が戦後最高値をつけた2011年10月末の1ドル＝75円32銭と比べると、たしかに大幅な円安水準である。通貨の交換比率（尺度）としての円の実力は、１９８０年代後半から90年代にかけての水準まで低下したことになるが、１９７０年代初頭の1ドル＝３６０円の水準とは比ぶべくもない[4]。通貨の交換尺度としての円の実力が１９７０年代の水準まで落ちていることは決してない。

実質実効為替レートの減価の原因は、海外諸国の物価と比較して、日本国内の物価が長期間上昇しなかったことにある。国内の賃金も長期にわたって横ばいが続き、海外諸国と日本との間の所得水準格差は広がる一方である。実力が低下しているのは、こうした内外の所得水準格差を生んだ日本経済であり、円の実力が低下しているわけではない。実質実効為替レートの減価を円の実力の低下と結びつけて考えてしまうと、実質実効ベースでの円の減価の背後にある日本経済の克服すべき問題点が見えなくなってしまう。

なお、日本の賃金水準が他国と比べて低い水準にあることは皮肉な結果だ。過去、日本企業は相対的に低い賃金水準を求めてアジア諸国等に積極的に生産拠点をシフトしてきた。しかし気がつくと、日本の賃金のほうが相対的に低い水準にあり、しかも日本の教育水準は高い。安く優良な労働力が今は日本にある。生産拠点を国内に回帰させるだけでなく、海外資本の積極的な誘致も一つの選択肢となっている。

円の実力を論じる上でより重要なのは、国際通貨としての円の機能である。円が海外諸国との貿易や金融取引で使用されているか否かが問われるべきであり、この問題にこそ焦点を当てなければならない。2010年前後から中国政府の主導の下で進められてきた人民元の国際化は、まさに人民元の通貨としての実力を高めるための中国政府の取組みであったと考えてよい。

日本では1980年代頃から円の国際化が注目を集め、日本政府も円をいかにして国際通貨として使用させるかについて真剣に検討し、政策的に円の国際化を推進した。しかし、貿易における円建て取引はあまり伸びず、依然としてドル建て取引が中心であった。

円の国際化の議論が活発に行われてから、日本の輸出企業の通貨選択や価格設定行動については数多くの研究が発表された。ただし、一部の研究を除いて、企業レベルもしくは財の取引レベルでの個票データを用いた実証研究は行われてこなかった。[5] 本書では、特に日本企業が海外現地法人との取引においてどの通貨建てで取引を行っているのか、またどのような為替リスク管理を行っているかについて検討してきた。それらの検討を踏まえて、日本企業が今後採用すべき通貨戦略について考察を加えたい。

(2) 円建て取引を拡大できるか

日本の輸出企業が為替変動リスクを回避する方法としてすぐに思い浮かぶのは、円建て取引を徹底することである。1990年代前後から円の国際化に関する数多くの研究が発表されてきたが、その基本的な考え方は、「なぜ日本企業は為替リスク回避のために円建て貿易を行わないのか」というものであった。

円建て取引で為替リスクを回避することはたしかに望ましい。多くの企業がそのように考えている。しかし、本書の第4章で検討したように、日本企業が円建て取引を推し進めるためには、圧倒的な（輸出製品固有の）競争力が不可欠である。また、日本の大企業の多くは、日本で最終製品を製造し、海外の資本関係のない顧客に対して輸出を行うという単純な貿易構造ではなくなった。大企業は海外に現地法人を数多く展開しており、円建てで輸出を行えば、現地の販売子会社が為替変動リスクを負うことになる。実際に、自社の輸出財の競争力の高さを理由に、現地法人向けに円建てで輸出を行い、現地での販売も円建てで行わせている企業もある。そこまで徹底して円建て取引を推し進めることができる企業でなければ、円建て取引を行うのは容易ではない(6)。

しかし、このように圧倒的な競争力を持つ製品を輸出する企業は多くない。世界的にプレゼンスの高い企業でも、欧米等の現地市場では競合他社との競争を意識せざるを得ない。その代表例は日本の自動車メーカーである。たとえば米国市場向けに輸出する場合、米国の自動車メーカーだけでなく、ドイツなどの欧州の自動車メーカー、韓国のメーカーなど多数の競争相手がいる。これら競合他社と価格面でも厳しい競争を行っており、円建てで販売すること自体が難しい。現地通貨（ドル）建てで輸出価格を安定させるPTM行動をとらざるを得ない。つまり、為替変動を輸入相手である自社の現地法人に負担させる行動はとらない。先進国向け輸出では現地（輸入国）通貨建て取引を、そして新興国・途上国向けではドル建て取引等を選択しながら、本社企業自身が効率的な為替リスク管理を行わざるを得ない。その上で輸出価格の引上げを行うには、積極的な研究開発投資を通じた新製品等の導入が不可欠である。1990年代まで盛んに行われた円の国際化の議論は、積極的に海外で生産・販売ネットワークを構築・展開する日本の大企業にはそぐわないものとなってしまった。

なお、日系現地法人の現地市場や海外での取引相手が日本企業である場合、その生産連鎖に関わる取引をすべて円建てで行うこともあり得る。実際に日本の大手電機メーカーが好調であった2000年代半ば頃までは、アジアに進出した電子部品企業の現地での主要な取引相手は日本の大手電機メーカーであることが多かった。この時期には、本社から現地法人への輸出を円建てで行う電子部品企業も多かった。しかし、大手電機メーカーの凋落により、電子部品メーカーの取引相手はアップルやサムスンなどのグローバル企業に替わり、ドル建て取引にシフトせざるを得なくなった。円建て取引が今後増えるためには、日本メーカーがプレゼンスを拡大し、アジアとの生産ネットワークの中で日本（企業）が最終輸出先となることが必要である。

本書で十分に論じることができなかったのは、日本の中小企業の建値通貨選択と為替リスク管理である。中小企業の輸出は円建てが中心である。なぜ円建て輸出が中心なのか、あるいはなぜ円建て輸出を行えるのかについての分析は、今後の実証研究に委ねざるを得ない。考えられる理由の一つは、海外に販路を求める輸出企業が高い輸出競争力を有している可能性である。中小企業の多くは海外に生産ネットワークを構築しているわけではないため、自社の現地法人向けに輸出を行っている企業は多くないと思われる。これら中小企業が高い競争力を有する製品や基幹部品等を輸出する場合、円建て取引を選択することも十分に可能かもしれない。ただし、中小企業がたとえばアジア諸国に現地法人を構築し、企業内貿易が増えていくと、日本から現地法人への輸出もドル建てや現地通貨建てを選ばざるを得なくなる。

また、日本の商社経由で輸出し、商社との取引は円建てで行うことによって、商社が為替リスクを引き受けている可能性もある。もう一つ、建値は円で輸出契約を行いながら、大幅な為替変動が起きた場合のリスク負担について海外の輸入業者と契約を交わしている可能性もある。これは事後的な為替変動のリスクシェアリングを契約に含めた上で、円建て輸出を行うケースである。この中小企業の建値通貨選択と為替リスク管理の研究を行っているのは、鯉渕・後藤・早川・吉見（2022）の研究グループ以外ないが、今後のさらなる研究が期待される。

(3) 為替の壁をいかに乗り越えるか

日本の大企業が海外に多数の現地法人を展開し、国際的な生産・販売ネットワークを構築している現在では、日本からの輸出は企業内貿易が主流である。自社の現地法人向け輸出が中心である以上、為替変動リスクを自社の現地法人である輸入業者に押しつけることはしない。日本からの輸出は輸入国通貨建てやドル建てを選び、自社の現地法人に為替リスクを負わせない行動をとっている。為替リスクは可能な限り日本の本社企業に集中させ、ネッティング等を通じて為替エクスポージャーを最小化するように努めている。

リインボイスは輸出企業が為替リスクを本社に集中させる発展的な仕組みといえるだろう。もともとは本社が適正な利益を回収するために、あるいは現地法人に為替リスクを負わせないために導入した仕組みだが、結果的には本社企業が為替リスクを集中的かつ効率的に管理することに大きく貢献している。日本本社企業向けの２０１７年度アンケート調査によれば、リインボイスを行っているのは回答企業全体の27・5％である（伊藤・鯉渕・佐藤・清水［２０１８］）。回答企業はすべて大企業であるが、さらに売上高に基づいて企業規模を分けると、上位３分の１に入る相対的に大規模な企業の39・6％がリインボイスを行っているのに対して、下位３分の１に入る相対的に小規模な企業は11・6％しかリインボイスを行っていない。売上高が大きい企業ほど国際的な生産・販売ネットワークを構築し、リインボイスを通じて効率的な為替リスク管理を行っていると解釈できる。

国際的に生産・販売ネットワークを構築している日本企業にとって、為替リスクを効率的に管理するために、建値通貨をドルなどの一つの通貨に統一して、リインボイスやネッティングを通じたグループ内決済を行うのが望ましい。特に、グローバルなトレジャリーセンターを設置して決済を行うのが最も効率性を追求した為替リスク管理体制であるが、第４章で述べたように、そのような企業はごくわずかである。

また、北米・欧州・アジアなどの主要地域に地域統括会社を設置して為替リスクを効率的に管理する体制もあるが、日本本社企業向けのアンケート調査によると、グローバル・トレジャリーセンターを設置する企業（第4類型）と地域統括会社を設置して為替リスク管理を行う企業（第3類型）を合わせても、回答企業全体の10％前後を占めるにすぎない（表4－1）。約75％の企業が日本の本社だけに為替リスク管理の人員を配置し、本社主導で為替リスク管理を行っている（第1類型）。

この状況は2013年度、2017年度、2021年度のいずれの調査においても変わらない。より効率的な為替リスク管理を行うためには、第3類型や第4類型へと移行することが、グローバルに事業展開をする日本企業にとっての重要な選択肢である。

なお、第4章で詳しく説明したように、リインボイスは商流上で本社企業を介して輸出入取引を行う。たとえ海外の生産拠点から他国に所在する販売拠点へと財を輸出する場合でも、商流上、一度生産拠点から日本の本社に財を販売し、本社が販売拠点に対して財を販売する。このリインボイスにおいて最も使用されている通貨がドルである。このリインボイスに関わる商流は、日本の税関統計では捕捉されない。これが日本の生産・販売ネットワークにおけるドルの優位性であり、この点で円はドルに及ばない。

また、第3章で説明したように、近年の貿易建値通貨選択や為替パススルーに関する最先端の研究では、分析対象国の税関データが使用されている。しかし、リインボイスに関わる建値通貨選択行動や為替リスク管理については税関データに基づいた実証研究で直接的に明らかにすることはできない。企業インタビュー調査とアンケート調査がなければ、税関データからは捕捉できない企業の通貨戦略を解明することはできなかった。

日本企業はアジア向け投資を積極的に進め、アジア域内の生産・販売ネットワークが大きく発展した。特に日本とアジアとの企業内貿易において注目すべきは、アジア現地通貨建て取引のシェアが顕著に上昇している点である。また、現地法人は現地での販売・調達等で必ず現地通貨での取引が発生する。現地での雇用等により現地通貨建てのコストも抱える。アジアの中でも経済成長の著しいＡＳＥＡＮ諸国などでは、現地通貨建て取引へのニーズや需要が一段と高まることが十分に考えられる。

さらに、第５章で考察したように、日本からアジアの販売現地法人向け輸出では、現地法人の調達と販売における建値通貨のミスマッチが大きく、現地通貨とドル（一部は円）との間で為替リスクを負う構造が生まれている。アジア現地通貨建て取引が増加するなか、日本本社企業の為替リスク管理に加えて、グループ全体の為替リスクをどう管理するかが重要な戦略課題である。本社企業が主体となって為替リスクを管理するだけでなく、現地法人の裁量に基づいた為替リスク管理が一段と重要性を増している。

(4) 国際通貨としての円の実力

最後に、国際通貨としての円の実力についてまとめておこう。輸出企業が為替リスクを回避するための手段として、円建て取引を促進するよう提案されることがある。しかし、これまでの考察が示すように、輸出企業が円建て取引を選択するためには、同企業の輸出財が海外市場で非常に高い競争力を持つ必要がある。そのためには中長期的な視野で研究開発投資を積極的に行うことが不可欠であり、短期的な処方箋として円建て輸出を提案するのは現実的ではない。少なくとも欧米等の先進国市場では非常に厳しい競争に晒されるため、円建て輸出をこれ以上増やすのは難しい。

他方で、税関データに基づく表3－2で示したように、アジア向け輸出の建値通貨として円はドルに次いで多く使われており、件数ベースで比率を計算すると、円のほうがドルよりも建値通貨として多く使われている。これは、より小規模な輸出取引において円が多く使われていることを示すものであり、大企業の中でも比較的規模の小さい企業、そして中堅・中小企業の輸出で円建て取引が多く使われていることを反映している。

つまり、日本とアジア諸国との貿易における建値通貨選択は、二つの次元に分けて考える必要がある。第一に、アジアを中心にグローバルに生産・販売ネットワークを構築している日本の大企業は、リインボイスなどを駆使して効率的な為替リスク管理を行っている。そこでの建値通貨選択の中心はドルである。

第二に、より規模の小さな企業、特に中堅・中小企業の多くは、大規模企業のような国際的な生産・販売ネットワークを構築していない。自社と資本関係のない独立企業向けの輸出が多く、その場合の建値通貨選択は輸入側のアジア企業との比較でどちらが交渉力を持っているかによって決まる。規模の小さな日本企業でアジア向けの円建て比率が高いのは、日本企業の持つ高い製品競争力が決め手となっていると考えられる。日本とアジア諸国との貿易では、特に日本の中堅・中小企業の輸出において円が大きな役割を果たしていると言ってよい。

日本のアジア向け輸出では近年ドル建て比率が低下し、その代わりにアジア現地通貨建て比率が上昇傾向にある。これは特に日本の大企業のアジア向け輸出で顕著にみられる傾向である。これまでアジアとの企業内貿易ではドル建てで取引していたが、その一部がアジア現地通貨に代替され始めている。大企業のアジア向け輸出では、まだドルが最大のシェアを占めているが、アジア通貨建て取引は円建て取引に迫る勢いで伸びている。ただし、アジア通貨建て取引の増加は、人民元やタイバーツなど一部のアジア通貨にとどまっている。

なお、アジア通貨建て取引は、日本の本社企業とアジア所在の日系現地法人との間の貿易で増加しているとはいえ、アジア諸国間の貿易で現地通貨建て取引が伸びているのは、バーツを中心とするASEAN諸国通貨のみである。人民元はアジア域内貿易においては意外なほど使用されていないことを強調しておきたい。

今後、アジア諸国がさらに経済成長を遂げ、為替取引に対する規制が撤廃されると、アジア通貨建て取引が大きく増加することも十分に考えられる。日本企業にとっての今後の課題は、ドルと円に加えて、アジア通貨を対象に含めての効率的な為替リスク管理である。中小企業の建値通貨選択が円建て貿易から現地通貨建て貿易へと一気に進むことは考えにくいが、中小企業が今後アジアへの投資を積極的に進めるような状況へと動けば、円建て取引が相対的に低下し、ドルやアジア通貨建てでの取引が増加するのは間違いない。そのときには、中小企業にとって為替リスクをいかに効率的に管理するかが一段と重要になるだろう。

【終章注】

（1）U.S. Energy Information Administration のウェブサイトより、日次のＷＴＩ原油価格のデータを参照した。

（2）例として、「経常黒字、円高の要因にならず？　投資収益の還流乏しく」日本経済新聞（電子版）２０２３年8月8日を参照。

（3）伊藤・鯉渕・佐藤・清水（２０１８）の表28－1(A)を参照。現地法人からの配当がその所在国にかかわらずすべて円で送金されると回答した企業は全体の15・８％にすぎないのに対して、所在国にかかわらずドルで送金される、もしくは所在国の通貨で送金されると回答した企業を合計すると全体の65・４％に達する。残りの18・８％は、現地法人の所在国によって通貨選択が異なる、あるいは複数の通貨で送金している、などの回答である。

（4）図１－５の薄いグレーのグラフが、円の対ドル名目為替レートの逆数（２００５年＝１００）を示しており、２０２２年10月の円安水準は１９８０年代後半から１９９０年代にかけての円相場の水準とおおよそ等しいことがわかる。

（5）その例外は、本書で繰り返し引用してきたＲＩＥＴＩの企業インタビュー調査とアンケート調査に基づく研究である。また、最近では日本の税関（個票）データを用いた企業内貿易の研究が進んでいる。その最初の研究成果がYoshimi *et al.* (2023) である。

（6）ただし、日本からの輸出が途上国向けであり、資本関係を持たない企業に対して輸出を行う場合は、日本製品は現地市場で高い競争力を有するため、円建て取引を行うことが可能である。財務省は、２０２３年上半期のデータから11の地域に対する輸出および輸入の建値通貨比率を公表するようになった。２０２３年上半期のデータによると、日本の中東向け輸出の65・２％、アフリカ向け輸出の50・７％が円建てで輸出されている。

あとがき

２０１４年11月中旬に、横浜国立大学の元同僚である清田耕造先生（慶應義塾大学）からメールが届いた。お知り合いの出版社の方から、ぜひ佐藤先生を紹介してほしいという依頼を受けたので、取り次ぐという内容だった。その時に紹介頂いたのが、慶應義塾大学出版会（当時は日本経済新聞出版社に所属）の増山修氏である。増山氏から「これまでの先生の研究成果の蓄積をまとめて、ぜひ一冊本（単著）を書いてみないか」というお誘いを受けた。

正直に言うと、当時の私には、本（特に単著）を書くという仕事を、自分のこととして考えることができなかった。むしろ、こつこつと英語論文を書いて、査読付きの国際ジャーナルにそれらを掲載することしか考えていなかった。独立行政法人経済産業研究所（ＲＩＥＴＩ）の研究プロジェクトの一環として、日本企業に対するインタビュー調査とアンケート調査にはすでに携わっていた。本書のベースとなる研究に取り組んでいたわけだが、当時の私にとって、その最終目的は国際ジャーナルに論文を掲載することであった。このような仕事のスタイルである私に、なぜ単著を執筆するお誘いを頂いたのかよくわからず、不思議に思った。

増山氏からのお誘いに対して、「今すぐには単著を書くことはできませんが、これまでの研究をさらに発展させて、ゆくゆくは単著としてまとめる方向で努力してみます」とお答えした。これが私の精一杯の答えであったが、その後も、定期的に増山氏は私にお声をかけてくださった。「先生から頂いたテーマである『為替レート変動の研究』には大変関心を持っています。そろそろ本腰を入れて単著の執筆に取り組んでみませんか」というご連絡を何度も頂いた。しかし、私は自分で単著を執筆することに自信がなく、そのようなお誘いからできる限り逃げたい気持ちのほうが強かった。

こうした後ろ向きの考えが変わったのは、RIETIでの共同研究の成果を伊藤隆敏先生（コロンビア大学）、清水順子先生（学習院大学）、鯉渕賢先生（中央大学）と共著としてまとめる機会を得てからである。1冊は英文で、そしてもう1冊は日本語の本を出版したが、その経験を通じて、本を出版することの意味を理解できるようになった。また、このような共著書ではなく、自分自身の考えを単著としてまとめることに対する意欲も湧いてきた。

しかし、いざ本を書こうと考えてみても、「為替レート」を中心テーマに置くことだけはイメージできたが、どのような内容の本にすべきか、なかなか構想がまとまらなかった。本当に本を書けるのかと悩みに悩んだ。このように煮え切らない私に対して、もう匙を投げられても仕方がないと思ったが、増山氏は我慢強く私に執筆を促してくださった。その熱意にお応えすべく、自分ができるすべての努力を傾けたのが本書である。

2020年4月から2年間、経済学部長を務め、さらに23年4月からは部局長（国際社会科学研究院長）を務めている。大学の管理職に就いて多忙を極めたが、部局長を務めながらも本書を上梓できたのは、ひとえに増山氏の熱意に応えたいという思いからである。初めてお会いしてから10年越しの著作である。増山氏がいなければ、この本が世に出ることは決してなかった。何よりも増山氏に感謝の意をお伝えしたい。

次に、このあとがきで謝意を伝えたい最初の3名は、伊藤隆敏先生、小川英治先生（東京経済大学）、高阪章先生（大阪大学名誉教授）である。伊藤先生とはRIETIの日本企業に対するインタビュー調査とアンケート調査で共同研究を行う機会を得ただけでなく、そのほかにも共著論文を執筆する機会を頂いた。アカデミックな研究とは何かを共同研究を通じてご指導頂いた。伊藤先生との出会いがなければ、決して今の自分はなかった。

小川先生には、RIETIの研究プロジェクトに参画した2005年から一貫して、研究面でのご指導を頂いた。現在も小川先生をプロジェクトリーダーとしてRIETIで研究に取り組む機会を得ている。小川先生の下で研究を続けることができたからこそ、本書を完成させることができた。

高阪先生からは日本学術振興会の科学研究費のプロジェクト（基盤(S)と基盤(A)）に研究分担者としてお誘い頂き、海外の研究者との共同研究をどのように行うべきかを直接学ぶ機会を頂載した。このような経験と、高阪先生からのご指導がなければ、これまでさまざまな海外の研究者と共同研究を行うことはできなかっただろう。

私はＲＩＥＴＩの研究プロジェクトに参画したことで、研究者としての能力を高めることができた。本書の基になる日本企業のインタビュー調査とアンケート調査を実施する機会とご支援を頂いたＲＩＥＴＩに記して謝意を表したい。日本企業の調査は、伊藤隆敏先生、清水順子先生、鯉渕賢先生、吉見太洋先生（中央大学）との共同研究であり、先生方との共同研究を通じて多くのことを学ばせて頂いた。

ＲＩＥＴＩでは塩路悦朗先生（一橋大学）、吉田裕司先生（滋賀大学）と定例の研究会でご一緒し、研究内容について議論する機会を得ることができた。塩路先生は私の元同僚であるが、研究者としても、そして教育者としても尊敬し、常に目標としてきた存在である。吉田先生は私と同じ研究テーマで優れた研究成果を多数上げられており、常に刺激を受けてきた研究者である。最近ではＲＩＥＴＩ以外の研究プロジェクトで共同研究を行う機会を得ている。お二人の先生から本当に多くのことを学ばせて頂いた。

ＲＩＥＴＩではほかにも、Dr. Willem Thorbecke（RIETI）、佐々木百合先生（明治学院大学）、川﨑健太郎先生（東洋大学）、祝迫得夫先生（一橋大学）、増島雄樹氏（デロイトトーマツ）など、多くの先生方から研究面でのご教示を頂いた。こうした先生方との議論を通じて、研究の幅を広げることができた。

自分が所属する横浜国立大学についても触れておくべきだろう。上川孝夫先生（横浜国立大学名誉教授）、長谷部勇一先生（一橋大学理事、前横浜国立大学長・名誉教授）からは、私が横浜国立大学に職を得てからさまざまなかたちでご指導を頂いた。経済学部附属アジア経済社会研究センター助手の岡山香さんには、これまでの研究に関するデータ収集、そして海外の研究者との共同研究等をさまざまなかたちでご支援頂いた。

本書はこれまで名前をあげた先生方以外にも、多数の共同研究の成果に基づいている。共同研究の共著者であり、同僚でもあるCraig Parsons先生（横浜国立大学）、Nagendra Shrestha先生（横浜国立大学）、西川輝先生（横浜国立大学）とは、常日頃から意見交換をし、現在でも共同研究を続けている。

また、私は幸運にも多くの教え子を育て、博士号を取得させるだけでなく、研究指導を行う課程で私自身も多くのことを学ぶことができた。国内外の大学、国際機関などで活躍している教え子として、章沙娟さん（中央大学）、城戸陽介さん（ＩＭＦ）、Dr. Thi Ngoc Anh Nguyen（ＩＭＦ）、Dr. Sheue Li Ong（University of Malaya, Malaysia）、Dr. Hoang Le Thu Huong（Foreign Trade University, Vietnam）、Dr. Angela Faith Montfaucon（World Bank）、吉元宇楽さん（財務省財務総合政策研究所）がいる。彼らとの共同研究の成果も本書で活用している。

このあとがきでは記すことができなかったが、ほかにも多くの先生方からのご指導によって、これまで研究を続けることができた。諸先生のご指導に深く感謝を申し上げたい。また、これまでさまざまなかたちで私の仕事を支えてくれた家族にも感謝したい。

今、このあとがきを、客員教授として滞在するSciences Po Aix（フランス）で書いている。この本が、日本の国際金融に関する研究に少しでも貢献することができれば幸いである。

佐藤　清隆

２０２３年９月　エクサン・プロヴァンスにて

参考文献

【邦文文献】

赤羽裕（２０２１）「アジア地域通貨単位（ＡＭＵ）建取引の有用性と必要性」『国際経済』72巻、１２１－１５９ページ。

伊藤隆敏・鯉渕賢・佐々木百合・佐藤清隆・清水順子・早川和伸・吉見太洋（２００８）「貿易取引通貨の選択と為替戦略：日系企業のケーススタディ」*RIETI Discussion Paper Series* 08-J-009.

――・鯉渕賢・佐藤清隆・清水順子（２０１０）「日本企業の為替リスク管理とインボイス通貨選択 ―『平成21年度日本企業の貿易建値通貨の選択に関するアンケート調査』結果概要―」*RIETI Discussion Paper Series* 10-J-032.

――・――・――・――（２０１１）「貿易ネットワークにおけるインボイス通貨選択と為替リスク管理：『平成22年度日本企業海外現地法人アンケート調査』結果概要」*RIETI Discussion Paper Series* 11-J-070.

――・――・――・――（２０１５）「日本企業の為替リスク管理とインボイス通貨選択：平成26年度日本企業の海外現地法人に対するインボイス通貨選択アンケート調査結果概要」*RIETI Discussion Paper Series* 15-J-054.

――・――・――・――（２０１６）「日本企業の為替リスク管理とインボイス通貨選択：『平成25年度 日本企業の貿易建値通貨の選択に関するアンケート調査』結果概要」*RIETI Discussion Paper Series* 16-J-035.

――・――・――・――（２０１８）「日本企業の為替リスク管理とインボイス通貨選択：『２０１７年度日本企業の貿易建値通貨の選択に関するアンケート調査』結果」*RIETI Discussion Paper Series* 18-J-025.

――・――・――・――・吉見太洋（２０１９）「日本企業の為替リスク管理とインボイス通貨選択：平成30年度日本企業の海外現地法人アンケート調査結果概要」*RIETI Discussion Paper Series* 19-J-042.

――・――・――・――・――（２０２３ａ）「日本企業の為替リスク管理とインボイス通貨選択：『２０２１年度日本企業の貿易建値通貨の選択に関するアンケート調査』結果」*RIETI Discussion Paper Series*, 近刊予定。

――・――・――・――・――（２０２３ｂ）「日本企業の為替リスク管理とインボイス通貨選択：２０２２年度日本企業の海外現地法人に対するアンケート調査結果概要」*RIETI Discussion Paper Series*, 近刊予定。

大井博之・大谷聡・代田豊一郎（２００３）「貿易におけるインボイス通貨の決定について：『円の国際化』へのインプリケーション」日本銀行金融研究所『金融研究』９月号。

小川一夫（２０２２）「円安と日本企業㊤輸入通じた収益圧迫の懸念も」『日本経済新聞』経済教室、９月８日付朝刊。

河合正弘（１９９２）「円の国際化」（伊藤隆敏編『国際金融の現状』所収、有斐閣）。

――（１９９４）『国際金融論』東京大学出版会。

菊池正尚・田村統久・鈴木源一朗（２０２２）「資本財の輸入増加の背景について」内閣府『マンスリー・トピックス』68号。

木村遥介（２０１８）「為替レートと貿易収支の調整過程」財務省広報誌『ファイナンス：シリーズ日本経済を考える』73号。

鯉渕賢・後藤瑞貴・早川和伸・吉見太洋（２０２１）「中堅・中小企業の決済通貨選択―２０１９年度実施アンケート調査結果概要―」中央大学『経済学論纂』第61巻第１・２・３合併号。

佐藤清隆（２０１３）「産業別の実効為替レートでみる世界市場での真の価格競争力」『週刊エコノミスト』４月23日号、76－79ページ。

――（２０１９）「日本企業の為替戦略 リスク耐久力向上、道半ば」『日本経済新聞』経済教室、２月28日付朝刊。

――（２０２２）「円安と日本企業㊥輸出財の競争力強化が必須」『日本経済新聞』経済教室、９月９日付朝刊。

――（２０２３）「日本企業の為替エクスポージャー―国際生産ネットワーク下での為替変動への耐性―」日本証券アナリスト協会『証券アナリストジャーナル』61巻６号、19－28ページ。

――・吉元宇楽（２０１９）「日本企業の貿易建値通貨選択の決定要因」財務省財務総合政策研究所『フィナンシャル・レビュー』第１３６号、１００－１１７ページ。

清水順子・佐藤清隆（２０１４）「アベノミクスと円安、貿易赤字、日本の輸出競争力」*RIETI Discussion Paper Series* 14-J-022.

――・――（２０１９）「日本企業の為替リスク管理とその効果の検証」財務省財務総合政策研究所『フィナンシャル・レビュー』第１３６号、78－99ページ。

――・伊藤隆敏・鯉渕賢・佐藤清隆（２０２１）『日本企業の為替リスク管理：通貨選択の合理性・戦略・パズル』日本経済新聞出版。

――・――・佐藤清隆・吉見太洋・安藤健太・吉元宇楽（２０２２）「日本企業の貿易建値通貨選択―税関データを集計した各国別インボイス通貨シェアからわかること―」*PRI Discussion Paper Series* (No.22A-04).

関根栄一（２０２３）「中国の人民元国際化戦略とデジタル人民元との関係・展望」財務省財務総合政策研究所『フィナンシャル・レビュー』第１５３号、２０７－２４０ページ。

高木信二（２０１１）『入門 国際金融』第４版（日本評論社）。

トーマツ（２００７）『外貨建取引の経理入門』中央経済社。

富澤克行（２０２３）「アジアにおける現地通貨建て取引の展望と課題 ～現地通貨によるクロスボーダー取引・決済、直接交換市場と、資金・決済環境の変化が通貨選択に与える影響～」『財務総研リサーチ・ペーパー』(No.23-RP-04)。

日本エネルギー経済研究所（２０１１）「原発依存低下に伴うＬＮＧ調達の課題と解決策」（12月13日）一般財団法人日本エネルギー経済研究所のウェブサイトからダウンロード（https://eneken.ieej.or.jp/data/4156.pdf).

渡辺 努（２０２２）『物価とは何か』（講談社選書メチエ）。

【欧文文献】

Adler, Gustavo, Camila Cassas, Luis Cubeddu, Gita Gopinath, Nan Li, Sergii Meleshchuk, Carolina Osorio Buitron, Damien Puy and Yannick Timmer (2020) "Dominant Currencies and External Adjustment," *IMF Staff Discussion Note*, SDN/20/05 (July).

———, Sergii Meleshchuk and Carolina Osorio Buitron (2023) "Global value chains and external adjustment: Do exchange rates still matter?" *Economic Modelling* 118, 106073.

Ahmed, Swarnali, Maximiliano Appendino and Michele Ruta (2017) "Global value chains and the exchange rate elasticity of exports," *B.E. Journal of Macroeconomics* 17 (1), 20150130.

Amiti, Mary, Oleg Itskhoki and Jozef Konings (2022) "Dominant Currencies: How Firms Choose Currency Invoicing and Why it Matters," *Quarterly Journal of Economics* 137 (3), pp.1435–1493.

Ando, Mitsuyo and Fukunari Kimura (2012) "How did the Japanese Exports Respond to Two Crises in the International Production Networks? The Global Financial Crisis and the Great East Japan Earthquake," *Asian Economic Journal* 26 (3), pp.261–287.

Bacchetta, Philippe and Eric van Wincoop (2003) "Why Do Consumer Prices React Less Than Import Prices to Exchange Rates?" *Journal of European Economic Association* 1 (2–3), pp.662–670.

——— · ——— (2005) "A Theory of the Currency Denomination of International Trade," *Journal of International Economics* 67 (2), pp.295–319.

Boz, Emine, Camila Casas, Georgios Georgiadis, Gita Gopinath, Helena Le Mezo, Arnaud Mehl and Tra Nguyen (2022) "Patterns of Invoicing Currency in Global Trade: New Evidence," *Journal of International Economics* 136, 103604.

Casas, Camila, Federico J. Díez, Gita Gopinath and Pierre-Olivier Gourinchas (2017) "Dominant Currency Paradigm: A New Model for Small Open Economies," *IMF Working Paper* WP/17/264.

Chen, Natalie, Wanyu Chung and Dennis Novy (2022) "Vehicle Currency Pricing and Exchange Rate Pass-Through," *Journal of the European Economic Association* 20 (1), pp. 312–351.

Chung, Wanyu (2016) "Imported inputs and invoicing currency choice: Theory and evidence from UK transaction data," *Journal of International Economics* 99, pp.237–250.

Corsetti, Giancarlo, Meredith Crowley and Lu Han (2022) "Invoicing and the dynamics of pricing-to-market: Evidence from UK export prices around the Brexit referendum," *Journal of International Economics* 135, 103570.

de Soyres, François, Erik Frohm, Vanessa Gunnella and Elena Pavlova (2021) "Bought, sold and bought again: The impact of complex value chains on export elasticities," *European Economic Review* 140, 103896.

Devereux, Michael B., Wei Dong and Ben Tomlin (2017) "Importers and exporters in exchange rate pass-through and currency invoicing," *Journal of International Economics* 105, pp.187– 204.

European Central Bank (ECB) (2020) "The International Role of Euro, June 2020," European Central Bank Website (Accessed on March 23, 2021). (https://www.ecb.europa.eu/pub/ire/html/ecb.ire202006~81495c263a.en.html).

Friberg, Richard (1998) "In which Currency Should Exporters Set their Prices?" *Journal of International Economics* 45 (1), pp.59–76.

——— and Fredrik Wilander (2008) "The currency denomination of exports — A questionnaire study," *Journal of International Economics* 75, pp.54–69.

Fukuda, Shin-ichi and Ji Cong (1994) "On the Choice of Invoice Currency by Japanese Exporters: The PTM Approach," *Journal of the Japanese and International Economies* 8, pp.511–529.

Goldberg, Linda S. and Cédric Tille (2016) "Micro, macro, and strategic forces in international trade invoicing: Synthesis and novel patterns," *Journal of International Economics* 102, pp.173–187.

Gopinath, Gita, Oleg Itskhoki and Roberto Rigobon (2010) "Currency Choice and Exchange Rate Pass-Through," *American Economic Review* 100, pp.304–336.

———, Emine Boz, Camila Casas, Federico J. Díez, Pierre-Olivier Gourinchas and Mikkel Plagborg-Møller (2020) "Dominant Currency Paradigm," *American Economic Review* 110 (3), pp.677–719.

Grassman, Sven (1973) "A Fundamental Symmetry in International Payments," *Journal of International Economics* 3, pp.105–116.

——— (1976) "Currency Distribution and Forward Cover in Foreign Trade," *Journal of International Economics* 6, pp.215–221.

Ito, Hiro and Masahiro Kawai (2016) "Trade invoicing in major currencies in the 1970s–1990s: Lessons for renminbi internationalization," *Journal of the Japanese and International Economies* 42, pp.123–145.

Ito, Takatoshi (2017) "A New Financial Order in Asia: Will a RMB Bloc Emerge?" *Journal of International Money and Finance* 74, pp.232–257.

——— and Kiyotaka Sato (2008) "Exchange Rate Changes and Inflation in Post-Crisis Asian Economies: Vector Autoregression Analysis of the Exchange Rate Pass-Through," *Journal of Money, Credit and Banking* 40 (7), pp.1407–1438.

———, Satoshi Koibuchi, Kiyotaka Sato and Junko Shimizu (2012) "The Choice of an Invoicing Currency by Globally Operating Firms: A Firm-Level Analysis of Japanese Exporters," *International Journal of Finance and Economics* 17 (4), pp.305–320.

———, ———, ———, ——— (2013a) "Exchange Rate Risk Management of Export Firms: New findings from a questionnaire survey," *RIETI Discussion Paper Series* 13-E-024.

———, ———, ———, ——— (2013b) "Exchange Rate Exposure and Exchange Rate Risk Management: The case of Japanese exporting firms," *RIETI Discussion Paper Series* 13-E-025.

———, ———, ———, ——— (2013c) "Choice of Invoicing Currency: New evidence from a questionnaire survey of Japanese export firms," *RIETI Discussion Paper Series* 13-E-034.

———, ———, ———, ——— (2015) "Choice of Invoice Currency in Global Production and Sales Networks: The case of Japanese overseas subsidiaries," *RIETI Discussion Paper Series* 15-E-080.

———, ———, ———, ——— (2016a) "Exchange Rate Exposure and Risk Management: The Case of Japanese Exporting Firms," *Journal of the Japanese and International Economies* 41, pp.17–29.

———, ———, ———, ——— (2016b) "Choice of Invoice Currency in Japanese Trade: Industry and commodity level analysis," *RIETI Discussion Paper Series* 16-E-031.

———, ———, ———, ——— (2018) *Managing Currency Risk: How Japanese Firms Choose Invoicing Currency*, Cheltenham, UK: Edward Elgar.

———, ———, ———, ——— and Taiyo Yoshimi (2021) "The Dollar, the Yen, or the RMB? A Survey Data Analysis of Invoicing Currencies among Japanese Overseas Subsidiaries," *RIETI Discussion Paper Series* 21-E-016.

Kawai, Masahiro (1996) "The Japanese Yen as an International Currency: Performance and Prospects," in Ryuzo Sato, Rama Ramachandran, and Hajime Hori, eds., *Organization, Performance, and Equity: Perspectives on the Japanese Economy*, Massachusetts: Kluwer Academic Publishers, pp.305–355.

Knetter, Michael M. (1989) "Price Discrimination by U.S. and German Exporters," *American Economic Review* 79 (1), pp.198–210.

——— (1993) "International Comparison of Pricing-to-Market Behavior," *American Economic Review* 83, pp.473–486.

Marston, Richard C. (1990) "Pricing to Market in Japanese Manufacturing," *Journal of International Economics* 29, pp.217–236.

McKinnon, Ronald, I. (1979) *Money in International Exchange: The Convertible Currency System*, Oxford University Press.

Montfaucon, Angella Faith, Kiyotaka Sato, Nagendra Shrestha and Craig Parsons (2021) "Exchange Rate Pass-Through and Invoicing Currency Choice Between Fixed and Floating Exchange Rate Regimes: Evidence from Malawi's Transaction-Level Data," *Economic Analysis and Policy* 72, pp. 562–577.

Neiman, Brent (2007) "Multinationals, Intrafirm Trades, and International Macro Dynamics," *Working Paper*, Harvard University.

——— (2010) "Stickiness, Synchronization, and Passthrough in Intrafirm Trade Prices," *Journal of Monetary Economics* 57 (3), pp.295–308.

Nguyen, Thi-Ngoc Anh and Kiyotaka Sato (2015) "Asymmetric Exchange Rate Pass-Through in Japanese Exports: Application of the threshold vector autoregressive model," *RIETI Discussion Paper Series* 15-E-098.

———, ——— (2018) "Firm Predicted Exchange Rates and Nonlinearities in Pricing-to-Market," *RIETI Discussion Paper Series* 18-E-071.

———, ——— (2019) "Firm Predicted Exchange Rates and Nonlinearities in Pricing-to-Market," *Journal of the Japanese and International Economies* 53, 101035.

———, ——— (2020) "Invoice Currency Choice, Nonlinearities and Exchange Rate Pass-Through," *Applied Economics* 52 (10), pp.1048–1069.

Page, S. A. B. (1977) "Currency of Invoicing in Merchandise Trade," *National Institute Economic Review* 33, pp.1241–1264.

——— (1981) "The Choice of Invoicing Currency in Merchandise Trade," *National Institute Economic Review* 85, pp.60–72.

Sasaki, Yuri, Yushi Yoshida and Pitor Kansho Otsubo (2022) "Exchange rate pass-through on Japanese prices: Import price, producer price, and core CPI," *Journal of International Money and Finance* 123, 102599.

Sato, Kiyotaka (1999) "The International Use of the Japanese Yen: The Case of Japan's Trade with East Asia," *World Economy* 22 (4), pp.547–584.

——— (2019) "Prospects for local currency invoiced trade in ASEAN," in Tomoo Kikuchi and Masaya Sakuragawa, eds., *Financial Cooperation in East Asia*, RSIS Monograph No. 35 (March), S. Rajaratnam School of International Studies: Nanyang Technological University, pp.82–96.

——— and Junko Shimizu (2018) "International Use of the Renminbi for Invoice Currency and Exchange Risk Management: Evidence from the Japanese Firm-Level Data," *North American Journal of Economics and Finance* 46, pp. 286–301.

———, ———, Nagendra Shrestha and Shajuan Zhang (2012) "Industry-specific Real Effective Exchange Rates for Japan," *RIETI Discussion Paper Series* 12-E-044.

———, ———, ———, ——— (2013a) "Exchange Rate Appreciation and Export Price Competitiveness: Industry-specific real effective exchange rates of Japan, Korea, and China," *RIETI Discussion Paper Series* 13-E-032.

———, ———, ———, ——— (2013b) "Industry-specific Real Effective Exchange Rates and Export Price Competitiveness: The Cases of Japan, China and Korea," *Asian Economic Policy Review* 8 (2), pp.298–321.

———, ———, ———, ——— (2015) "Industry-specific Real Effective Exchange Rates in Asia," *RIETI Discussion Paper Series* 15-E-036.

———, ———, ———, ——— (2020) "New Empirical Assessment of Export Price Competitiveness: Industry-specific Real Effective Exchange Rates in Asia," *North American Journal of Economics and Finance* 54, 101262.

——— and Shajuan Zhang (2019) "Do Exchange Rates Matter in Global Value Chains?" *RIETI Discussion Paper Series* 19-E-059.

Shimizu, Junko and Kiyotaka Sato (2015) "Abenomics, Yen Depreciation, Trade Deficit, and Export Competitiveness," *DPRIETI Discussion Paper Series* 15-E-020.

Shioji, Etsuro (2014) "A Pass-Through Revival," *Asian Economic Policy Review* 9 (1), pp.120–138.

Tavlas, George S. and Yuzuru Ozeki (1992) *The Internationalization of Currencies: An Appraisal of the Japanese Yen*, Occasional Paper, 90, (Washington, D.C.: International Monetary Fund).

Yoshimi, Taiyo, Uraku Yoshimoto, Kiyotaka Sato, Takatoshi Ito, Junko Shimizu, Yushi Yoshida (2023) "Invoice Currency Choice in Intra-Firm Trade: A Transaction-Level Analysis of Japanese Automobile Exports," *PRI Discussion Paper Series* (No.23A-03).

【著者略歴】

佐藤 清隆（さとう・きよたか）

1968年長崎県生まれ。91年、横浜国立大学経済学部卒業。98年、東京大学大学院経済学研究科博士課程単位取得満期退学。2001年、博士（経済学）取得（東京大学）。

㈶国際東アジア研究センター研究員、横浜国立大学経済学部助教授・准教授・教授を経て、2013年より横浜国立大学国際社会科学研究院教授、2023年4月より国際社会科学研究院長（現在に至る）。

主な業績

Ito, Takatoshi, Satoshi Koibuchi, Kiyotaka Sato and Junko Shimizu (2018) *Managing Currency Risk: How Japanese Firms Choose Invoicing Currency*, Cheltenham, UK：Edward Elgar.（2019年度・第62回日経・経済図書文化賞を受賞）

Keddad, Benjamin and Kiyotaka Sato (2022) "The influence of the renminbi and its macroeconomic determinants: A new Chinese monetary order in Asia?" *Journal of International Financial Markets, Institutions & Money*, 79 (July), 101586　など。

円の実力
――為替変動と日本企業の通貨戦略

2023年12月15日　初版第1刷発行

著　者 ――― 佐藤清隆
発行者 ――― 大野友寛
発行所 ――― 慶應義塾大学出版会株式会社
〒108-8346　東京都港区三田2-19-30
TEL〔編集部〕03-3451-0931
〔営業部〕03-3451-3584〈ご注文〉
〔　〃　〕03-3451-6926
FAX〔営業部〕03-3451-3122
振替　00190-8-155497
https://www.keio-up.co.jp/
装　丁 ――― 坂田政則
カバー画 ――― 岩橋香月（デザインフォリオ）
組　版 ――― 株式会社シーエーシー
印刷・製本 ―― 中央精版印刷株式会社
カバー印刷 ―― 株式会社太平印刷社

Printed in Japan　ISBN978-4-7664-2924-4